Mucha gente ha soñado con construir este tipo de negocio, y solo pocos se han apoderado del sueño y lo han hecho funcionar. Tal vez eres un soñador, y tal vez eres un hacedor —y tal vez, con la ayuda de este libro, podrás ser ambos.

BILL MCKIBBEN
Autor de *Deep Economy* y ganador
del Right Livelihood Prize, llamado el "Nobel alternativo"

Una mezcla fascinante de memorias personales y consejos prácticos para el emprendedor que busca información creativa sobre cómo comenzar el negocio de sus sueños. A veces, las historias personales de Tamara son aventuras fabulosas, y a veces son divertidas, honestas y autorreflexivas, y ofrecen percepciones de sus propios errores como emprendedora, con la esperanza de que otros puedan evitarlos. Una lectura obligada para el siguiente emprendedor salvaje.

HERTA FEELY
Premiada autora de *Saving Phoebe Murrow*

Recuerdo ver a Tamara incubar su salvaje idea de negocios en el dormitorio de la universidad. No solo se tiró de cabeza al emprendedorismo justo después de graduarnos, sino que lo hizo en el centro de la selva con sus padres. Las cualidades que hacen de Tamara una persona tan única, resiliente y de mente abierta brillan a través de su libro con cruda honestidad. Ella no solo quiere que la gente lea el libro y aprenda de ella, sino que ha creado, deliberadamente, una experiencia con ejercicios interactivos para que los lectores puedan desarrollar sus propios planes. *Emprendedores salvajes* es inspirador y justo a tiempo para el creciente movimiento de creativos aventureros.

CAROLYN BARNWELL
Productora de medios en *National Geographic*

Ya sea que seas un aspirante a emprendedor que busca crear el estilo de vida que siempre ha querido, o un experto *hacker* de la vida que busca agregar algunos trucos nuevos a su negocio, *Emprendedores salvajes* ofrece un mapa práctico y paso a paso, lleno de valiosos casos de estudio y consejos para ayudarte a liberar la mejor versión de ti mismo. He tenido el privilegio de entrevistar, aprender de y trabajar con cientos de emprendedores exitosos, espíritus libres todos ellos, y muchas de las lecciones que he visto una y otra vez están reflejadas en este libro. Recomiendo ampliamente *Emprendedores salvajes* a todo aquel que busque romper el *statu quo*, vivir en sus propios términos y crear un negocio impulsado por la pasión del que pueda enorgullecerse.

JEREMY JENSEN
Creador y conductor de *Adventurepreneur Playbook Podcast*, Cofundador de Outwild

Emprendedores salvajes es una historia de aventuras en familia, una guía para empezar, una clase del mundo real sobre los retos de convertir la pasión en ganancia, y un llamado a la acción para los soñadores, todo en uno. Práctico e inspirador.

FRANCIS BARRY
Editor Adjunto de *Bloomberg Opinion*

Este es el tipo de libro que las escuelas de negocios deberían usar. En *Emprendedores salvajes*, obtienes todo el paquete: la historia real y el manual estratégico, lo que necesitas para convertir tu propia idea "salvaje" en un negocio sustentable, próspero y heroico... en tus propios términos. ¡Necesitamos más negocios salvajes como Tailwind Jungle Lodge!

SHARON ROWE
CEO, cofundadora de Eco-Bags Products, Inc.,
Autora de *The Magic of Tiny Business*

Parte caja de herramientas rebosante de acción, parte manifiesto personal para quienes buscan vivir la vida en sus propios términos, el libro es una guía amigable y útil para todo aquel que intenta dar el salto.

MIKE LEWIS
Autor de *When to Jump: If the Job You Have Isn't the Life You Want*

Tamara Jacobi aborda el antiguo reto de conectarse con la propia vida y la propia supervivencia con alegre entusiasmo y un contagioso sentido de posibilidad. Libro a partes iguales sobre "cómo hacerlo", autobiografía y catálogo de los testimonios de docenas de camaradas y modelos a seguir en partes iguales, *Emprendedores salvajes* apremia a los lectores a abrazar la aventura de vivir —y ganarse la vida también— con pasión y creatividad.

DON MITCHELL
Autor de *The Nature Notebooks*

En mi libro, trabajar y vivir con el corazón, con una intención enfocada, es una gran receta para una existencia satisfactoria, metafóricamente hablando. Y parece que está presente, literalmente, en el libro de Tamara, *Emprendedores salvajes*. Diseñado para tomarlo y dejarlo esporádicamente, o para una larga lectura con muchos descansos, este volumen puede no tener todas las respuestas para cada lector, pero habrá algo para todos en esta amplia visión. En cuanto a mí, simplemente adoré las entrevistas de quienes han ido antes y te lo cuentan tal cual es.

JAN REYNOLDS
Autora de *The Glass Summit*

Este libro habla de toda una generación de pensadores poco convencionales —esta es la gente que está creando el mundo de nuestro futuro—. Me siento conectado personalmente con Tamara porque ella es capaz de compartir exactamente cómo se siente atravesar los altibajos emocionales del emprendedorismo. Me encantaron las preguntas para reflexionar que salpican todo el libro —te ayudan a usar de inmediato lo que estás aprendiendo—. Mi capítulo favorito es el del

biomimetismo— me encantaron las lecciones únicas de emprendedorismo tomadas de la naturaleza.

DEREK LOUDERMILK
Creador y conductor de *The Art of Adventure Podcast*

No venimos a la Tierra, venimos de ella. Somos tan parte de la naturaleza como un árbol o una iguana. Y sin embargo, la mayoría de nosotros estamos completamente desconectados de la naturaleza. Este
libro es un inspirador y estimulante llamado a la aventura. Si vamos a
restaurar y reponer nuestro ecosistema, debemos aprender a amarlo y
a vivir en él. En este libro tan práctico y legible, Tamara Jacobi hace un
recuento de su gran aventura y guía a los lectores a descubrir y vivir
su propio propósito natural. Este libro está destinado a convertirse en
un clásico del género.

RAJ SISODIA
Cofundador del movimiento del Capitalismo Consciente

Emprendedores salvajes es en parte memorias personales, en parte un
plano para una búsqueda individual para convertir los sueños y pasiones personales en un negocio viable y armar la vida que queremos.
La historia personal de Jacobi de un espíritu libre que crece en el seno
de una familia aventurera es la inspiración que nos permite escuchar
de primera mano la sabiduría y la experiencia que cosechó al crear
el Tailwind Jungle Lodge en la selva mexicana. Este es un libro para
quien tenga un espíritu emprendedor o busque el valor para saltar.

LEE WOODRUFF
Coautor del bestseller del *New York Times*
In An Instant

En el fondo, *Emprendedores salvajes* es un mentor para quienes buscan
crear una senda donde no existe. Abundante en experiencia honesta
tanto de su viaje personal como de las entrevistas con los huéspedes,
Tamara ha creado una guía que tiene el poder de permanecer en cualquier librero.

COLIN BOYD
Cofundador de Afuera Vida,
co-conductor de *Rewilding Parenthood Podcast*

¡Emprendedores salvajes es un auténtico viaje creativo y salvaje para todos los emprendedores de negocios y estilo de vida! Encontrarás en él pasión, inspiración y las técnicas que ella utiliza su viaje en kayak para incubar sus planes de negocios (¡y los tuyos!), y la tierra y el mar mexicanos son un verdadero y leal socio de negocios a medida que Tailwind Lodge toma forma. Me encanta la manera holística en la que piensa Tamara en este libro, desde los consejos sobre una nueva empresa habituales a las técnicas de autocuidado, las relaciones laborales con los demás, el biomimetismo ¡e incluso salir con alguien mientras haces negocios! Para cuando termines, tendrás un sentido de "tribu", porque Tamara teje hábilmente un tapiz de consejos de otros emprendedores salvajes que ya se han lanzado, ¡y también proporciona datos de contacto! ¡Salta a bordo de *Emprendedores salvajes* y comienza hoy la aventura de hacer crecer tu vida y tu negocio!

BEVERLY WINTERSCHEID, PH. D.
Socia fundadora del Centro para la Naturaleza y el Liderazgo

Para todo soñador que se pregunta qué hay detrás de la ventana de su oficina... *Emprendedores Salvajes*, de Tamara Jacobi, es un manual de cómo hacerlo, una guía espiritual y un permiso para escaparse.

NICOLE SWEDLOW
Receptora del Premio
"Heroína Anónima de la Compasión" del Dalái Lama

Los emprendedores aprovechan la creatividad para lograr ganancias y éxito material; los aventureros se sumergen en la naturaleza para conectarse con ella y con su yo interior. En *Emprendedores salvajes*, Tamara Jacobi celebra su viaje de una década para enlazar estas sendas ya recorridas en una forma completamente nueva, ¡y podemos acompañarla en el trayecto! Tamara y sus emprendedores salvajes saltan justo en medio de desafíos formidables, pero aprenden a irse despacio; planean con cuidado y diligencia, pero se ríen sinceramente de sus errores; son ambiciosos con sus metas de vida pero aspiran cada día a estar "en el momento". ¿Cómo resuelve un emprendedor amante de la naturaleza estas posibles contradicciones y aprende a progresar a medida que persigue sus sueños? ¡Excava en *Emprendedores salvajes* para descubrirlo!

JON ISHAM
Profesor de Economía y
Estudios ambientales, Middlebury College

Invocando la enseñanza zen de *sin lodo no hay lotos*, Tamara Jacobi invita a los lectores a ver cómo tomó forma su sueño de crear un eco-alojamiento en las tierras salvajes de México a partir del estrés y la lucha —y la excitante belleza— de un viaje en kayak de un mes a través de Baja. Fuertes vientos, olas salvajes y fricciones familiares no solo eran retos a superar, sino la fuente misma de su creatividad y resiliencia, que permitiría que su sueño diera frutos. El gran regalo de *Emprendedores salvajes* es que nos brinda una visión interior de todo el proceso, desde la inspiración y las ensoñaciones, a través de la prueba y error, la duda y la desilusión hasta la alegría de la realización.

JOHN BREHM
Poeta de *No Day at the Beach*

TAMARA JACOBI

UNA GUÍA PRÁCTICA PARA PERSEGUIR
TUS PASIONES Y VIVIR DE ACUERDO A TUS SUEÑOS

HarperCollins*México*

HarperCollins*México*

© 2021, HarperCollins México, S.A. de C.V.
Publicado por HarperCollins México.
Insurgentes Sur No. 730, 2º piso, Colonia del Valle.
03100, Ciudad de México.

Emprendedores salvajes.
Título original: Wildpreneurs.

© 2020 Tamara Jacobi.

Publicado por primera vez por HarperCollins Leadership, un sello de HarperCollins Focus LLC.

Traducción: María del Pilar Obón León.
Diseño de forros: Liz Batta / Cáskara Editorial.
Imagen de portada: @ Shutterstock.
Diseño y formación de interiores: Felipe López/Grafia Editores S.A. de C.V.

ISBN: 978-1-4002-4708-0

Primera edición: agosto de 2023

ÍNDICE

A MI FAMILIA DE LA SELVA Y A TODOS LOS EMPRENDEDORES
SALVAJES DE ESPÍRITU LIBRE DONDEQUIERA QUE ESTÉN:
QUE UN VIENTO DE COLA LOS GUÍE ADONDEQUIERA QUE
SUEÑEN IR.

PRÓLOGO

Era una de las peores tormentas que había golpeado Sierra Nevada en todo el invierno, y Tamara Jacobi acababa de llegar a mi casa cerca del lago Tahoe, en California. Conocía a Tamara de la universidad; ella era un par de años más joven que yo, pero muy sabia para su edad. Sobre todo sabía que Tamara siempre estaba dispuesta a la aventura.

Aunque la nieve se apiló fuera de nuestra puerta y mi auto quedó enterrado bajo casi tres metros de nieve, eso no nos detuvo para ir a esquiar. "Solo caminemos a la colina", propuso Tamara. Así que caminamos.

Tamara podía pedalear 100 kilómetros en su bicicleta de ruta —con sus largas trenzas rubias agitándose salvajemente por debajo de su casco— y llegar a casa a tiempo para desayunar. También, siempre había tenido ideas excéntricas, locas en apariencia. Soñaba con formas de hacer que los sistemas fueran más amigables con la Tierra y con crear soluciones a problemas de manera creativa y alucinante. No era extraño en ella regresar de una larga carrera y al instante ir a garabatear notas sobre cualquier idea brillante que surgiera en su mente allá por el kilómetro 20.

Todo lo cual es para decir: no me sorprendí en absoluto cuando Tamara me contó que abriría un eco-hostal en las selvas mexicanas. "Claro que lo harás", respondí. Tamara no solo habla. Toda ella es grandes ideas y acción total. Cuando se le mete una idea en la cabeza, sin importar cuán inmensa o ridícula nos parezca al resto, la pondera y le da vueltas hasta que la resuelve. Ella y su familia pasaron años construyendo el hostal desde los cimientos en un país que no era el suyo. Ella es completamente autodidacta y automotivada.

Después de la universidad, en vez de elegir la ruta estándar —una carrera en un escritorio, un ascenso a través de nuestra frenética sociedad, tan inclinada a la trayectoria— Tamara se fue en la dirección opuesta. Ella no seguiría un camino ya trazado. Literalmente excavaría una nueva senda para sí misma en la selva.

Habría muchos obstáculos en el camino. Pero ella llegaría. Cuando la visité en México varios años después de que abriera su hostal, ahí estaba Tamara: una mujer de la selva. Exploramos rompientes secretas y caminos en la selva, hicimos yoga y nos dimos un festín con tacos en las *casitas* en las copas de los árboles. Se veía perfectamente cómoda en un entorno que solo unos años antes había sido completamente extraño para ella. ¡Y al negocio le iba bien, también!

Milagrosamente, este proceso no solo la hizo feliz, sino exitosa. Esa es la definición de un emprendedor salvaje. La verdadera pregunta es: ¿cómo te conviertes en uno? ¿Cómo tomas la idea que es una pequeña semilla sin germinar en tu cerebro y la transformas en una realidad en toda la regla, que además genera dinero? ¿Cómo te sacudes el manto de ansiedad y presión para tener éxito que este mundo inevitablemente arroja sobre todos nosotros y lo conviertes en la felicidad de encontrar un propósito que sea verdaderamente tuyo?

Estás a punto de descubrirlo.

Este libro es la historia de cómo Tamara creó una vida con sus propias manos. Y cómo puedes hacerlo tú también. Escucha atentamente sus historias —son divertidas, crudas y reales— y entérate de que sus consejos vienen de años de duro aprendizaje.

Porque no puedes llegar a esa playa de arena fina, con las olas rompiendo a tus pies y el sol brillando sobre ti, sin haberte arrastrado primero a través de una selva fangosa.

Mega Michelson
corresponsal de *Outside Magazine*

INTRODUCCIÓN

NO PREGUNTES QUÉ ES LO QUE NECESITA EL MUNDO.
PREGUNTA QUÉ ES LO QUE TE HACE SENTIR VIVO Y HAZLO.
PORQUE LO QUE EL MUNDO NECESITA ES GENTE QUE HA COBRADO VIDA.
HOWARD THURMAN

TUVE UN PRIMER VISTAZO DE LA SELVA MEXICANA EN la primavera de 2005. La tinta todavía estaba fresca en las escrituras. Finalmente era oficial: habíamos comprado dos hectáreas de paraíso tropical cerca del encantador pueblo de San Pancho, a aproximadamente una hora en auto al norte de Puerto Vallarta. Mis padres y yo festejamos con un *shot* de *tequila*[1] y clavamos una pala en el punto más alto. Hice una pausa para saborear mi nuevo hogar. La selva me hechizó al primer momento; estaba cautivada por su exuberante follaje lleno de posibilidades.

Nos habíamos apodado la Familia Robinson Suiza del Pacífico mexicano. Aunque mis abuelos realmente eran suizos, yo nací y crecí en la frontera de Vermont con Quebec. ¿Cómo terminó mi familia construyendo un eco-hostal en el Pacífico mexicano? Buena pregunta; me la he hecho a menudo. Las siguientes páginas son una exploración de

---

[1] En el libro abundan palabras que en el manuscrito original están en español. Con el fin de ahorrarle al lector demasiadas notas, dichas palabras aparecen en **cursivas** a lo largo del texto. *(N. de la T.)*

xxi

nuestro viaje, junto con las historias y la sabiduría de otros intrépidos espíritus libres —emprendedores aventureros, emprendedores en familia, emprendedores milenial, emprendedores en pareja, y más— que han abierto sus propias sendas a través de la vida y los negocios. Te invitamos a unirte a nosotros.

Aquí en la selva, conmigo al timón de nuestra aventura empresarial, el viaje hacia el éxito ha sido SALVAJE. Después de una década de panzazos y fracasos y triunfos deliciosos, el Tailwind Jungle Lodge (eco-hostal metamorfoseado en un centro de retiro y una empresa de aventuras), está progresando. No hubo manual, ni receta ni modelo. La ruta estaba muy lejos de ser clara, pero de alguna forma logramos abrirnos camino entre la maleza hacia el éxito —¿o quizá tomamos la ruta escénica?

Antes de esa primera visita a la selva mexicana en 2005, yo estudiaba en Middlebury, una pequeña universidad de humanidades en Vermont. Quería obtener una licenciatura en economía ambiental, una fusión creada por mi deseo de casarme con los mundos del negocio natural. En mi segundo año hice una pasantía en una organización no lucrativa llamada Soluciones de Capitalismo Natural [Natural Capitalism Solutions] en Boulder, Colorado, y el penúltimo año me encontró estudiando en el extranjero en un programa de ecoturismo con base en Australia, que me abrió los ojos a una variedad de diseños ecológicos de construcción y posibilidades de permacultura.

Ese día, mientras estaba en la selva bebiendo tequila, algo brilló dentro de mí. *¿Había encontrado mi propósito, mi pasión?* Una tímida voz dentro de mi cabeza susurraba con insistencia: *eco-hostal*. Mi padre siempre había soñado con un negocio familiar. Ahora yo tenía una idea que podía hacer que su deseo se volviera realidad. Al regresar a la academia, mi visión obtuvo su *momentum*. Cuando Middlebury ofreció una clase llamada "Emprendedores 101", fui la primera en reclamar un lugar.

Y sin embargo, a medida que creaba el plan de negocios, las dudas me consumían. *¿Realmente tengo lo que se necesita para construir un negocio y una vida en la selva? ¿Es eso realmente lo que quiero?* Sentía como si me estuviera tambaleando al borde de un acantilado, buscando de dónde asirme. *¿Me aferraría a la blanca cerca del moderno sueño americano, o me rendiría a la fuerza gravitacional que atraía a mi corazón hacia lo desconocido?* Cuando llegaron reclutadores al campus buscando candidatos para carreras en la división de políticas ambientales de Goldman Sachs hice a un lado mi visión del eco-hostal y programé una entrevista. Un cheque seguro y un empleo más convencional tenían cierto atractivo. El entrevistador me entregó su tarjeta y dijo: "Llámame después de la graduación". Entonces miró mis sandalias y dijo: "¿Sabes? No podrás usar eso en la oficina. ¿Estás segura de que quieres trabajar para nosotros?".

Un frío día de febrero de 2007, mientras esquiaba en el Middlebury Snow Bowl equipada con mi gorro y mi traje, supe que tenía que tomar una decisión. Por un lado, un prestigioso diploma, un boleto a una carrera tradicional. Por el otro, un plan de negocios para un eco-hostal recién impreso. Mientras flotaba en la fina nieve el estira y afloja que había en mi interior llegó a un alto abrupto cuando la claridad me golpeó. Me di cuenta de que esto ya no era solo un plan de negocios para hacer realidad el sueño de mi padre. El eco-hostal se había convertido en *mi* sueño —*nuestro sueño*—. La selva, mi familia y el emprendedorismo salvaje me llamaban. La inspiración me jaló lejos de Wall Street y la jungla de asfalto, hacia la verdadera jungla.

Abrimos el negocio en 2007. El Tailwind Jungle Lodge ahora recibe a aventureros de todo el mundo. Como familia, hemos creado un negocio holístico y amante de la diversión que se enfoca en la vida consciente, lo cual incluye calidad de vida, sustentabilidad y salud en *todos* los aspectos de nuestras vidas —el hostal, nuestra comunidad, el mundo natural, nuestras relaciones, nuestros cuerpos, mentes y más allá.

Los huéspedes visitan el Tailwind Jungle Lodge para desconectarse de la vida vertiginosa, reconectarse consigo mismos y deleitarse en una dicha natural. Los aventureros vienen para lunas de miel, bodas, vacaciones familiares y retiros. Incluso hemos tenido huéspedes de Disney y el Cirque du Soleil que realizan acrobacias aéreas en listones de seda que cuelgan de nuestros árboles tropicales. Nuestros alojamientos al estilo de casas en el árbol han sido cuidadosamente diseñados para mostrar y preservar la belleza natural de la selva. Mi mamá, apodada cariñosamente "Jungle Judi" dice elocuentemente: "Estamos muy orgullosos de lo que no hemos hecho aquí".

La vida es simple. Los días están llenos de yoga al amanecer, explorar los senderos de la selva y siestas en playas secretas. Cuando el océano está calmado, hacemos kayakismo. Cuando está alborotado, surfeamos. El cercano pueblo de San Pancho es vibrante y animado, rico en cultura local e internacional.

He revivido en la selva plenamente —personal y profesionalmente—, una realidad que es más dulce que cualquier cosa que pudiera haber imaginado. Sin embargo, aunque la vida es relativamente simple, está lejos de ser fácil —mi viaje a lo largo de la vida tropical no ha sido todo arcoíris y mariposas—. Aquí prevalecen las leyes de la naturaleza, y la sangre, el sudor y las lágrimas son parte de la rutina diaria. Cada momento es una aventura —a veces dichosa, a veces brutal—. Y sin embargo, el mosaico de mis experiencias es un sueño hecho realidad —una vida vivida en plenitud cada etapa del proceso.

Muchos amigos y huéspedes del hostal han dicho que a menudo han soñado con crear un negocio similar al Tailwind Jungle Lodge. Yo escucho, sonrío y respondo: "Es una buena vida, pero hay muchas cosas que quisiera haber sabido". Así que aquí está. Este libro está repleto de información útil que te preparará para el viaje del emprendedorismo salvaje: las lecciones que he aprendido de la selva más toneladas de sabiduría de otros que se han sintonizado con sus corazones salvajes. Si nosotros podemos hacerlo, tú también puedes.

¿Por qué emprendedores "salvajes"? ¡Estamos lejos de ser convencionales! A medida que trazamos nuestros caminos, definimos el éxito como una calidad de vida y riqueza de experiencias que van más allá del signo de pesos. Si este libro ha aterrizado en tus manos, tú también podrás estar siguiendo un camino emprendedor inexplorado —comenzar el negocio de tus sueños, vivir salvajemente, libre, con propósito, creativamente, sintonizado con tu corazón y alineado con tus valores, ya sea que quieras transmitir un *podcast* desde Airstream, crear una compañía de aventuras en las montañas, hacer pastelitos orgánicos, abrir una guardería o convertirte en un *coach* de vida.

Tal vez eres un ejecutivo agotado, jubilado o recién graduado; los siguientes capítulos contienen secretos, lecciones y herramientas prácticas para apoyarte en la medida en que trazas tu propio camino desde la etapa de ensoñación hasta el éxito.

No necesariamente tienes que crear tu propio negocio. Ser un emprendedor salvaje tiene que ver con vivir conscientemente y diseñando tu propia ruta de vida. Mi esperanza es que mis experiencias y la sabiduría de mis compañeros emprendedores salvajes, te den el poder de explorar tus sueños y lanzarte a la aventura más grande de tu vida.

¡El viaje comienza ahora! No siempre será fácil, pero aquí estamos para apoyarte en los baches y para celebrar las cumbres. Estamos encantados de invitarte a formar parte de nuestra familia de la selva. Dondequiera que estés, en la medida en que das vuelta a las páginas de *Emprendedores salvajes* y tomas acción en tu propia vida —personal y profesionalmente— estarás uniéndote a una tribu de emprendedores salvajes de espíritu libre. Unidos podemos convertir nuestras pequeñas ondas de inspiración en olas de cambio positivo que esparcirán el amor por los negocios naturales y holísticos en un nivel global.

Para apoyarte en tu viaje (pdf descargables, audio ejercicios guiados, recursos y más), visítanos en wildpreneurs.com/resources. Busca el símbolo ♥ que indica que hay materiales complementarios disponibles en línea. Ven a visitarnos a la selva en tailwindjunglelodge.com

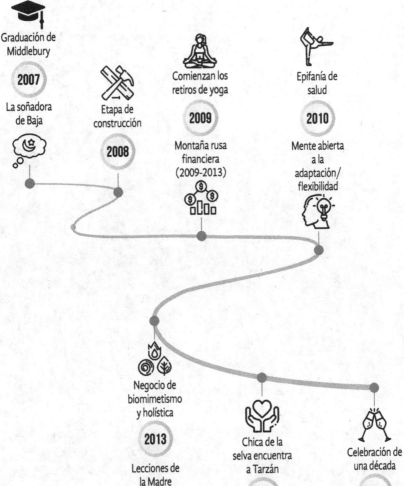

Graduación de Middlebury

2007

La soñadora de Baja

Etapa de construcción

2008

Comienzan los retiros de yoga

2009

Montaña rusa financiera (2009-2013)

Epifanía de salud

2010

Mente abierta a la adaptación/ flexibilidad

Negocio de biomimetismo y holística

2013

Lecciones de la Madre Naturaleza

Chica de la selva encuentra a Tarzán

2016

Resolviendo el conflicto (con amor)

Celebración de una década

2017

CAPÍTULO UNO
LA SOÑADORA DE BAJA

UN VIAJE DE MIL KILÓMETROS COMIENZA CON UN SOLO PASO.
LAO-TSÉ[1]

MI VIAJE COMO EMPRENDEDORA SALVAJE COMENZÓ EN el Mar de Cortés el 3 de marzo de 2007, justo después de mi ceremonia de graduación en Middlebury. Las ráfagas de viento eran de más de cien kilómetros por hora mientras mi padre, *el Tigre*, y mi hermano Rhett y yo nos preparábamos ansiosamente para lanzar nuestros kayaks de expedición completamente cargados. Esta aventura familiar sería para celebrar el sexagésimo cumpleaños del Tigre y de mi graduación de la universidad —un viaje de dos meses a través de la prístina belleza de la naturaleza salvaje, con una deslumbrante arena blanca, aguas azules y un techo de estrellas como diamantes—. ¿Nuestra meta? Remar más de 1 200 kilómetros, desde el lejano pueblo de San Felipe, hasta La Paz, la capital de Baja California, en busca del paraíso. Y sin embargo, mientras reflexionaba en el frenesí de las coléricas olas y la seductora y a la vez sobrecogedoramente salvaje línea costera, estaba congelada de inquietud. ¿Por qué nos estábamos embarcando en un viaje imposible? Mi voz interior vibraba de alarma. ¿En qué me estaba metiendo? Respiré profundamente, estiré mis brazos hacia el cielo en una pose de superhéroe, y nos aventuramos hacia lo desconocido. Hagámoslo, decidí. Si el viento aúlla, aullaré también. Si no hay riesgo no hay recompensa.

MAPA DE RUTA DEL EMPRENDEDOR SALVAJE CAPÍTULO 1

Este capítulo nos lanza al proceso transformador de hacer que un sueño cobre vida. ¡Están advertidos! Todo es posible y una aventura espera después de cada curva –un reto intenso y una recompensa deliciosamente profunda esperan:

🌿 Da una probada a la vida salvaje y una visión general de las cualidades y valores fundamentales que definen al emprendedorismo salvaje.

🌿 Aprender los pasos prácticos que te harán iniciar la etapa soñadora del emprendedorismo salvaje.

Planea darte tiempo para esta etapa crucial. Nuestra visión del Tailwind Jungle Lodge germinó en medio de la naturaleza en Baja mucho antes de que floreciera en la jungla.

Inicios dolorosos

Apenas había tenido tiempo de quitarme la toga de mi graduación en Middlebury College y deshacerme de mis botas de esquí y tomar mis sandalias para dirigirme a Baja. Milagrosamente habíamos logrado meter todo nuestro equipo tropical y suministros en un kayak doble de siete metros para mi padre y para mí, y en un kayak de cinco metros para Rhett. Mi plan de negocios recién impreso estaba guardado a salvo en mi bote y en mi mente.

A partir esa primera mañana, enfrentando implacables vientos de hasta 100 kilómetros por hora, sujeté mi remo con los nudillos blancos. Después de viajar solo un kilómetro por la línea costera mis músculos y mi mente me dolían por la tensión. Frustrados, tristes y derrotados, atracamos precariamente para montar un campamento en una desierta zona de construcción. Tuvimos que esquivar clavos oxidados mientras buscábamos refugio desesperadamente contra el viento furioso y las tormentas de arena que rasgaban mi piel. Cualquier noción romántica que hubiera tenido del viaje fue destruida por la cruda realidad. ¿Paraíso? Creo que no. ¡Definitivamente no necesitaría mi diminuto bikini de lunares!

Nuestro plan había sido cubrir cuando menos 32 kilómetros diarios. A este paso, eso sería imposible, pero el progreso continuo era crucial para que llegáramos a nuestros puntos de reabastecimiento para conseguir agua potable y comida. *¿Cómo vamos a sobrevivir casi dos meses de esto?* Me sentía como un diminuto pez ondulante en un vasto océano ominoso.

Después de veinticuatro horas interminables, el viento se evaporó de pronto. Aturdidos de alivio, volvimos a lanzar nuestros kayaks a un mar de aguas color mercurio y majestuosa quietud. Un barco pesquero pasó cerca de nosotros, nos saludó y elevaron nuestro ánimo cuando nos felicitaron por haber sobrevivido a nuestro primer norte —una infame tormenta de viento de Baja que suele durar tres días— un viento que se quedaría grabado para siempre en nuestras mentes. "Sin lodo no hay lotos", dice el monje budista Thích Nhâ't Hanh. Pronto descubriría que este es un mantra clave para los emprendedores salvajes.

Y sin embargo, incluso en aguas más calmadas tuve que esforzarme. El cuerpo me dolía por el riguroso régimen de remo, y mi incansable mente de mono luchaba contra una severa ansiedad por las largas horas de estar confinada en la embarcación. Para cuando montábamos el campamento cada noche, yo estaba lista para romper un remo contra mi rodilla y usarlo como combustible. Pero el alegre silbido del Tigre mientras recogía leña y lanzaba su caña de pescar me llegaba al corazón. Su cabello rubio cenizo brillaba como oro a la luz del atardecer, su piel lucía atractivamente bronceada y curtida y había una chispa de alegría en sus ojos verdes sin edad. Era evidente que se sentía lleno de vigor: en casa en la naturaleza, vivo con la emoción de su viaje de cumpleaños y entusiasmado por lo que nos estuviera esperando en la costa. Decidí que no renunciaría; no podía decepcionar al Tigre. Superaría mi debilidad y me volvería fuerte. *Estoy totalmente comprometida con esta aventura*.

Inevitablemente enfrentarás retos e incomodidades al despegar en tu camino a través del negocio salvaje. Las cosas no siempre saldrán como esperabas, así que prepárate. Al seguir intrépidamente hacia adelante debemos creer en nosotros mismos y volvernos fuertes (emocional y físicamente). Cava profundamente —tienes lo que se necesita—. Los vientos soplarán, pero una deliciosa calma les seguirá.

Maestro de la aventura

No fue una sorpresa que mi padre nos invitara a mi hermano y a mí a unirnos con él en Baja. El Tigre es un hombre famoso por su sentido de la aventura. Se ganó el apodo de *Tigre* desde los seis meses de edad. Mi abuela con frecuencia lo ataba con una correa (¡sí, una correa real!), por temor a que su incansable curiosidad lo hiciera ponerse en peligro. Mi padre creció entre Manhasset, Nueva York, y la cabaña de sus padres en el Lago Memphremagog —un lago encantador a caballo entre Quebec y Vermont—. Después de la secundaria, mi padre fue seducido por el llamado de la naturaleza y siguió a su corazón en las montañas y las olas, desde Alaska a California, derivando inevitablemente hacia el sur, a México, en los sesenta. No pasó mucho tiempo antes de que estuviera surfeando las idílicas olas de la "Malibú mexicana" en Punta Mita, justo al norte de Puerto Vallarta, donde su nombre se volvió *el Tigre*. Su vida como hombre de familia no menguó su espíritu aventurero —simplemente nos llevó a mamá, a mi hermano y a mí con él a tierras salvajes.

Fortaleza y resistencia

Baja me había destrozado. A la semana de viaje toqué fondo (lágrimas a torrentes... oh, sí), lo cual, por suerte, pareció desencadenar una milagrosa transformación —como si los extremos naturales me hubieran desgarrado para reconstruir una nueva yo, más fuerte y mejor.

Lanzamos nuestros kayaks en un mar de color de rosa, iluminado por el radiante resplandor del amanecer. Nos deslizamos a en una quietud caleidoscópica; nuestros remos se sumergían con exquisita sincronización, los brazos fortalecidos por el esfuerzo continuo. Le di la bienvenida con agradecimiento a esta resistencia y energía recién encontradas. La quietud del agua esa mañana reflejaba una calma inusual en mi mente; una dichosa presencia, la maravilla y el asombro habían venido a rescatarme. En los días que siguieron encontramos el paraíso que buscábamos. Desde islas que eran oasis y cuevas misteriosas, a cálidos manantiales secretos. A medida que la luz del sol se fundía con la luz de la luna, nos rendimos a la salvaje belleza de la Madre Naturaleza.

Y entonces regresó el temido norte. Esta vez sabíamos qué esperar, e inteligentemente nos quedamos en tierra. Mientras el viento aullaba apretábamos nuestros dientes llenos de arena y nos guarnecimos tras un macizo de piedras. Los instintos de supervivencia despertaron cuando racionamos con cuidado nuestra agua potable, temiendo no llegar a tiempo a nuestro siguiente punto de reabastecimiento. Tres días después regresó la calma y remamos agradecidos hasta una pequeña aldea de pescadores. El agua potable nunca nos supo tan dulce. Habría altibajos; es un trayecto salvaje. Sin lodo no hay lotos, en serio.

EL TIGRE, COFUNDADOR DEL TAILWIND JUNGLE LODGE

Constructor, diseñador, maestro soñador
"Nunca me ha importado el statu quo".

¿Cuál fue tu inspiración para iniciar un negocio familiar?
Siempre quise hacer algo con mi familia, como lo evidencia la forma en que fuimos criados (ver las historias familiares

del capítulo 8). Me di cuenta de que una vez que mis hijos crecieran les saldrían alas y echarían a volar. Así, ¿qué mejor que un negocio familiar para mantenernos juntos?

¿Qué es lo que ha hecho que tu negocio familiar prospere?

La paciencia. Con el tiempo todos ya se han hecho una idea de cuáles son sus puntos fuertes y cómo pueden integrarse al negocio. Ocasionalmente tenemos desacuerdos, pero en última instancia estos nos retan y hacen que nos esforcemos más para ser un negocio más comprensivo y por lo tanto más fuerte. Ah, y la escucha selectiva… ¡ja!

¿Cuál es tu día ideal en la selva?

Soleado, sin nubes, sin viento, y un mar con un agradable oleaje. Primero, una caminata en la selva con Poncho (nuestro labrador amarillo) para despertar, arreglar algunas cosas en el hostal, y después al mar ya sea para hacer kayakismo o surf de remo. Después algo de yoga y estiramiento, seguido por una cerveza fría a la sombra de una palmera. Siesta, atardecer, atún fresco en la parrilla y una margarita fría en la mano, pasándola bien con mi familia, amigos o huéspedes en el hostal. ¡Un día perfecto!

¿Qué consejo le darías a alguien que quiera comenzar un negocio salvaje?

Ve tan despacio como puedas. Involúcrate en la comunidad para que te ganes la confianza de la gente. Sé amigable y comprometido con todos tus huéspedes/clientes, sin importar cuán difícil pueda ser a veces.

¿Cuál es tu aspecto favorito de ser un emprendedor salvaje?

La libertad de despertarme cada mañana sabiendo que este es mi día para hacer lo que yo quiera. Sin horarios (al menos, no muchos). Me encanta interactuar con toda la gente maravillosa que hemos alojado en el hostal en el transcurso de los años.

¿Algo más que quisieras compartir?

¡Estoy agradecido con mi familia! Ya sea acarreando piedras o trapeando pisos, es un esfuerzo de equipo.

Despacio

Baja nos dio el regalo del tiempo, y en abundancia —un alivio del vertiginoso mundo moderno del que venía—. ¿Habíamos estado remando por horas o minutos? ¿Acaso importaba? Los segundos interminables solo se veían interrumpidos por el sonido del viento, de las olas, de las aves y las visitas ocasionales de mantarrayas, leones de mar, ballenas y otras curiosas criaturas que nos acompañaban a lo largo del camino.

Lentes en 3D

Sintonizados con las nociones básicas de supervivencia, la vida se volvió relativamente sencilla. A medida que establecimos nuestro ritmo de remo mis brazos se movían mecánicamente —programados por la repetición—, lo cual liberaba mi mente para divagar. Me perdía en la danza pacífica de las ondulaciones y corrientes del agua. Cuando mis pensamientos derivaban al plan de negocios que tenía bien guardado, las sacudidas de inspiración me recordaban mi sueño de tener un hostal en la selva.

Y sin embargo, simultáneamente sentía una extraña vacilación. *Soñar despierta está mal*, insistía mi voz interior. ¿Era culpa lo que estaba sintiendo? Mi predisposición pragmática tipo A se ha visto exacerbada por años de rigurosos estudios académicos que califican a la ensoñación como un impedimento infantil para la productividad. La vida con el Tigre —un soñador crónico que había rebotado de una loca idea aventurera a la siguiente— también me había hecho escéptica e intolerante ante los que tenían la cabeza en las nubes. En consecuencia, había adoptado un comportamiento diametralmente opuesto, un enfoque tipo láser que me ganó el apodo de *Turbo Tam* en la universidad.

Así, al graduarme con un plan de negocios en la mano, estaba lista para lanzarme a toda velocidad hacia mi meta. De hecho percibía esta expedición de cumpleaños a Baja como una carga, mi deber como hija. Los días de hacer nada más que impulsar mi kayak hacia el sur parecían improductivos y sin objetivo —como si pisara el freno ante mi misión—. *Ya compramos el terreno en la selva, redacté mi plan de negocios, ¿por qué esperar? ¿No podríamos solo seguir con él y ya?*

Ahora, mientras remábamos en medio de la nada, mi percepción había cambiado. *Esta es una oportunidad para ver adónde me llevan mis sueños.* Ya había elaborado un mapa de ruta práctico para dirigir mi sueño, pero ahora, mientras florecía en la libertad y la excitación de las tierras salvajes, ese plan de negocios parecía árido, aburrido y limitado; enfocado en el signo de pesos y estrategias de negocios convencionales que no eran adecuadas para nosotros. Era momento de ponerme los lentes 3D y volverme un poco salvaje. ¿Podrían el ritmo salvaje y la *sencillez natural que habíamos encontrado en Baja, aplicarse a los negocios*? Era la hora estelar para soñar despierta, con el Tigre —el maestro de los sueños— al timón.

La soñadora

Liberé mi mente para que se abriera a vastas posibilidades, y di mi primer paso *real* para convertirme en una emprendedora salvaje. "La lógica te llevará de A a B. La imaginación te llevará adonde quieras", dice Einstein. Con cada kilómetro de línea costera, mi sueño del eco-hostal se transformó al infundirle mi creatividad, mi personalidad y mi inspiración al plan preexistente (mis padres serían socios en el negocio, pero me confiaron la creación de la forma y el plan del hostal). Soñé despierta con lo que podríamos construir: puentes colgantes, casas en los árboles, sistemas de poleas, cabañas de bambú, *palapas*, yurtas, muelles de madera, mecedoras y hamacas. Imaginé un bar que sirviera todos los tacos que pudieras comer, *smoothies* verdes y margaritas sin fondo. Fantaseé con cenas para dos a la luz de las velas bajo el techo de la selva y la luna llena. Visualicé enseñar a mis huéspedes a surfear; podía escuchar sus risas de satisfacción cuando cabalgaban sobre sus primeras olas. El Tigre aportó: "¡Y no te olvides de los paseos en kayak!".

Entusiasmada me dejé llevar por el torrente de ideas y concebí la vida de mis sueños. Lo bueno de soñar es que no cuesta mucho, o me habría dejado cargada de deudas de por vida. En esos momentos en Baja me sentía rica, viva, salvaje y libre. Sin límites, solo con un potencial inagotable. Muchos grandes logros han comenzado siendo sueños —el roble duerme en la bellota.

Empieza: libera tus sueños

Si cuando eras niño te dijeron que sacaras la cabeza de las nubes, es momento de volver a reconectar con ese pensamiento. ¿Por qué los soñadores tienen mala reputación, en tanto que los visionarios son celebrados? Visionarios como Yvon Chouinard (fundadora de Patagonia) o Steve Jobs (cofundador de Apple) fueron soñadores mucho antes de entrar en acción. Einstein era un soñador clásico, ¡y mira todo lo que logró! Soñar despierto es un prerrequisito esencial para la acción. El emprendedorismo salvaje empieza precisamente ahí. Haz una pausa, entrégate a tus sueños y ve adónde te llevan. Sé realista (todos estamos sujetos a las leyes de la gravedad) pero no te contengas.

LANZA TUS ENSOÑACIONES ♥

Pon un cronómetro a 10 o 15 minutos, o más, y responde las siguientes preguntas. (Incluso si las respuestas no llegan de inmediato, sigue sentado hasta que suene la alarma. Nunca sabes qué ideas pueden surgir). Deja que tus pensamientos fluyan de manera abstracta, traza un diagrama de árbol o el enfoque que mejor te funcione.

- ¿Cuál es mi estilo de vida ideal? ¿Qué tipo de vida anhelo?
- ¿Por qué quiero vivir así?
- ¿Cómo puedo diseñar el negocio de mis sueños para que se adapte a ese estilo de vida ideal? ¿O cómo puedo ajustar mi estilo de vida para adaptarlo al negocio de mis sueños? ¿La vida que sueño y el negocio que sueño son compatibles?
- ¿En dónde quiero vivir, trabajar y jugar?
- ¿Quiero ser un emprendedor salvaje? ¿Debo serlo? ¿Esto va con mi personalidad, con mi estilo de vida ideal?
- ¿Cuándo comenzaré?
- ¿Cómo sería el hoy si siguiera mi sueño? ¿Cómo sería el mes que viene? ¿El año próximo?
- ¿Provocará esto un cambio positivo en mi vida, mi comunidad y el mundo que me rodea?

Consejo especial: si tu vida familiar es ocupada y el tiempo para soñar despierto escasea, programa un retiro personal o una aventura en la naturaleza. El mundo natural es el combustible que encenderá tus ensoñaciones.

Turbulencia

Pero incluso los sueños pueden caer en baches. La tensión se disparó en nuestro kayak para dos cuando el Tigre y yo debatíamos sobre el uso de la tecnología en nuestra salvaje aventura de negocios. Mi padre no le veía caso a internet, a los teléfonos celulares u otros dispositivos en nuestra empresa del eco-hostal.

Como milenial, yo pensaba diametralmente distinto. Mis viajes me habían abierto los ojos a la utilidad de internet para los viajeros y hoteleros. Se había dado un cambio: todavía se utilizaban guías de viaje, pero ahora los viajeros investigaban sus alojamientos y hacían reservaciones en línea antes de su llegada. Esto era un concepto extraño para el Tigre, que siempre había preferido un enfoque más espontáneo para viajar. A veces simplemente no puedes enseñarle nuevos trucos a un viejo tigre.

Cuando nuestras discusiones se intensificaban y empezaba a salirme humo por los oídos, deseaba que mi remo se transformara en una espada lista para atacar. En esos momentos, el Tigre bromeaba diciendo que mi "gruñómetro estaba arrojando una lectura alta", lo cual solamente alimentaba mi irritación. Sin embargo, en vez de convertirse en un arma, mi fiel remo simplemente me impulsaba a través de mi molestia, manteniéndome estable hasta llegar a aguas más tranquilas. Unos años después entendí la sabiduría de mi remo: cuando aprendí a negociar el conflicto desde el amor. La capacidad de perseverar a pesar del enojo y encontrar calma en medio del torbellino y del conflicto (en sus muchas formas) es invaluable para los emprendedores salvajes.

El abogado del diablo

Rhett ponía a prueba mis sueños con preguntas mientras remaba sin esfuerzo junto a nosotros en su kayak de color plátano. A los diecinueve años Rhett se había tomado un semestre libre en la Universidad de Vermont para unirse a esta expedición. Su físico de surfista y su rubio aspecto playero van a la par de su contagiosa pasión por la vida, su curiosidad y su gusto por los placeres simples, lo que hace que todos lo quieran. Rhett y yo habíamos pasado la mayor parte de nuestra infancia compartiendo una tienda de campaña mientras viajábamos por sitios salvajes con nuestros padres. En consecuencia, Rhett me conoce mejor que nadie. Habíamos pedaleado 6 500 kilómetros de la Ruta Escénica Nacional de la Divisoria Continental, recorrido a pie con nuestras mochilas los 430 kilómetros del Long Trail de Vermont y los 350 kilómetros del John Muir Trail en California, y escalado el Pico de Orizaba, que con sus 5 635 metros de altitud es el tercer pico más alto de América del Norte. Esta expedición a Baja era otro vínculo más en la red de experiencias que compartíamos como hermanos y como verdaderos amigos.

Mientras remábamos juntos, Rhett naturalmente asumió el rol de abogado del diablo. Al principio recibí sus cuestionamientos y agudos comentarios con hostilidad. ¿Por qué debo escuchar a mi hermano menor? La respuesta llegó fuerte y clara: *Porque no tengo nada que perder; sus percepciones podrían ser valiosas.* Trágate tu ego.

—¿Quién sería tu cliente/huésped ideal? —inquirió Rhett.

—Aventureros —respondí sin dudarlo.

—¿Qué tipo de aventureros? —insistió.

—Mmmm... creo que viajeros solitarios o parejas que buscan una experiencia única y natural. También familias; a los niños les encantará la selva.

—Okay, pero no creo que la abuela esté encantada de subir una escalera para llegar a una casa en el árbol —rio.

—Buen punto. Quizá deberíamos construir estilos diferentes para alojar a nuestros huéspedes. Los búngalos serían más del estilo de casas en los árboles, y también podemos construir *casitas* más cómodas cerca del estacionamiento para que sea más fácil llegar a ellas. A la abuela le gustaría eso —repliqué.

Rhett dejó caer su segunda inquisición:

—¿Cómo harás que vengan los primeros huéspedes? Nadie sabe acerca del hostal.

—Bueno, definitivamente necesitaré tener un sitio *web*, pero no puedo hacer mucho hasta tener algunas fotos de nuestros búngalos. Para hacer rodar la pelota planeo enviar un correo electrónico a todos mis conocidos, amigos, familiares, y también a tus amigos. Espero tener algo de realimentación y que alguien se ofrezca a ser nuestro primer huésped.

—Conejillos de Indias! Pobres —dijo Rhett, haciendo una mueca.

Y así siguió nuestra charla. *¿Y la comida? ¿Cuánto cobraré? ¿Y qué haría que el hostal fuera único?* Preguntas y respuestas disparadas desde mi mente como flechas. Algunas daban en el blanco, otras fallaban por kilómetros. Las que acertaban quedaban debidamente guardadas en mi mente.

LAS RUDAS PREGUNTAS Y RESPUESTAS DEL ABOGADO DEL DIABLO ♥

Cuando estás flotando en tu tierra de sueños, quizá no quieras escuchar preguntas que contradigan tu concepto. Pero de hecho eso es **exactamente** lo que necesitas: un abogado del diablo que desafíe tus supuestos. Tus colegas y compañeros emprendedores salvajes ofrecen una tremenda retroalimentación, y son excelentes cajas de resonancia. La crítica puede doler, ¡pero con la práctica se vuelve más fácil de aceptar, y en última instancia te fortalecerá a ti y a tu negocio!

Recomiendo pedir la crítica antes de que se presente inesperadamente. Prueba a invitar a tus amigos más analíticos y directos a cenar y dales rienda suelta para opinar sobre tu idea. Asegúrate de ponerte tu piel más gruesa; prepárate para el desafío. Pídeles que te hagan preguntas como:

- ¿Quién es tu cliente ideal?
- ¿Por qué eres la mejor persona para crear este negocio?
- Tus mayores competidores acaban de bajar sus precios a $0. ¿Cómo continúas justificando tus precios?
- ¿Cómo sobrevivirás si la economía se derrumba?

Usa a tus abogados del diablo para hacer más precisos tus mensajes de *marketing*, identifica el perfil de tu cliente objetivo, establece qué te distinguirá de la competencia, etc.

Supervivencia por medio de prueba y error

En tanto que la naturaleza extrema ponía a prueba nuestras mentes y cuerpos, cada día era un viaje en sí mismo —del amanecer al crepúsculo, la sencillez natural se entrelazaba con el reto y la recompensa—. Si bien los días aportaban un progreso colectivo uniforme hacia nuestra meta, los obstáculos nos esperaban a cada recodo. Remamos en medio de olas inquietantes y finalmente jalamos nuestros kayaks a una playa para ser recibidos por un ejército de bichos voladores que nos empujaron de nuevo al agua y al viento en busca de alivio. Una noche desperté para ir a hacer mis necesidades y casualmente al voltear vi nuestras embarcaciones alejarse flotando en la marea extremadamente alta —los dioses del océano conspiraban para dejarnos varados.

Por medio de la prueba y error aprendimos gradualmente los modos de las tierras salvajes de Baja —viento, olas, mareas, oleajes, penínsulas, vida silvestre, calor, frío y otras fuerzas que estaban continuamente en juego—. Aprendimos a saborear, racionar y conservar cada gota de la poca agua potable que podíamos abastecer entre los puntos de suministro. Juntos nos adaptamos y encontramos equilibrio, estrategia, perseverancia y unidad. Los extremos impredecibles de la naturaleza se vieron mitigados por nuestra fortaleza y estabilidad como equipo —como familia—. Aprender a navegar las aguas turbulentas y las tormentas de Baja nos permitió cultivar las cualidades fundamentales que nos prepararían para el reto del emprendedorismo salvaje: paciencia, fortaleza, valor, apoyo y mucha experiencia al vivir fuera de nuestras zonas de confort.

MANTRAS DE BAJA
PARA EMPRENDEDORES SALVAJES

Baja tuvo mucho que enseñarnos, el remo fue solo un aspecto del suplicio diario. Los siguientes elementos de nuestra rutina en Baja son mantras sencillos pero esenciales para los emprendedores salvajes:

1. *Siempre hay tiempo para hacer una pausa y disfrutar el espectáculo natural.* Cada mañana, cuando lanzábamos

nuestros kayaks, nos maravillábamos con los primeros rayos del sol que se desplegaban en el horizonte.

2. **Sin lodo no hay lotos**. Siempre habrá vientos, pero luego les seguirá una bendita calma.

3. **Haz el trabajo, progresa, sé eficiente.** Encuentra la rutina y el ritmo que funcionan para ti.

4. **Fíjate metas, pero sé flexible y déjate llevar.** Nunca sabes qué te espera al doblar el recodo. Nuestro avance dependía de las mareas, los vientos, las corrientes y la fuerza de nuestros brazos. ¿Debemos acampar en esta playa? ¿Qué tal si el paraíso está justo a la vuelta de la esquina? Nuestros mapas no eran de gran ayuda, todas las playas se ven iguales en un plano.

5. **Aprende de la naturaleza.** Los delfines, las ballenas, los leones marinos, los pelícanos y demás vida silvestre tienen mucho que enseñar.

6. **Juega y explora.** Acampamos en playas de piedrecillas rosadas, caracoles gigantes, huesos de ballena y arena que parecía azúcar en polvo; cerca de naufragios, eco-hostales desiertos, minas de cemento y mansiones de la mafia. Cuando el sol incansable estaba bajo en el cielo, el Tigre anunciaba: "Voy a recorrer la playa en busca de no sé qué, y no me importa". Regresaba sonriendo, sus bolsillos rebosantes de conchas exquisitas: "¡Tesoro!", proclamaba.

7. **Autocuidado.** Aunque viajábamos juntos, nos tomábamos un muy necesario tiempo a solas para hacer yoga, una siesta, y demás.

8. **Come para tener salud y energía.** Si estás corriendo con el tanque vacío, no llegarás a ningún lado.

9. **Recarga tus baterías.** Cuando salían las estrellas, colapsábamos en nuestras tiendas. ¡Duerme!

10. **No dejes rastros**. Dejábamos cada playa exactamente como la habíamos encontrado.

Celebrando al Tigre

El 18 de marzo el Tigre cumplió sesenta años. Un mes en Baja me había permitido ver a mi padre bajo una nueva luz. Ahí donde una vez me sentí impaciente con sus ensoñaciones, ahora sentía gratitud y un aprecio genuino por su espíritu libre. También me di cuenta de cuán fundamentales habían sido sus sueños en la evolución de mi propia vida y mis propios sueños, aunque a menudo chocábamos en los detalles. El Tigre personificaba la esencia del emprendedorismo salvaje y me la había transmitido.

Muchas de sus ensoñaciones nunca dieron frutos; simplemente se fueron a la deriva, de regreso al lugar misterioso de donde vienen las ideas. Sin embargo, algunos sueños, como la aventura de Baja, se habían convertido en una realidad por la que había valido la pena esperar. El periodo de ensoñación había sido la prueba de fuego de la resiliencia de un sueño. ¿Podría ser que los sueños que resisten los rigores de la realidad son los que verdaderamente vale la pena perseguir?

La aventura del Tigre con la Baja empezó cuando la exploró por primera vez en un viaje de surf en los sesenta. No fue sino hasta décadas más tarde —en una pequeña cabaña donde habíamos parado a descansar el último día de la aventura de recorrer a pie el Long Trail de Vermont—, cuando tomó una revista de remo y leyó un artículo sobre el kayakismo en la Baja, cuando supo que era un viaje que *tenía* que hacer.

Comenzó a ahorrar dinero, un ingrediente esencial para cualquier plan salvaje. No le tomaría mucho tiempo; siempre había tenido ingenio para vivir y viajar con un presupuesto apretado. Esta filosofía se facilitaba aún más con su pasión por la sencillez y el minimalismo. "Más cosas significan más problemas; hazlo sencillo", es uno de sus mantras favoritos. Mientras reunía fondos creaba su plan —pasaba horas estudiando mapas, libros y revistas para investigar sobre el viaje—. Cuando tuvo el dinero justo para comprar el equipo, los suministros y el viaje nos invitó a mi hermano y a mí a que nos le uniéramos, y juntos fijamos una fecha. Era momento de convertir en realidad su sueño de Baja.

Celebramos el cumpleaños del Tigre con cubas libres junto al fuego. Mientras el ron disminuía en la botella, nos sumergimos en una ensoñación colectiva sobre el eco-hostal. El Tigre garabateó diseños en la arena junto a la fogata, mientras yo observaba el reflejo de las llamas danzar alegremente en sus ojos.

Inseguridad y miedo

A medida que continuamos rumbo al sur, llegó la inseguridad a sabotear mis ensoñaciones. *¿Tengo lo que se necesita para ser una emprendedora? ¿Y si fracaso?* Estoy segura de que cuando has considerado tu propia ruta de emprendedor salvaje estas preguntas también han llegado a importunarte. Mi único trabajo había sido una breve temporada como instructora de esquí en Vermont, una diferencia enorme con crear un negocio en la selva mexicana. Al ver mis hombros encogidos, mi papá tomó mis coletas llenas de sal, me miró fijamente a los ojos y dijo: "*Sabes* que tienes lo que se necesita. Seguro que nuestras aventuras como familia te han enseñado que si cavas hondo, te vuelves fuerte, y que si crees que tendrás éxito, *tendrás* éxito, *y* no importa en qué dirección te lleve eso, ¡será una valiosa experiencia de vida! Deja que la fortaleza y la confianza que has demostrado en Baja marquen la pauta para tus empresas futuras". Y sí, mis padres me habían enseñado a vivir la vida sin límites; no había espacio para la inseguridad. Mis padres siempre habían sido mi equipo personal de porristas, e imprimieron en mi psique el mantra de "cree en ti misma".

"¿Y qué me dicen del miedo?", pregunté, retando a los chicos. Nos habíamos familiarizado con esta emoción en las últimas semanas. Claramente el miedo era un valioso instinto de supervivencia que a menudo guiaba nuestras decisiones en este lugar salvaje. Si el sitio para acampar se sentía inseguro, nos mudábamos; si el océano era demasiado rudo, no remábamos. Estuvimos de acuerdo en que el miedo es saludable y necesario, pero debe ser consistentemente diseccionado y considerado, y jamás debe percibirse como una barrera o una excusa. Aunque el miedo puede frenar el progreso, también favorece una evaluación precisa de una situación, una valiosa oportunidad de analizar y elegir tu senda.

> El miedo es una experiencia universal. Incluso el insecto más pequeño lo siente. Chapoteamos en las pozas de las mareas y tocamos los suaves cuerpos abiertos de las anémonas de mar y ellas se cierran. Es parte de estar vivo. El miedo es una reacción natural a acercarse a la verdad.
>
> **Pema Chödrön**[2]

Poco después del cumpleaños del Tigre decidí usar el miedo como amigo. Nuestro proyecto del eco-hostal, igual que nuestra aventura en Baja, indudablemente estaría plagado de retos. El miedo me mantendría alerta y preparada. Lo utilizaría como señal para analizar una situación, respirar y evaluar. Ni el miedo ni la inseguridad se interpondrían en mi camino.

La próxima vez que te encuentres con el miedo, recíbelo de frente. Disecciona tu miedo: aprovecha su sabiduría, canalízala, úsala en tu favor. También siempre debes resistirte al miedo ajeno. La emprendedora salvaje Shanti Tilling, fundadora de SwatPlayLive, explica: "¡Solo tienes que seguir tu corazón e ir por ello! Habrá mucha gente a tu alrededor que no pueda ver más allá de su estuche o su cubículo. Escucharás consejos o encontrarás la resistencia de gente que vive con una mentalidad basada en el miedo. No la dejes aplastar tu sueño".

Deshazte de la mentalidad de miedo. En vez de eso llena tu cabeza con una conversación interna positiva y rodéate de ánimo y apoyo, de gente que cree en ti, tus amigos, tu familia, tu *coach*. Estás al inicio de un viaje *muy* largo, y el apoyo es un ingrediente esencial. Encuentra a la persona que te recogerá, te sacudirá el polvo, te dará valor para enfrentar el miedo y te mantendrá en el camino (también podemos aprender de aquellos que no enfrentaron sus miedos y se arrepintieron).

JORDAN DUVALL
ENCIENDE LA MARCA DE TU ALMA

Estrategia y apoyo de marca para los emprendedores espirituales.
"Este es el trabajo para el que nací. Es mi regalo y mi pasión".

¿Qué consejo le darías a un emprendedor salvaje potencial?
Comprométete al cien por ciento y *decide* que tu éxito es inevitable. Aprovecha tu determinación y tu ingenio,

porque vas a necesitarlo. Deja de definirte a ti mismo por tus fracasos y comienza a aprender de ellos. Consíguete un mentor. Fija límites. Lidera con amor.

¿Qué quisieras haber sabido antes de comenzar?
El éxito es un partido largo. Debes tener resistencia para permanecer en él por razones que son más profundas que el dinero.

Pasión, propósito, ¿talento?

A medida que aumentaba mi confianza, otra reflexión intervino en mi diálogo interior: *¿Esta es mi pasión, mi llamado?* Como con el viaje de Baja, una vez que me comprometiera no habría manera de renunciar. Ahora era el momento de evaluar mis verdaderos deseos.

Al fin y al cabo, ¿qué es la pasión? Se le define como una poderosa (a veces incontrolable) emoción que confluye con el interés y el propósito. ¿Tenía interés? Definitivamente. Mi visión del hostal de la selva me había estado jalando de la manga por muchos años; era una fusión perfecta con mi título en economía ambiental.

¿Propósito? Absolutamente. Me enamoré de la selva a primera vista; mi corazón me llamaba a preservar, compartir y crear un negocio familiar sustentable.

¿Y qué del talento? ¿Es el talento un prerrequisito para la pasión? Reflexioné sobre esto. ¿Tenía un talento natural para operar un eco-hostal? Tal vez. ¿Un don para la vida salvaje?

Definitivamente. ¿Pero un talento para la hostelería? No tenía experiencia (aunque mi bisabuela había estado a cargo de una posada, y yo esperaba haber heredado ese gen). Lo que *sí* sabía con seguridad era que estaba resueltamente preparada para trabajar duro, aprender y cultivar las habilidades que necesitaba. El talento siempre ayuda, pero si no tienes un talento natural y estás decidido puedes desarrollar las habilidades que requieres —el Censo de Estados Unidos muestra que aproximadamente 50% de los emprendedores no tiene un grado universitario formal—.[3] Existen muchos enfoques diferentes para pensar, crear y jugar el juego de la vida. "La pasión no tiene que ver con credenciales, tiene que ver con el compromiso", afirma Marianne Williamson.[4]

Con estas consideraciones se calmaron mis escrúpulos. *Este es el trabajo que realmente quiero hacer. Esta es la forma en que tendré un impacto positivo. Me arrepentiré si no lo intento.* Con esto, encontré un profundo sentido de claridad y una sensación de paz. Sin embargo, este sentimiento no puede ser el mismo para ti o para otros emprendedores salvajes. Para algunos, la pasión golpea como un relámpago. Para otros, toma años en germinar y florecer.

¿Cuál es tu pasión? O si "pasión" no es la palabra que escogerías para describirlo, intenta usar "excitación" como barómetro. "Escucha a tu sistema nervioso simpático: ¿qué te provoca comezón?", dice el podcaster Tim Ferriss.[5] Explora estas preguntas cuando consideres tu interacción de excitación, pasión, propósito y talento.

EVALÚA TU PASIÓN, PROPÓSITO Y TALENTO ♥

Pon de nuevo tu cronómetro (10 o 15 minutos) y pregúntate lo siguiente:

- ¿Esto es mi pasión o mi propósito?
- ¿Qué es lo que realmente quiero lograr en la vida?
- ¿Qué me excita y me inspira? ¿Dónde me siento motivado? ¿Qué me hace saltar de la cama en las mañanas?
- ¿Qué me hace cobrar vida?
- ¿Con qué probablemente me quedaré? ¿Es solo una idea fugaz o un proyecto con el que puedo comprometerme? (Esto puede ser difícil saberlo hasta que lo intentes, pero vale la pena plantear ahora la pregunta de todas formas).
- ¿Tengo un talento natural? ¿Necesito talento para perseguir mi sueño?
- Si trabajo en mi pasión, ¿seguiré amándola? (Hay quien dice que el trabajo tarde o temprano sofoca a la pasión). ¿Es mejor mantener mi pasión como un pasatiempo, y perseguir un proyecto distinto como carrera?
- ¿Cuáles son los riesgos y recompensas potenciales de seguir mi pasión?
- Si tengo múltiples pasiones, ¿en cuál de ellas quiero enfocar mi negocio? ¿O puedo incorporarlas a todas en él?

GRAN PREGUNTA: ¿Me arrepentiré si no intento esta idea salvaje?

Sencillez

Cerca del final del viaje, en una rara tarde relajada en Baja, rescaté mi plan de negocios de mi mochila seca. Este plan original proponía aceptar inversionistas y construir el hostal rápidamente. Este enfoque significaría contraer una deuda importante, idealmente seguida de un rápido rendimiento con alto riesgo.

El Tigre se dejó caer en la arena junto a mí. Estudió por un momento las páginas arrugadas y sugirió: "¿Por qué no comenzamos en pequeño y lo mantenemos simple? Será menos estrés. Podemos avanzar despacio y firmemente, crecer a medida que podamos costearlo. Enfoquemos nuestra energía y evitemos dispersarnos demasiado".

Seducida por la simplicidad de la Baja, la filosofía del Tigre ahora resonaba en mí. ¿Por qué complicar las cosas de más? Con eso, estructuré un nuevo plan que se enfocaba en una sencillez inteligente, calidad sobre cantidad, y una filosofía de lento y seguro. Particularmente si es tu primera meta empresarial, prueba las aguas con un plan sencillo —no un plan perezoso, un plan inteligente (¡hay una gran diferencia!)—. Flexiona tu musculatura empresarial, ve cómo se siente cuando hay menos presión y un menor riesgo financiero. A medida que vas construyendo el *momentum*, siempre puedes añadir más. Esta sabiduría es evidente en todas las grandes creaciones y diseños de la Madre Naturaleza: los árboles más grandes empiezan como diminutas semillas.

Visualiza

Conforme nos acercábamos a nuestro destino final (La Paz), reiné en mis ensoñaciones abstractas y me visualicé a mí misma comenzando con el hostal. Imaginé mi regreso a la selva. Me vi trabajando codo a codo con el Tigre y mi mamá (ahora apodada cariñosamente *Jungle Judi*) mientras le dábamos vida al hostal, martillando tablas al unísono. Visualicé el escenario completo y los pequeños detalles; pude vernos decorando los búngalos con caracoles, velas y flores tropicales. Me vi a misma recibiendo entusiasmada a nuestros primeros huéspedes.

Mi gran amigo y veterano emprendedor salvaje Shannon Hughes atribuye su éxito al poder de la intención y la manifestación. "Me tomó muchos años creer realmente que podía hacer todo lo que me propusiera. Manifestarte es algo real, y aprender cómo tener una visión clara y actuar de acuerdo con ella es una forma de arte", dice Hughes.

Visualiza que tu sueño se vuelve realidad. Obsérvate en acción, establece tu intención. La visualización es uno de los secretos del éxito. Empieza ahora con este hábito —ya sea solo o con un ejercicio de visualización guiada. ♥

ESTABLECE TU INTENCIÓN
PRÁCTICA DIARIA DE VISUALIZACIÓN

Tómate un momento al principio y al final de cada día para hacer una pausa, reflexionar y visualizar:

RITUAL MATUTINO

¿Qué me entusiasma acerca de este día? (Imagina tu día, establece una intención positiva).

¿Qué podría sacarme del camino? (¿Puedes predecir dónde habrá baches?).

¿Cómo puedo superar estos retos con lo mejor de mí mismo? (Visualízate fluyendo a lo largo de tu día en concordancia con tus metas).

RITUAL NOCTURNO

¿Qué disfruté hoy?

¿Di hoy lo mejor de mí mismo? ¿Qué pude haber hecho diferente?

Fuente de inspiración:
High Performance Habits por Brendon Burchard

Viento de cola

Nuestros momentos finales en Baja nos encontraron mordisqueando nuestra última provisión de comida deshidratada. Los chicos casi babeaban conversando sobre filetes y cerveza fría. Me escuché a mí misma decir: "Aunque definitivamente no voy a extrañar los frijoles, el arroz y la avena, me dará tristeza cuando este viaje termine".

El viaje sumó 49 días, 47 campamentos, más de 1 200 kilómetros y millones de golpes de remo. Casi dos meses en las tierras salvajes de Baja habían estimulado mi inspiración y me habían fortalecido, preparado y empoderado para convertirme en una emprendedora salvaje. Había descubierto que con el dolor, los desafíos y el riesgo de la aventura venía la recompensa. En realidad, las dificultades y desventuras que encontramos en el camino habían sido parte de la riqueza de la experiencia.

A medida que remábamos hacia el puerto de La Paz, saboreamos el suave viento a nuestras espaldas. Era un viento de cola, *tailwind* en inglés, así que de ahí nació el nombre de Tailwind Jungle Lodge. Estábamos irremediablemente convencidos de que la vida es mucho mejor cuando tienes el viento a tu espalda. Al remar los últimos kilómetros, por mis mejillas pecosas rodaron lágrimas de euforia, alivio, cansancio, tristeza y felicidad.

Saboreando nuestro éxito, el 19 de abril abordamos orgullosamente el ferry de La Paz. Los pasajeros nos miraron con la boca abierta cuando subimos nuestros kayaks por la rampa. Parecía que habíamos estado perdidos en el mar: nuestras ropas estaban en harapos y descoloridas por el sol y la sal. Las barbas de los chicos estaban desordenadas, mis trenzas hechas una maraña apelmazada, mis cejas oscuras teñidas de blanco. Ya en cubierta, devoramos tacos frescos y bebimos Bloody Mary. El Tigre levantó su brazo y declaró: "Bueno, *esa* fue una aventura".

Mientras el ferry salía del puerto y nos llevaba hacia el este, hacia México continental, murmuré una oración final de gratitud a Baja. Saboreé la delicia del momento —me sentía como si acabara de surcar una de las olas más grandes, aterradoras y excitantes de mi vida—. Ahora flotaba en el oleaje agradecida por la calma pero llena de anticipación. Mamá y Poncho, nuestro labrador amarillo, nos esperaban en Mazatlán, impacientes por llevarnos a casa a la selva. ¿Qué traería la siguiente ola —nuestra aventura del hostal selvático? ¿La surcaría con gracia? ¿O la ola me hundiría? A medida que la costa del Pacífico mexicano apareció en el horizonte, me pregunté qué me tendría reservado la vida como emprendedora salvaje.

VITINA BLUMENTHAL
WANDERFULSOUL

Lema: Retiros de autodescubrimiento en todo el mundo.
"Un día perfecto tiene sus hermosas imperfecciones. Eso es lo que lo hace tan perfecto. ¡Lo mismo se aplica a la vida como emprendedor salvaje!".

¿Cuál fue tu inspiración para crear WanderfulSoul?
Trabajé durante cinco años en la industria de la moda, la música y el entretenimiento, y terminé totalmente estresada y exhausta. Trabajaba más de ochenta horas a la semana y casi no dormía. Llegué a mi límite después de gritarle a un pobre taxista cuando me llevaba a un evento. Salí del taxi y sentí que me había perdido completamente a mí misma.

Hui a la India para tener mi primer entrenamiento como maestra de yoga. El último día del entrenamiento, mi maestro Raviji, me dijo:

—Vitina, te ves tan relajada. Cuando llegaste aquí me diste miedo.

Yo respondí:

—¿Cómo que te di miedo?

Él me explicó que el ritmo de mi voz iba a millones de kilómetros por minuto. Ahí fue cuando me di cuenta de cuánto me había desacelerado y me sentí muy conectada conmigo misma. Supe que no era la única que se sentía exhausta, estresada, ansiosa y totalmente desconectada. Fue en ese momento que supe que quería llevar a la gente de todo el mundo a experiencias que le cambiaran la vida.

¿Qué quisieras haber sabido antes de comenzar?

Confía en y entrena tu intuición. Esto puede resultar en algunos "errores", pero a largo plazo será tu mejor activo. También es clave tener la guía de calidad de alguien que ha tenido éxito en crear un negocio. Dicho esto, hay un límite de cuántos mentores buscas para que te ayuden: demasiados cocineros en una cocina puede ser algo confuso.

¿Cuál es tu parte favorita de ser una emprendedora salvaje?

La sensación de libertad. He construido estratégicamente todos mis negocios para poder tener movilidad y ser flexible. La idea de ser capaz de reservar un boleto de avión cuando yo quiera realmente me estimula. También me encanta que me conecto con gente que piensa como yo y que igualmente comparte una pasión por lo que hace. Nos retroalimentamos unos a otros con nuestras ideas y energía, y son una enorme fuente de apoyo.

¡Adelante!

Cuanto sucumbas a la corriente de tus ensoñaciones y deseos sé paciente. Deja que tus ideas germinen y broten. Sintonízate con tu inspiración. ¿Adónde te llevará el viento? ¿Qué huellas únicas y hermosas dejarás en esta Tierra?

CAPÍTULO DOS
ENSÚCIATE Y CREA

LA MANERA DE COMENZAR ES DEJAR DE HABLAR
Y EMPEZAR A HACER.
WALT DISNEY

MAPA RUTA DEL
EMPRENDEDOR SALVAJE # 2 ♥

Arremanguémonos y pongámonos firmes. Este capítulo te guiará a través de la etapa inicial de creación de tu negocio salvaje. Tú:

- Elaborarás un plan preciso (y un plan de respaldo).
- Considerarás los elementos básicos de tu diseño de negocio.
- Establecerás una rutina y tendrás un progreso continuo.
- Pondrás a prueba tu producto/servicio y atraerás a tus primeros clientes.
- Te convertirás en un maestro en el arte de cometer errores.
- Tendrás agallas: la persistencia es la única manera de avanzar.

Los inicios en la selva

Acabando de regresar de Baja volvimos a la selva en abril de 2007. Era el momento de movernos del estatus "quiero ser emprendedor" a sumergirnos en el duro trabajo de convertir nuestros sueños en realidad. Convoca tu concentración, fortaleza y determinación para darle a esta difícil etapa todo lo que tienes (no quieres mirar atrás y desear haberte esforzado más: ¡sin arrepentimientos!).

Jungle Judi

Durante los meses que estuvimos en Baja, mi mamá y Poncho (el labrador amarillo) se habían instalado en la selva. La vida natural indudablemente le sentaba bien a Jungle Judi [Judi de la Selva]. Sus ojos brillaban de alegría mientras iba de un lado al otro, aliviada de tenernos en casa y ansiosa por empezar a construir el hostal.

"¡El trabajo es un gran ejercicio!", canturreaba. Mi madre siempre ha irradiado salud, energía positiva y gratitud. Los primeros dieciocho años de su vida en Alaska la habían hecho fuerte y ansiar una vida tropical. Conoció a mi padre en Anchorage, y cuando él la llevó a México quedó embelesada por el hombre y el lugar. Las playas, los *tacos*, el tequila, los *mariachis* y las románticas vibras latinas le eran irresistibles. México se convirtió rápidamente en su hogar fuera de casa.

Cuando mi madre vio por primera vez la selva en las afueras de San Pancho en 2004, la jungla capturó su corazón. A partir de entonces el camino fue un poco espinoso. Ella dice que la compra de la propiedad "fue la experiencia más estresante de mi vida". Mis padres juntaron cada centavo de sus ahorros e hipotecaron su casa de Quebec para comprar el terreno. Las dificultades financieras se complicaron por el proceso de adquisición de tierra como estadounidenses en México: fue largo y frustrante .

JUNGLE JUDI
TAILWIND JUNGLE LODGE

Anfitriona, maestra de yoga y comprometida con la comunidad
"Sentía un miedo profundo… en cualquier momento despertaríamos de este sueño que es mi realidad; una vida en este lugar especial que es el Tailwind Jungle Lodge".

¿Qué te mantiene motivada e inspirada?

Desde el principio le prometí al universo que haría todo lo que pudiera para conservar la Tierra en su forma natural; me comprometí a ser la cuidadora de este increíble pedazo de selva. Me siento constantemente inspirada por las aves y las criaturas de la selva. También me inspira la gente que viene a quedarse con nosotros —su gratitud y entusiasmo son realmente gratificantes.

¿El hostal hoy es lo que esperabas que fuera?

Los primeros años nos preocupaba cómo podríamos hacer que la gente viniera (y pagara) para quedarse en este escenario único. ¡El hostal ha superado mis expectativas! Ahora tenemos clientes haciendo fila para inspirar nuestro lugar único. Es realmente mi sueño hecho realidad.

¿Qué consejo le darías a alguien que está considerando entrar en un negocio con la familia?

He aprendido que todo es posible. Mantener la mente abierta (¡excusados de compostaje!). Dejarse fluir. Tener fe en el proceso.

¿Qué quisieras haber sabido al comienzo de la creación del Tailwind Jungle Lodge?
En retrospectiva siempre es 20/20. Tomarte tu tiempo. Construir en etapas y aprender que la tierra nos ha ayudado mucho.

Uñas sucias

Cambié mi salado atuendo de remo de Baja por vieja ropa de trabajo. Sin duda mi guardarropa había evolucionado desde el uniforme de falda escocesa, medias a la rodilla, saco y corbata que había usado en la secundaria. Ataviada en la versión selvática de vestirte para el éxito, me enfrenté a una pregunta que me atormentaba: ¿Por dónde iniciar nuestro proyecto? ¿Por dónde empezarás *tú* el proyecto?

Nuestra primera prioridad fue familiarizarnos con el terreno. Así, el lugar lógico parecía ser construir senderos por toda la propiedad, algo nada fácil en la selva. Rápidamente contratamos a José, el *machetero* local (maestro del machete) para ayudarnos. Cuando José me vio atacando salvajemente una maraña de zarzas, retiró suavemente el machete de mi determinada sujeción. Ampollada y sangrando, se lo di a regañadientes. Mientras me limpiaba el sudor, la mugre y las ramitas de la frente, observé a José derribar toda la maraña con un solo golpe limpio. Decidí que, de ahí en adelante, él se encargaría del machete.

No tengas miedo de ensuciarte; ve y agita el machete unas cuantas veces. Tómale el verdadero sabor. Una de las alegrías de un negocio pequeño es que te involucras en cada aspecto, lo pruebas y ves de qué disfrutas realmente. No te preocupes, llegará un momento en que podrás señalarlo con exactitud, pero por ahora, deléitate en ensuciarte las manos y aprender en el camino.

Con José trabajando en los senderos, mis padres y yo pasamos a acarrear rocas, un abundante material local que usaríamos para construir escaleras, senderos y muros. Aunque nos dolían los músculos por la fatiga, el proceso de buscar piedras nos permitió familiarizarnos con la tierra. Una cosa estaba clara: nuestra propiedad es *muy* empinada. La gravedad era una fuerza poderosa que podíamos usar a nuestro favor. Si dejas caer un coco en la cima, rodará rápidamente hasta la playa, descendiendo unos 90 metros verticales a través de dos hectáreas de densa selva. Descubrirás cómo usar el poder de la Madre Naturaleza (biomimetismo) en el diseño de tu negocio en el capítulo 5.

Mientras explorábamos, otras preguntas surgieron: *¿Hacia dónde sopla el viento? ¿Qué lugares tienen las mejores vistas? ¿En dónde están los árboles más imponentes? ¿Cómo atraviesa la luz las frondas de las palmeras? ¿Cuáles son los mejores lugares para construir?* En la medida en que empiezas a crear y a construir, llega el momento de explorar y familiarizarte con los cimientos y los elementos que construirán tu negocio salvaje (sea físico o virtual).

Poco a poco la selva dejó caer los velos de su personalidad salvaje. La sombra de las majestuosas palmas y la brisa que

venía del océano nos mantenían frescos. Estábamos intrigados por la vida silvestre y encantados por la ausencia de bichos. Parecía ser una selva "amigable", pero yo podía ver que
había muchas cosas que ocurrían bajo la superficie que eran
invisibles a los ojos humanos.

A medida que acarreaba balde tras balde de rocas arriba y
abajo de la caminadora de la Madre Naturaleza, mis piernas se
fortalecieron y mi determinación también. Aunque las capas de
mugre en mi piel se hicieron más gruesas, mi corazón bailaba de
felicidad. ¡Mi negocio salvaje finalmente estaba tomando forma!
¿Cómo te sentirás cuando tu negocio salvaje esté marchando?

UBICACIÓN, UBICACIÓN UBICACIÓN ♥

El lugar en que decidas construir, ubicar y crear será el cimiento de tu negocio salvaje. Considera lo siguiente:

- ¿Mi negocio necesitará una ubicación virtual y/o física?
- Si es física, ¿qué tipo de espacio? ¿Alquilaré o compraré?
  ¿Diseñaré mi propio espacio?
- ¿Lo construiré yo mismo, adaptaré un espacio antiguo, o
  usaré algo que ya está establecido?
- ¿Cuál es mi ubicación ideal? ¿O prefiero una oficina móvil
  (una camioneta, Airstream, etc.)?
- ¿He pasado tiempo suficiente en el lugar propuesto para
  familiarizarme con él?
- ¿Construiré yo mismo, o contrataré a alguien? ¿Puedo
  pedir a mis amigos que me ayuden o que intercambie-
  mos servicios?
- ¿Puedo incorporar materiales locales?

🍃 ¿Puedo costear materiales o equipo de calidad? (Esto te ahorrará problemas en el camino). ¿O puedo comprarlos usados? La reutilización es una gran forma de ahorrar dinero y salvar al planeta. (Nosotros compramos tiendas de campaña usadas de las Girl Scouts para emplearlas como búngalos, y diez años después siguen funcionando perfectamente).

Surge un plan

Al final de cada día me retiraba a mi tienda, encaramada en el tejado de la *casita* de mis padres. Este pequeño espacio de endebles paredes desempeñó el doble papel de mi hogar y mi oficina por casi cuatro años. Quizá tengas que hacer algunos sacrificios para poner en marcha tu negocio.

Pedazos de papel y notas adhesivas —listas garabateadas de ideas y de cosas que hacer— estaban esparcidos entre mi bolsa de dormir y mi ropa de trabajo. Mi pésima organización empezó a propagarse en nuestro régimen de trabajo diario. Aunque a fin de cuentas mis padres y yo compartíamos la misma una visión del hostal selvático que queríamos crear, teníamos distintas prioridades, perspectivas y métodos para llegar al objetivo. Las tareas estaban desarticuladas y eran poco claras. Cada día iniciaba con un exasperante estira y afloja entre los tres. Trabajar sin concierto no nos llevaría muy lejos. Necesitábamos un plan de acción más concreto.

La primera reunión de negocios

Tuvimos nuestra primera reunión de negocios el 1° de noviembre de 2007. Nos reunimos en la azotea, a un lado de mi tienda/oficina. El plan de negocios original que había redactado en la universidad había sido sustituido por nuestro modelo de negocios de Baja, que se enfocaba en una sencillez inteligente y un crecimiento conscientemente lento y continuo. Construiríamos el hostal como familia sin inversionistas. Con esta nueva estrategia necesitábamos un nuevo plan. La emprendedora salvaje Annie Kerr, fundadora de Wild Balance Jewelry, dice: "No puedo insistir lo suficiente en la importancia de tener un plan; un plan escrito y bien investigado. Una vez que la bola comienza a rodar, es más fácil modificar un plan que encontrar el tiempo o la fortaleza mental de procesar la investigación y los números y sentar los cimientos a medida que avanzas". En el capítulo 4 encontrarás algunas indicaciones de cómo empezar con un plan de negocios sencillo.

En nuestro plan evaluamos nuestros proyectos, el ritmo de nuestro progreso y nos fijamos una fecha para terminar; esta fecha también marcaría la apertura oficial del hostal. Establece una línea de tiempo y especifica las tareas que deben llevarse a cabo. Afina bien tu proyecto, fija metas a corto plazo y delega tareas. Como familia identificamos lo que podíamos hacer juntos y lo que era mejor hacer de manera independiente. Redacté nuestro plan a lápiz, con una goma para borrar de reserva.

Atravesamos el embrollo y la confusión y encontramos un orden. En esa reunión, el Tigre me nombró "CEO de Tailwind". Mis padres me habían puesto oficialmente al timón.

DREW CAPPABIANCA, THE HUB

Tienda de bicicletas, café y bar de música viva en las montañas Adirondack de Nueva York.

¿Este trabajo es tu pasión? ¿Qué te mantiene motivado?

Sí. Realmente mi trabajo es solo una extensión de mí mismo. El concepto es mío, la ejecución es mía, los errores son míos. Como café, tienda de bicicletas y bar de música en vivo a menudo bromeo con que sencillamente convertí mi estilo de vida en un trabajo.

No hay límites a lo que podemos hacer con el negocio. Siempre podemos hacer más (o menos) y todo lo que hacemos siempre puede ser mejor o diferente. Organizamos rodadas de caridad y otros eventos. Hemos añadido música en vivo. Construimos un sistema de senderos y de ciclismo de montaña. Estamos empezando un hostal. Continuamente afinamos nuestros procesos internos para brindar una mejor experiencia al cliente (y al empleado).

¿Qué sigue?

¿Cuál es tu parte favorita de ser un emprendedor salvaje? En última instancia, al final del día estoy en una situación en la que puedo hacer cosas que quiero hacer. Buenas o malas. No importa cuán estresante sea, soy el único responsable de ponerme a mí mismo en cualquier posición, y ese es un sentimiento liberador.

Describe tu día perfecto como emprendedor salvaje.

Para mí, un día perfecto es cuando una de nuestras ideas para eventos da frutos y tiene éxito. Por ejemplo, hace unos años organizamos un *tour* culinario en bicicleta por los restaurantes del área. Se llevó una tonelada de tiempo planeando, promoviendo y coordinando. Tuvimos una asistencia increíble, y todos pasaron un rato maravilloso. Había muchas partes móviles y puntos de posible fracaso, y sin embargo todo salió bien. Me gustaría enfatizar la parte de "todos pasaron un rato maravilloso". No hay una sensación mejor que la gente te exprese una sincera gratitud por algo que has creado.

¿Cuál fue tu inspiración para crear The Hub?

Quería vender diversión, sin importar si eres ciclista. La vida diaria es ocupada y frenética y estresante. Quería crear un alivio para eso.

¿Hiciste algunos sacrificios personales para iniciar tu negocio?

¿Te refieres a además de estar constantemente al borde de un colapso nervioso, afectar mi matrimonio al punto de tener que buscar un consejero, y casi sufrir una crisis existencial? En serio, todo eso pasó, pero en un tono más ligero te diré que pasé de conducir un Volkswagen Jetta SportWagen TDE 2013 a un Ford F150 1990 sin aire acondicionado, calefacción o radio, y que se sacudía como loco cuando pasabas de 70 kph.

El plan de respaldo

Mis padres estaban entusiasmados y listos para invertir su tiempo, esfuerzo y finanzas para levantar y poner en marcha el hostal. El Tigre había sido un emprendedor exitoso y experimentado en el transcurso de los años. Aunque me había puesto a cargo, había una condición: este sería un periodo de prueba. Todo lo que construyéramos debía tener un uso práctico como hogar de vacaciones de la familia si el negocio no salía como habíamos planeado. Aunque mis padres creían en mí, insistieron en tener un plan de respaldo. ¿Cuál es tu plan de respaldo?

Rutina

Nos instalamos en nuestra rutina selvática. Las mañanas frías eran mejores para el trabajo físico, después podíamos sumergirnos en mi lista de cosas por hacer en línea. Como no había wi-fi en la selva en esa época, eso significaba que tenía que viajar a San Pancho. Yo *odiaba* esta duplicación —el tiempo en pantalla parecía poco natural en mi vida en la selva, *y yo* era terriblemente tímida.

De todas formas, me comprometí a cuando menos una hora de tiempo en internet cada día. No conocía a nadie en el pueblo, y los silbidos y piropos de los hombres mexicanos me hacían sonrojar con un carmesí brillante mientras buscaba un lugar tranquilo para esconderme y trabajar. ¡Empresa inútil, de verdad! México es una tierra de ruido: música de campo, gallos, perros, camiones con megáfonos estridentes. No tenía más remedio que zambullirme y enfrentar mi miedo. Recuerda —tal vez tú también tengas que soportar algunas situaciones que están fuera de tu zona de confort: tú sigue osadamente hacia adelante y acepta el reto.

Me refugiaba en apretadas esquinas de abarrotadas cafeterías y me colgaba del wi-fi de cualquier casa que tuviera una señal abierta. Aunque luchaba con mi lista de cosas por hacer en línea, el pueblo empezó a ejercer su encanto en mí. San Pancho (su nombre oficial es San Francisco) es un pueblo costero mexicano típico con una ambiente relajado. Su población de más o menos tres mil habitantes fluctúa con los emigrantes estacionales. Sus calles empedradas están sombreadas por árboles de plátano, palmeras y almendros. Los seductores aromas del *pollo asado* (a la parrilla) y las tortillas recién hechas flotan en el pueblo mezclándose con la intoxicante fragancia de las flores tropicales. Carritos de tacos, puestos de cocos y coloridas tiendas de recuerdos decoran las calles.

Aunque yo no me daba cuenta en 2007, San Pancho estaba a punto de ser descubierto por los turistas y desarrolladores. Mi familia y yo éramos parte de una primera ola de emigrantes. Habíamos tenido una sincronización impecable, ubicándonos perfectamente para alojar al creciente flujo de visitantes. Hay ciertas fuerzas del mercado que no puedes controlar, pero estar en el lugar correcto en el momento correcto sin duda es algo benéfico para tu negocio. Aunque nos habíamos enamorado de la selva, la creciente popularidad del pueblo de San Pancho ha sido un tremendo activo para nuestro negocio. ¿Fue el destino? ¿Has notado algunas sincronías en nuestro viaje hasta ahora?

La hora del poder

Empecé a llamar a mis sesiones de computadora "la hora del poder". Con la práctica en unos meses me volví una maestra de la eficiencia. Invoqué mi enfoque láser y terminé mi trabajo en línea como rayo. Casi sin querer, diseñé mi negocio para poder pasar menos tiempo navegando en la red y más tiempo navegando en las olas. Lo que importa es la calidad y no la cantidad del tiempo de trabajo. Incorpora la eficiencia a tu ética de trabajo desde el principio.

Sin embargo, a medida que los lugareños comenzaron a reconocerme —mi largo cabello rubio y mi piel clara no pasaron desapercibidos en este pueblo de rasgos latinos— mis horas de poder sirvieron para otro propósito. Las mentes curiosas, tanto de los mexicanos como de los emigrantes, señalaban mi computadora y preguntaban qué estaba haciendo. Yo me sonrojaba tímidamente y me explicaba torpemente en un español entrecortado y extraño. Para mi sorpresa, los lugareños me dieron su apoyo, intrigados por mi proyecto. Mi voz se volvió cada vez más firme. Con la práctica, tu confianza crecerá.

Se buscan: aventureros de la selva

Cuando diseñé mi propio sitio web básico, estaba lista para lanzar el Tailwind Jungle Lodge al mundo. A finales de octubre de 2007 oprimí el botón de "enviar" —lanzando mi primer boletín por correo electrónico a amigos y familiares, anunciando que nuestro día de apertura sería el 15 de diciembre.

SE
BUSCAN

¡Aventureros entusiastas del aire libre!
Buscamos personas activas con valores aventureros
interesadas en adentrarse en la salvaje naturaleza mexicana.

Nos entusiasma recibir a nuestros primeros huéspedes este otoño, y para nuestra primera temporada en el negocio buscamos grupos piloto que nos ayuden a afinar nuestros servicios y a perfeccionar las fallas. ¡Ven a ayudarnos a crear la experiencia selvática y oceánica con la que todos sueñan! Buscamos grupos (2-6 personas, grupos de amigos, familias, etc.) para viajar a la selva mexicana, hospedarse por un precio ridículamente barato y ayudarnos a afinar nuestros alojamientos, paseos y servicios y a promovernos cuando vuelvan a casa.

Por favor ponte en contacto conmigo, Tamara, para más información, y avísame si te gustaría venir. ¡Los precios son negociables y te garantizamos una experiencia increíble!

¡Ja! Nada mal. Después de todo solo tenía veintitrés años y ninguna experiencia de *marketing*. Leer esto ahora me hace reír y sonrojarme. Dado el uso repetido de las palabras *aventura*, *aventurero* y *aventurarse*, estaba claro que yo estaba cautivada por esta aventura. Este espíritu me mantuvo en pie. Qué bueno que en ese tiempo yo era demasiado joven e inexperta para pensarlo mejor, así que me lancé de cabeza en la escuela del negocio salvaje donde aprendí por mi cuenta.

A los pocos días recibí la respuesta de una amiga con quien había estudiado en Australia. Su familia se había ofrecido entusiastamente como voluntaria para ser nuestros primeros huéspedes. Solo teníamos que contar con las camas suficientes para acomodarlos.

¿LISTO PARA EL LANZAMIENTO? ♥

Considera lo siguiente mientras te preparas para abrir las puertas de tu negocio salvaje:

🌿 ¿Cómo voy a atraer a mis primeros clientes?

🌿 ¿Cómo puedo hacer una prueba de mi producto o servicio?

🌿 ¿Mis amigos o familiares estarían dispuestos a ser mis conejillos de Indias?

🌿 Si envío un correo electrónico o un boletín anunciando mi negocio, ¿a quién se lo enviaría y qué diría?

🌿 ¿Quiénes son mis objetivos, mis clientes ideales? ¿Cómo llego a ellos?

Construyendo lo básico

Con nuestros huéspedes programados para llegar el 27 de diciembre, ¡era tiempo de poner manos a la obra! Diseñamos un loco sistema de poleas para bajar con cuidado vigas y tablas de *chiche* —una madera dura de las montañas mexicanas— por doscientos escalones. José nos informó que este es una de las maderas más densas, lo que también la hace sumamente resistente a la putrefacción y absurdamente pesada. Nuestra educación tropical estaba en marcha. Sintonízate con el conocimiento local para descubrir qué materiales se ajustan mejor a tu proyecto.

Con nuestras dos plataformas de madera sobre sus pilotes, levantamos un par de tiendas de lona usadas de 4 x 5 metros que había comprado en un campamento Girl Scout. Cuando estas tiendas de safari encontraron su nuevo hogar en la selva, diseñamos y construimos excusados de composta, y fuimos al pueblo a recorrer los mercados locales en busca de muebles y acabados de estilo rústico. ¡Con eso, nuestros búngalos estilo "acampar con glamur" estaban listos para la acción!

La jefa

El avance estaba en marcha en la parte superior de la propiedad también. La Palapa Tigre (¿adivina en honor de quién fue llamada así?) sería ligeramente más lujosa y de fácil acceso. El Tigre diseñó los planos y se los pasó a un constructor local, Adalberto García. Aunque mi padre es un talentoso carpintero, este tipo de construcción de concreto y azulejos estaba por encima de sus capacidades.

Las facciones morenas de Adalberto nos observaron con escepticismo por debajo de su sombrero vaquero. Los diseños de construcción naturales de mi padre eran extraños para él. Adalberto no hablaba inglés, y el español de mis padres era limitado. Eso me dejaba a mí para descifrar la densa jerga local de Adalberto —muy alejada del español académico que había aprendido—. Los gestos con las manos y los dibujos llenaron los espacios en blanco de nuestra conversación. Sin embargo, me entendiera o no, Adalberto asentía con la cabeza: *sí*, y hacía las cosas como mejor le parecía (sin duda Adalberto aceleró mi educación en el estilo mexicano). Aunque al principio Adalberto parecía perplejo de ver a una mujer (yo) dirigiendo el proyecto en la selva, finalmente me apodó *la jefa*. Mis padres y yo nos maravillábamos de ver al equipo de Adalberto en acción: sin maquinaria compleja, solo la mano de obra y la creatividad con dos únicas velocidades: encendido y apagado. O estaban trabajando duro, o tomaban una siesta.

Piedras

"*¡Más piedras, chiquitas!*", exclamó Adalberto en español. Se necesitaban cientos de pequeñas piedras para los pisos de baldosas, los mostradores/bares y las paredes de la ducha de la Palapa Tigre. Este era solo un problema: habíamos agotado nuestro propio suministro de piedras.

"Vayamos a buscar a la playa", sugirió el Tigre. Yo accedí rápidamente: mis pies no habían tocado la arena en semanas.

Mientras mis padres y yo llenábamos nuestras cubetas con piedras de hermosos colores, chapoteábamos en los charcos que dejaba la marea, lanzábamos el coco para que nuestro perro, Poncho, lo recogiera y nos reíamos de los descalabros que habíamos enfrentado hasta ese momento. Tómate tu tiempo para jugar con quienes trabajan contigo.

NICK POLINKO,
RUMPL

Divisa: cobijas para todas partes
Listo para viajar ligero y compacto

¿Tu día perfecto?
Para mí un día perfecto es un equilibrio entre hacer las cosas que AMAS (esquí, surf, ciclismo, etc.) y disfrutar las cosas

que NECESITAS hacer (trabajar, crecer, ganar el sustento, aprender, etc.).

¿Qué quisieras haber sabido?

La lección clave es: tú eres la autoridad de tu negocio. Creo que todos estamos acostumbrados a estar en un entorno laboral donde siempre hay un superior que tiene la respuesta correcta, o solo una respuesta para guiarte. Esto no es verdad cuando te vuelves un emprendedor salvaje. Tienes que aprender a confiar en tu instinto y aprender de los errores que definitivamente cometerás, porque nadie puede (debe) conocer tu negocio mejor que tú.

¿En qué te inspiraste para crear Rumpl?

Primero que nada, creamos un producto que NOSOTROS queríamos para resolver un problema que teníamos. Éramos chicos de intemperie que queríamos pasar más tiempo al aire libre, no tener frío, y no tener que lidiar con arrastrar un montón de mugre y pasto pegados a nuestra cobija. La Cobija Rumpl solucionó ese problema y nos encantó lo que Rumpl podía significar para otras personas —disfrutar más tiempo al aire libre junto a la gente que amas—. Teníamos un producto que adorábamos que permitió que la gente estuviera a la intemperie más a menudo, así que para nosotros fue algo natural comercializar y vender genuinamente las cobijas.

Huéspedes piloto

El 27 de diciembre de 2007 recorría el aeropuerto nerviosamente. Nuestros primeros huéspedes llegarían en cualquier momento. Los búngalos y la Palapa Tigre estaban listos —las almohadas bien esponjadas y justo a tiempo—. Después de las sonrisas, abrazos y presentaciones, cargamos sus maletas y partimos en dirección a la selva. Contuve el aliento hasta que llegamos al hostal y los escolté adentro. Cuando sonrieron encantados me sentí invadida de alivio. El Tailwind Jungle Lodge estaba oficialmente en funciones.

Un misterio todo incluido

"¿Cómo voy a sobrevivir cinco días más de esto?", me quejé cuando colapsé en mi tienda, exhausta. Dos días de hospitalidad me habían dado una patada en el trasero —acarrear rocas había sido como una brisa fresca en comparación—. Para estos primeros huéspedes habíamos creado un paquete de vacaciones todo incluido; éramos los cocineros, las camareras, los guías de turistas, los cantineros y más. Esto no era un trabajo de 9 a 5. Era de 24/7.

Apretamos los dientes y nos comprometimos a sobrevivir esa semana. Entonces las cosas se pusieron peor. A la mitad de su estancia, nuestros huéspedes se enfermaron con el "bicho enferma-turistas" por haber ingerido una comida callejera muy poco higiénica. El sonido del vómito en nuestros excusados de composta hacía eco en toda la jungla. Un adolescente que gritaba: "¡ODIO la selva!" hacía eco en las copas de los árboles.

Al final de su estancia les entregué la propuesta de presupuesto por la semana. Me miraron y se rieron. Decir que el precio sería negociable en mi anuncio de "Se busca" había sido un error. Los solos gastos de comida eran altos, sin tomar en cuenta nuestras interminables horas de trabajo. El trayecto de regreso al aeropuerto fue incómodo y tenso. Establece claramente el precio antes de aceptar a tus primeros clientes.

CAROLYN BARNWELL
DOCUMENTALISTA Y COACH DE VIDA

Lema: Lleguemos al corazón de la historia

¿Qué consejo le darías a un posible emprendedor salvaje?

El comienzo es la parte más difícil. Piensa en todo como un experimento del que puedes aprender, y entra en acción. Después da otro paso y crea *momentum*. No todo tiene que estar perfectamente planeado y ser estratégico para que empieces a crear.

¿Tienes un mantra para tu viaje?

"La mejor forma de predecir el futuro es crearlo", Abraham Lincoln.

¿Qué te mantiene motivada?

Mi combustible son la alegría y la gratitud de ser capaz de ayudar a la gente a llegar al corazón de su propia historia. Me llena el tanque, digamos. Mi sentido tangible de posibilidad y libertad me mantiene motivada.

Panzazo

En mi cabeza nuestros primeros huéspedes habían sido un desastre. En vez de un aterrizaje lleno de gracia, nuestro hostal de la selva había dado un enorme panzazo. Conduje a casa desde el aeropuerto desmoralizada —la tormenta de mi mente parecía más intensa que cualquiera de las tempestades del norte que habíamos experimentado en Baja—. Hui a la playa donde lloré tan violentamente que hasta los cangrejos ermitaños me evitaron.

Mi mamá vino a mi encuentro y nos sentamos en silencio mientras mis lágrimas formaban un charco en la arena. Cuando ya no pude llorar más, me ayudó a levantarme, me sacudió la arena y me llevó a casa. La mañana siguiente necesité de toda mi fuerza de voluntad para arrastrarme fuera de mi tienda y convoqué a otra reunión de negocios. Te toparás con obstáculos: SIGUE ADELANTE. La persistencia es la única forma de avanzar. En las famosas palabras de Thomas Edison: "No fracasé. Solo encontré 10 000 formas que no funcionan".

MEGAN MICHELSON
ESCRITORA FREE LANCE QUE CREÓ
TAHOE MILL COLLECTIVE

Un espacio de trabajo compartido para aventureros y emprendedores salvajes

¿Qué quisieras haber sabido antes de crear la Tahoe Mill Collective?

Que a veces sientes que estás fallando. Los clientes se irán, la gente no pagará la renta, y te llegará una enorme factura por algún problema eléctrico o de plomería, y sentirás que todo está a punto de colapsar. Pero entonces ocurrirá algo: llegarán los clientes en manada, o un periódico publicará una historia sobre ti, o algo. Y todo dará la vuelta. Y esos altibajos son solo parte del negocio. No te agobies por cosas pequeñas.

Refinamiento

Evidentemente no estábamos hechos para ser un hotel todo incluido. Sería necesario hacer algunos ajustes y mejoras en nuestros servicios para que el negocio funcionara. A ninguno de nosotros nos encantaba cocinar, ni queríamos hacerla de chofer (ahora tenemos mucho respeto por los chefs y los choferes). ¿La solución? Inmediatamente añadimos cocinetas a nuestros búngalos (los huéspedes pueden hacer tacos en la selva cuando quieran), empezamos a recomendar restaurantes locales, y encontramos un chef que cocinara para los grupos. Para el transporte contactamos a un servicio de taxis local y a una compañía de renta de autos que estuvieron felices de ofrecer sus servicios.

Ahora mi familia y yo nos reímos del caos de esa primera semana. Estamos agradecidos con ese primer grupo de valientes huéspedes: nos enseñaron muchas lecciones, principalmente con respecto a los precios y a que no podíamos hacerlo todo. Ser aprendices de todo y maestros de nada es agotador e ineficiente. Aunque nos había sido útil experimentar todos los aspectos del negocio, no era sostenible. Elige los sombreros que quieres usar. Cuando hayas abierto tu negocio, evalúa lo siguiente a medida que avanzas:

* ¿Para qué soy bueno? ¿Qué sombreros quiero usar?
* ¿Cómo puedo perfeccionar mis servicios para que se adapten a mis habilidades e intereses?
* ¿Qué parte de mi negocio me agota? ¿Dónde puedo conservar mi energía?
* ¿Para qué no soy tan bueno? ¿Qué sombreros puedo delegar?

CAYLA MARVIL
LAMPLIGHTER BREWING

Cervezas artesanales hechas y servidas en este bar único con aspecto de café

¿Qué quisieras haber sabido antes de comenzar?

Que está bien encontrar gente que haga las cosas mejor que tú, y que está bien confiar en ella para que tome el control de algunos aspectos del negocio. De hecho, está más que bien: es necesario.

¿Cuál es tu parte favorita de ser una emprendedora salvaje?

Tener mi propio horario y ser mi propio jefe. Ser responsable en última instancia de todo lo que pasa siempre es positivo y negativo, pero no querría que fuera de otra forma. Es estimulante, gratificante y empoderador.

¿Tu día perfecto?

¡Hay montones de días perfectos! Un día en el que todas las operaciones fluyen tal vez es el más perfecto (y el más raro). Y cualquier día que involucre probar nuevas cervezas que han salido magníficamente, o diseñar un nuevo concepto con el que estamos realmente entusiasmados. Y cualquier día en que clientes increíbles o amigos o familiares vienen al bar, y puedo compartir nuestro producto e historias con ellos. Y cualquier día que implique comer *burritos*, porque los *burritos* son lo mejor.

El arte de cometer errores

Las lecciones siguieron (¡y siempre lo harán!). Hamacas mal amarradas que tiraban a los clientes al suelo, tiendas que goteaban, camas mojadas, refrigeradores atacados por los *tejones* (criaturas de la región que son una mezcla de monos y mapaches), y así sucesivamente, una continua comedia de prueba y error.

—Fallar es considerado una medalla de honor en el mundo de los emprendedores —me aseguró un colega emprendedor salvaje.

—Bueno, si eso es cierto, ¡entonces me voy a ganar un trofeo! —dije, riéndome con sarcasmo, pero de hecho se sintió bien encontrar el humor en la lucha, y me impulsó a considerar la parte buena del fracaso. Tal vez el torrente de infortunios terminaría por ser algo bueno para mi negocio. Estaba padeciendo la escuela de duros golpes, que se volvían más fuertes cada día. En vez de desanimarme, me sentí viva, empoderada y ansiosa por aplicar lo que estaba aprendiendo.

Nadie debe nunca tener miedo de fracasar; te exhorto a que no temas darlo todo e intentarlo. Si hay algo que he aprendido, particularmente en mi vida como atleta, es que nuestros límites pueden no estar donde pensamos que están. Y aun cuando piensas que

finalmente has llegado a ellos, la siguiente vez que salimos a ex-
plorar a menudo encontramos que se han movido otra vez.

Chrissie Wellington,
Campeona mundial de Ironman[6]

Si cometer errores es un arte, entonces mis padres y yo somos maestros. La creación de un hostal en la selva ha sido un juego perpetuo de un paso adelante y dos hacia atrás. Hemos hecho mal las cosas más a menudo que bien. Cuando mis padres y yo asistimos a la graduación de mi hermano Rhett de la Universidad de Vermont en la primavera de 2009, la primera oradora, Julia Álvarez, ofreció la siguiente pieza de sabiduría:

Los tejedores mayas tienen una plegaria que dicen antes de comenzar a tejer, lo que se hace sin manual ni instrucciones. La plegaria dice: "Concédeme la inteligencia y la paciencia para encontrar el verdadero patrón". El trabajo de hacer y deshacer es parte del trabajo de encontrar el patrón.

Esta sabiduría se convirtió en una favorita instantánea del Tigre. Lo he oído repetirla incontables veces a nuestros huéspedes en el curso de los años.

ANNIE KERR
JOYERÍA WILD BALANCE
BRECKENRIDGE, COLORADO

**Diseñada para las mujeres de corazón salvaje
Lema "Sé completa, salvajemente tú".**

¿Qué quisieras haber sabido antes de comenzar?
Que habrá fracasos, pero que solo tienes que seguir adelante. Es importante tener en mente que tantas cosas pueden

cambiar en un año, una semana, un día, un momento. Esto también pasará, para bien o para mal.

¿Cuál fue tu inspiración para crear la joyería Wild Balance?

La inspiración para crear Wild Balance vino de mi necesidad de sostener mi adicción a las turquesas y también para quitarme el gusanito de comenzar mi propio negocio, una realidad que sabía que era solo cuestión de tiempo.

Describe tu día perfecto

Que no haya dos días iguales es lo que hace que este paseo sea tan salvaje. ¡Es hermoso! Casi todas las mañanas me despierto con una idea general de lo que debe suceder ese día, pero por lo general se transforma en su propia realidad, y yo solo tengo que fluir con ella. Si el día involucra sudar (de preferencia al aire libre), buena comida y cierto grado de logro, yo diría que es casi perfecto.

¿Este trabajo es tu pasión?

Yo sabía que este no iba a ser un trabajo de 9 a 5. Soy la pesadilla de un gerente, llena de opiniones, preguntas y "a mi modo". Me considero programada para trabajar para mí misma, lo que puede ser una bendición y una maldición. Mi pasión por encontrar un negocio al que pudiera dedicarme, la necesidad de plenitud y un propósito han sido mi motivación a lo largo de esa montaña rusa que es tu década de los veinte.

¿Qué te mantiene motivada?

Soy lo bastante afortunada para ver mi creación en acción todos los días, lo que calienta mi corazón e impulsa mi espíritu. Mujeres de todas las edades en mi comunidad usan aretes Wild Balance en todas partes. Ver mi joyería en la caja en una tienda de abarrotes, o en una chica en lo que puede ser una cita a través de un sitio de internet, o ver un pendiente que luce una mujer en una fila; esos momentos son los que me motivan. Yo hago joyería para esos momentos auténticos y cotidianos, y me enorgullezco de hacer que esas mujeres se sientan bien, hermosas, y de alguna manera un poco más ellas mismas, para que puedan seguir pensando en cosas más importantes y divertidas que su joyería.

REPROGRAMAR "FRACASO"

¿Por qué será que el fracaso a menudo viene con una connotación negativa y suele percibirse como vergonzoso? En el mundo natural no hay fracaso: los animales no lidian con la autoconciencia, solo hay persistencia, adaptación, paciencia e innovación. ¿Por qué los humanos estamos tan preocupados por el fracaso?

Reprogramemos nuestra idea del fracaso como el arte de cometer errores: una fuerza positiva, un portal para el éxito. Astro Teller —experto en tecnología de la inteligencia— está de acuerdo. Nos aconseja abordar primero las partes más difíciles del problema, perseguir el fracaso en vez de temerle. Explica que "descubrir una falla mayor en un proyecto no siempre significa que es su final. De hecho, a veces nos pone en una ruta más productiva".

La salvajemente exitosa emprendedora Sophia Amoruso, autora del best-seller *#GirlBoss* y fundadora de Nasty Gal, una boutique de ropa retro en línea que resurgió de la bancarrota, dice que el fracaso es nuestra propio invento. Nos desafía a "lanzarse de cabeza en las cosas sin apegarse demasiado a los resultados. Cuando nuestra meta es obtener experiencia, perspectiva y conocimiento, el fracaso ya no es una posibilidad".

Desde el origen de su negocio lo ha visto como una obra en proceso. "Constantemente hago cambios y sigo adelante, retirando capas de la cebolla a medida que nacen unas nuevas".

Fuente: **Astro Teller, Ted Radio Hour**, *Failure*

Valor

A menudo me pregunto: "¿Qué me impulsó a salir de la tienda la mañana siguiente a nuestra primera debacle? ¿Por qué no renuncié?

Los emprendedores salvajes están equipados con un pequeño "algo" especial: VALOR. La autora Angela Duckworth explica que "lo que logremos puede depender más de nuestra pasión y nuestra perseverancia que de nuestro talento innato". Las palabras de Duckworth con frecuencia hacen eco en mi mente: "No solo tengo un trabajo, tengo un llamado. Me reto a mí misma todos los días. Cuando me derriben me levantaré. Puedo no ser la persona más inteligente en la habitación, pero lucharé por ser la que tenga más valor".

Cuando consideres tu propia búsqueda de emprendedorismo salvaje, podrás preguntarte: ¿de dónde viene el valor? ¿Es algo con lo que naciste? ¿Algo que aprendiste? Algunos elementos del valor probablemente sean una combinación de naturaleza y crianza, pero al final todo está en tu cabeza. Puedes tomar la decisión consciente de tener valor. En palabras de Henry Ford: "Ya sea que pienses que puedes, o que pienses que no puedes, tienes razón". No necesitas una maestría en administración de empresas para iniciar el negocio de tus sueños, pero sí necesitas valor. El valor te ayudará a superar los infortunios que inevitablemente vendrán.

Así que aquí está la gran pregunta que debes plantearte ahora: ¿Estoy listo para recurrir a mi valor? Invoca tu valor dándole un gran sí a lo siguiente: ♥

* ¿Puedo mantenerme enfocado?
* ¿Trabajo duro?
* ¿Soy perseverante?
* ¿Puedo ser fuerte cuando me desafían y abrirme camino entre los obstáculos?
* ¿Termino lo que comienzo?
* ¿Tengo el apoyo que necesito para permanecer comprometido con mi proyecto (amigos, familia, colegas emprendedores salvajes)?
* ¿Mis prioridades están alineadas con mi meta salvaje?

SHANNON HUGHES
PANCHO VIDA T-SHIRT SHOP
Y TERRA MAR REALTY

Sé más fuerte que tu pretexto más fuerte, y cuando las cosas se pongan difíciles, nunca te rindas

¿Cuál es el mayor obstáculo que has encontrado?
Yo misma. Es crucial aprender a dominar el miedo y la duda.

¿Cuál es el mejor consejo que puedes dar?
Aprende a manifestarte. Ten una visión, ve tus metas, y después aprende cómo hacer que sucedan.

¿Qué has aprendido de vivir/trabajar en México?

La vida puede ser bellamente sencilla. La mayoría de nosotros no tiene televisión. En vez de eso, contemplamos los atardeceres.

Sin dolor no hay ganancias

No todo te saldrá bien la primera vez; *cometerás* errores y *te sentirás* incómodo. Acéptalo. Sobre todo, invoca tu valor: levántate cuando te derriben, prueba, aprende, experimenta, enfócate. ¡Que el arte de cometer errores te impulse a obtener el éxito! No pierdas tiempo sintiéndote culpable o frustrado. "Si pudieras patear en el trasero a la persona responsable de la mayoría de tus problemas, no podrías sentarte en un mes", decía Theo Roosevelt. En vez de darte de bofetadas, mira hacia adelante, hacia el crecimiento. Con el tiempo ganarás fuerza, expandirás tu zona de confort, y "uno a uno esos sutiles refinamientos se acumularán para lograr una deslumbrante maestría", asegura Duckworth. Ahora, ve a ensuciarte.

EMILY Y COREY, WHERE'S MY OFFICE NOW—NÓMADAS DIGITALES Y LÍDERES DEL MOVIMIENTO "LA VIDA EN UNA VAN"

Lema: No hay dirección de remitente
"Amo hacerlo conforme avanzamos. Siempre es una aventura. Y AMO estar al aire libre. Es casa".

¿Pensamientos sobre tu viaje?

A menudo recibimos mensajes tipo "Estoy tan celoso", "Ustedes son tan afortunados" o "Vivo indirectamente a través de ustedes". Yo solo quiero decir que para nada somos "especiales". No venimos de familias ricas. Sí tuvimos algo de suerte en el momento para lanzar el movimiento de la vida en una van (*vanlife*), pero en su mayor parte trabajamos real y verdaderamente duro. En los primeros cuatro años del movimiento no ganamos un centavo como *influencers*. Ni siquiera sabíamos qué era el mercado de los *influencers*, solo estábamos viviendo nuestro sueño y compartiendo nuestra historia. Al principio trabajaba como desarrolladora de sitios web, Corey hacía tours de ciclismo de montaña, y ambos trabajábamos en una granja. Como emprendedores salvajes tenemos que estar dispuestos a correr riesgos, no tener comodidades y ser adaptables. Es algo que siempre está cambiando.

Describe tu día perfecto

Mis párpados se abren con el sol, todo un nuevo día. No necesito despertador. El oleaje llegó por la noche, hermosas olas del alto de tu cabeza que viajaron cruzando el mar. Tomo mi cámara y prácticamente salgo volando de nuestra van VW 1987 maravillada con el amanecer. Mi amante, Corey, está detrás de mí, con su tabla de surf. Brincoteo como si tuviera diez años, haciendo breves pausas para capturar la belleza que contemplo. Nubes de algodón color de rosa. Kilómetros de arenosa playa desierta. Mis perros, corriendo libres. Corey atrapando una ola. Hago el desayuno en nuestra pequeña cocineta en la van y tomo una foto de los huevos fritos con cúrcuma. Y después voy a surfear. Y surfeo y surfeo y surfeo. Y cuando ya no puedo remar más, me pongo a escribir. Mañana conduciremos una hora de regreso al pueblo más cercano para tener wi-fi, donde revisaré mis correos electrónicos y publicaré en Instagram. Pero hoy, hoy es un día glorioso, y estoy inspirada para crear.

¿Hicieron sacrificios personales para comenzar su negocio?
Vendimos nuestros vehículos y regalamos nuestras pertenencias. Cambiamos la comodidad de las duchas calientes, una casa con calefacción y un empleo tradicional de 9 a 5 por lo desconocido del camino abierto. Nuestra meta es experiencia por sobre las cosas materiales. Y no ha sido fácil. Hemos estado completamente quebrados, esperando que llegara el cheque del sueldo. Incluso fuimos pepenadores durante un tiempo.

¿Consejo?
Cree en tu historia. Conoce tus fortalezas y debilidades. Haz un plan y aférrate a él. Está presente para ti día tras día. Mantén alta tu vibración. Haz lo que tengas que hacer para ser saludable y feliz. Se necesita mucho trabajo para hacer que tus sueños cobren vida. Mantente en la ruta.

¿Qué quisieras haber sabido antes de comenzar?
Quisiera haber sabido de la importancia de pasar un tiempo a solas para mi vida creativa. Quisiera haberme tomado más fines de semana para mí. Aprendí que es importante revisarme regularmente y ser honesta acerca de mis necesidades. A menudo nuestro ritmo de viaje ha sido demasiado rápido y eso causa estrés y agotamiento.

¿Cuál fue tu inspiración para crear Where's My Office Now?
Durante un viaje de surf a Nicaragua hace siete años, Corey y yo nos sentimos inspirados por el estilo de vida sencillo, aventurero. Nos dimos cuenta de que no habíamos vivido América y decidimos vivir en una van como experimento. ¿Podríamos combinar una vida nómada y aventurera con

un empleo de 9 a 5 tradicional? En realidad, solo queríamos surfear y hacer ciclismo de montaña y ver América, y pensamos que trataríamos de hacer que eso sucediera. Al principio dejamos abierta la fecha final… tal vez estaríamos en la carretera por seis meses. O un año. Y ya llevamos seis años…

¿Tienes alguna frase motivacional o un libro favoritos?

Una frase de *Mujeres que corren con los lobos*, de la doctora Clarissa Pinkola Estes que adoro es: "La única confianza requerida es saber que cuando hay un final habrá otro comienzo", lo cual parece complementar la frase de Nike de "Solo hazlo".

CAPÍTULO TRES
MONTAÑA RUSA FINANCIERA

EMPRENDEDOR SALVAJE
SUSTANTIVO: EMPRENDEDOR
PLURAL: EMPRENDEDORES

SALVAJE: QUE VIVE EN UN ESTADO NATURAL, INDÓMITO

EMPRENDEDOR: UNA PERSONA QUE ORGANIZA Y OPERA UN NEGOCIO O NEGOCIOS, CORRIENDO RIESGOS FINANCIEROS MAYORES DE LOS NORMALES PARA PODER HACERLO.

MAPA DE RUTA
DEL EMPRENDEDOR SALVAJE # 3

Aunque el dinero puede no ser la esencia de lo que realmente impulsa a los emprendedores salvajes, es un ingrediente clave. Mi viaje de *pesos* y centavos ha sido una montaña rusa de riesgo y estrategia; un útil caso de estudio para los emprendedores salvajes. En este capítulo exploraremos:

🌿 El arte del financiamiento creativo y de vivir en la cuerda floja.

🌿 Presupuestos e inversiones.

🌿 Sinergia de dos trabajos.

🌿 Qué es "suficiente" financiera y personalmente.

🌿 Simplificación inteligente del estilo de vida.

A medida que empiezas probablemente encontrarás un gran bache en el camino: dinero. Tal vez ya te has preguntado: "¿Conservo mi trabajo y exprimo mi horario para trabajar en mi proyecto personal? ¿O me lanzo de cabeza y concentro toda mi energía en mi meta salvaje?". Hay muchas formas diferentes de financiar tu sueño: ahorros, trabajo de día, inversionistas, socios, incluso financiamiento comunitario. Los emprendedores salvajes están de acuerdo: no hay una forma equivocada siempre que sigas avanzando.

Riesgo compartido

Desde el principio mis padres y yo fuimos socios en la creación del Tailwind Jungle Lodge. Invertimos juntos cada peso que pudimos rascar, compartimos el riesgo y nos fuimos por el enfoque "lánzate de cabeza". Mis padres hipotecaron su casa, y yo puse lo poco que había ahorrado en mis trabajos de verano. Aunque era una miseria, fue aterrador poner mis ahorros tan duramente ganados para comprar las tiendas de lona de safari y financiar nuestros esfuerzos de *marketing*. El riesgo financiero es relativo: si solo tienes veinte mil pesos e inviertes todo en tu negocio, se sentirá como que estás corriendo un gran riesgo. Tu riesgo variará dependiendo de circunstancias como socios, dependientes y así sucesivamente.

Poner mi propio dinero y el de mi familia en el proyecto alimentó mi determinación de crear un negocio exitoso. Invertir dinero que te ha costado mucho ganar es un impulsor muy efectivo para el compromiso.

Lecciones financieras

Asumí la responsabilidad de todas nuestras finanzas. A medida que los huéspedes empezaron a fluir al hostal, registraba todos los ingresos y los gastos, y ponderaba los pros y los contras de cada decisión costosa. Algunos gastos fueron obvios y necesarios —cuando mi laptop cayó del Jeep Wrangler y se hizo trizas en el empedrado, la pagué a regañadientes para que la repararan y ordené un maletín a prueba de bombas para ella—. Lección aprendida, problema resuelto. Otras decisiones financieras fueron más ambiguas. ¿Pagamos una prima ahora por materiales de construcción de alta calidad? ¿O nos apegamos al presupuesto y comprometemos la longevidad de nuestras estructuras? ¿Cómo manejamos las cancelaciones de los huéspedes? ¿Damos crédito u ofrecemos reembolsos?

Manejar nuestras finanzas fue como tratar de correr un maratón mientras sostenía un huevo sobre mi cabeza. Daba cada paso con extrema cautela y al mismo tiempo trataba de moverme firmemente hacia adelante. Aunque pellizqué cada centavo, los fondos de inicio de mis padres se agotaron rápidamente. En el primer año dependíamos completamente del ingreso del hostal para mantenernos a flote. Un mal paso financiero sería un golpe fatal para nuestro joven negocio. Si dejaba caer el huevo ahora, nunca llegaríamos a la meta final sin inversionistas. Mientras vigilaba nuestros gastos, les repetía a mis padres: "No podemos costear eso. Tal vez el año que entra". La paciencia es clave.

SHELBY STANGER
IDEAS SALVAJES QUE VALE
LA PENA VIVIR

Series de aventuras en *podcast* y blog

¿Qué hubieras querido saber antes de empezar?

Haber tenido más paciencia, y todavía estoy trabajando en ello. Todo lo que es bueno toma tiempo, a veces más del que quisieras. También, que nunca voy a limpiar mi bandeja de entrada o llegar totalmente al final de donde quiero ir. Eso lo aprendí recientemente, y el viaje ha sido mucho más disfrutable desde que hice ese cambio mental. No tengo que tener todas las cosas resueltas. No tengo que tener las respuestas correctas. No tengo que ser perfecto. Ahora puedo divertirme.

¿Hiciste sacrificios personales para comenzar tu negocio?

Yo vivía en Costa Rica cuando estaba totalmente quebrada, y resultó que era un buen momento para vivir ahí, así que fui muy feliz de comer una dieta compuesta en su mayor parte por arroz y frijoles cuando era más joven. Mientras tuviera buenas olas frente a mí y mucha agua de coco, era feliz. Hoy no como tanto en restaurantes, no solo porque es caro, sino porque puedo cocinar comida mejor o más saludable en casa. No voy a muchos espectáculos ni compro mucha ropa. He descubierto que las mejores cosas que disfruto son gratis: olas, correr, amar y pasar tiempo con mis amigos y sus hijos.

El mayor sacrificio ha sido el tiempo. Soy absolutamente enfocada, así que no siempre estoy disponible para salir a mitad del día, y no tengo muchos fines de semana libres. He aprendido a decir "no" a la mayoría de las cosas a menos que sea un "diablos, sí" —no a cualquier tontería, no a la negatividad, y sí solo a las cosas que tienen un significado y/o traen alegría.

¿Consejo?

Ten un plan. Consíguete un mentor. Escríbelo. Y no te tomes nada demasiado en serio. Vas a tener que tomar decisiones rápidas, así que hazlo lo mejor que puedas. Sé amable con todos. Nunca sabes quién será tu próximo mentor o cliente, incluso si estás surfeando, así que no te robes las olas de los demás (esto es siempre trabajo en proceso para mí). También, sé realmente bondadoso contigo mismo. Es fácil convertirte en un perfeccionista y ser en extremo autocrítico cuando tu negocio es tu bebé. Si puedes ser realmente amable contigo mismo, y tienes sentido del humor con respecto a los altibajos, podrás arreglar las cosas más rápidamente y divertirte más con tu negocio, y probablemente serás más exitoso también.

¿En qué te inspiraste para crear tu podcast?

Quería que la gente se sintiera menos atrapada y que persiguiera sus propias ideas salvajes. Las veces que me he sentido atorada —como cuando temía renunciar a mi trabajo para dedicarme al periodismo de aventura de tiempo completo; o cuando tuve miedo de mudarme a Costa Rica para dar lecciones de surf, o cuando me fui a Nueva Zelanda con el amor de mi vida— escuchar las historias de otros que han tomado el camino menos recorrido y decisiones positivas me ayudó a sentirme menos atrapada y me dio el valor de perseguir mis propios sueños.

¿Tu parte favorita?

Adoro poder hacer muchas cosas, así que siempre estoy aprendiendo; y como soy la jefa, tengo que asumir toda la responsabilidad por cualquier cosa que salga mal. Eso puede ser difícil al principio, pero asumir la responsabilidad libera una gran cantidad de energía emocional que usarías para echarle la culpa a alguien más. A menos que tengas un jefe imaginario, tienes que asumirla tú. También me encanta que en gran parte puedo trabajar en lo que quiera, cuando quiera, con quien quiera, que no tengo que lidiar con el tráfico la mayor parte de los días, tengo mis propios horarios, y a menudo trabajo en bikini o en pants de yoga. Nunca he tenido un traje sastre o un blazer en mi vida.

Negocio estacional

Cerramos el hostal al final de nuestra primera temporada en mayo de 2008. Seríamos un negocio estacional, que cerraba en verano. Las lluvias torrenciales transformaban nuestra amigable selva en Jurassic Park (con bichos gigantes, plantas espinosas, severas tormentas, lodo, calor y humedad en extremo). Agradecimos esta rutina anual. Mientras las lluvias de verano rejuvenecían la exuberante jungla, también nos tomábamos un respiro para descansar, rejuvenecer y disfrutar la libertad de explorar otros lugares salvajes. Integra descansos regulares en tu modelo de negocios: escribe "tiempo de recarga" en tu plan como lo harías con cualquier otro compromiso de negocios. Los negocios salvajes pueden ser 24/7, pero puedes y debes tomarte tiempo libre cuando lo necesites, una de las bellezas de trabajar para ti mismo.

Reinversión

Al finalizar nuestro año de prueba, analizamos nuestras finanzas. Aunque habíamos tenido pocos ingresos, habíamos aprendido mucho sobre la hospitalidad en un entorno salvaje y una nueva cultura. Nuestra temporada limitada significaba menos utilidades y el costo del mantenimiento y las reparaciones en la selva estaba por encima de nuestras expectativas. Estas cifras determinaron que no teníamos otra opción más que reinvertir todo el ingreso en la propiedad: ese primer año obtuvimos cero utilidades personales. ¡Pero al menos no fue una pérdida!

A medida que prosigo con mi historia financiera, observa una vez más que cada negocio salvaje es distinto. Incluso dos personas que pongan el mismo negocio en el mismo lugar pueden tener un enfoque y un resultado financiero distintos. La personalidad, la experiencia, las circunstancias, las conexiones, la creatividad y la sincronía harán de cada viaje de un emprendedor salvaje algo único. No existe una receta específica; abre tu mente a las posibilidades. Encuentra los libros, *podcasts*, historias y personas que resuenan contigo.

RHETT JACOBI
ARBOR CONSTRUCTION
(PEQUEÑAS CASAS Y REMODELACIONES)

Ser "el capitán" del barco es una gran responsabilidad, pero el beneficio es que puedes dirigir el timón adonde quieras ir... trabajar por tu cuenta es un regalo que nunca debe darse por sentado.

¿Hiciste sacrificios personales para iniciar tu negocio?

Comenzar un negocio fue lo más desafiante que he hecho. Diría que tomó de dos a tres años antes de que los dolores del crecimiento empezaran a amortiguarse. Mi historia… con un camión prestado, y un tráiler rentado, finalmente me quedé sin dinero (bancarrota temporal) después de arrojar una carga de concreto en el vertedero, y dejé el tráiler como garantía de lo que debía por el costo de verterla. Tuve que pedirle a la esposa de mi empleado (a la que no conocía) que me prestara 200 dólares para poder terminar el trabajo del día. Eso fue humillante. Ahora nos reímos, y todavía me refiero a ella como mi "tiburón de préstamos" favorita.

¿Cuál fue tu inspiración para crear Arbor Construction?

Estaba iniciando un negocio que me permitía aceptar "proyectos" como una forma de mantener mi libertad y no quedarme atrapado en la rutina. Me encanta estar a la intemperie, usando mis manos e interactuando con la gente, así que pensé que ser contratista sería anotar un gol.

¿Cuánto tiempo pensaste en comenzar tu negocio antes de hacerlo realmente? ¿Cuál fue tu punto de inflexión?

Fue una progresión lenta de aprender cómo construir y obtener la experiencia necesaria para pasar las pruebas para convertirme en contratista. Una vez que pasé las pruebas y realmente tenía mi licencia de contratista en la mano, fue la misma sensación de estar en lo alto de una pista de esquí, o a punto de zambullirme en el agua… era el tiempo de "dejarme caer"… titubear realmente no era una alternativa.

Ser creativa

Con el hostal cerrado durante el verano tenía cuatro meses de libertad para hacer lo que quisiera. Mi cochinito vacío hacía que mi filosofía de vivir en forma minimalista (inspirada por Baja) fuera una necesidad práctica. Necesitaba tomarme un descanso de la selva, ¿pero adónde iría y cómo financiaría mi vida?

Un día afortunado, poco antes de que nuestra temporada selvática llegara a su fin, llevaba a algunos de mis huéspedes en un tour en kayak, cuando mencionaron que eran del Boulder. ¡Ding! Hacía años, las Rocallosas me habían robado el corazón. Para el final del paseo me habían ofrecido un empleo como instaladora de paneles solares en Boulder. ¡Ding, ding! De ahí encontré un trabajo cuidando casas, reservé mis boletos de avión con mis millas aéreas y me dirigí a las montañas a principios de junio. ¿Sincronía?

Ese verano viví con menos de mil dólares. ¿No hay auto? Sin problema. Me trasladaba al trabajo en bicicleta. Me daba un banquete en las horas felices (¡dos aperitivos por uno!) con amigos, y cuando mis oportunidades de cuidar casas expiraron, dormí en sillones. John Mackey, fundador de Whole Foods, reflexiona que "a pesar de trabajar muchas semanas de más de ochenta horas, Renee y yo al principio aceptamos salarios de solo 200 dólares al mes y vivíamos en la oficina de arriba de la tienda. Ahí no había regadera ni tina, así que nos 'duchábamos' en el lavavajillas Hobart de la tienda cuando necesitábamos asearnos".[7]

También me puse creativa con el *marketing* para el Tailwind Jungle Lodge. Colorado es un foco para aventureros —mi mercado objetivo ideal—. El amor por las montañas y el océano a menudo van da la mano: los esquiadores con frecuencia son surfistas y viceversa. Repartí tarjetas de presentación por todas partes, y coloqué folletos esmeradamente en estudios de yoga y cafeterías por toda la ciudad. Hice una pasantía sin sueldo con Sustainable Travel International, una organización sin fines de lucro de Boulder. Esta sinergia resultó ser un punto de venta efectivo porque promovían el Tailwind Jungle Lodge en su sitio web. ¿Puedes ponerte creativo con tu *marketing* para mantener bajos tus costos de arranque? ¿Puedes colocarte en un lugar adonde acude tu público?

Mi estilo de vida económico me permitió incluso ahorrar un poco ese verano. Guardé celosamente esa pequeña suma como una fuente de efectivo de emergencia. Aparta un pequeño colchón en cuanto puedas: las emergencias ocurren. ¿Cuál es tu plan de respaldo (para cuando "oh, mierda")?

Sé listo, piensa por adelantado, no dejes que los fondos limitados te detengan. El emprendedor salvaje Ford North explica que estaba listo para lanzar su compañía en línea —un programa de computadora de artes marciales mixtas para niños basado en *La guerra de las galaxias*—, pero tenía un dilema. Necesitaba una fuente estable de ingresos para pagar la renta, pero su empleo de día no le dejaba tiempo suficiente para dirigir su negocio. ¿La solución? Él y su esposa renunciaron a sus empleos, hicieron las maletas y se embarcaron un año en WWOOFing (acrónimo para Trabajadores Voluntarios en Granjas Orgánicas) en Oregon. A cambio de su ayuda en la granja unas pocas horas al día, recibían comida, alojamiento y mucho tiempo libre para hacer lo que quisieran. ¡El negocio de Ford ahora marcha sobre ruedas! Recuerda que las verduras crecen en la tierra y que puedes conseguir lo que desees en las tiendas de segunda mano.

PETER HALL
HALA SUP BOARDS

Diseño. Aventura. Mejor. Lema: Innovadores en paddleboards
*"Quería un equipo que no existía, traté de diseñarlo,
y entonces se me ocurrió la idea para un negocio".*

¿Cuál es el mejor consejo que le darías a un emprendedor salvaje potencial?

1. Nunca pagues con capital cuando puedas pagar en efectivo.
2. Programa a tus clientes para tener éxito. Facilítales entender lo que quieres.
3. Haz un producto de verdadera alta calidad, O, hazlo realmente barato, pero lo bastante bueno. No te quedes en el medio.
4. Di "sí", y después imagina cómo lo harás funcionar.

Conseguir un momentum positivo

Al comenzar nuestra segunda temporada en la selva, nuestro viento de cola nos mantenía en rumbo. El dinero llegaba con mayor regularidad, e incluso subimos nuestras tarifas. A los clientes les encantaba el hostal.

Una vecina, Isabella Scandolari, se me acercó un día en la playa. Con su vestido blanco aleteando con gracia en la brisa oceánica, me explicó que era instructora de yoga kundalini y preguntó: "¿Estarías abierta a organizar un retiro de yoga en tu lugar?" Estas palabras alterarían el curso de mi negocio y de mi vida.

Confiar en el flujo

Un año después organizamos nuestro primer retiro de yoga. Yoga By The Sea, dirigido por Isabella, fue un éxito tremendo, y vislumbré un nuevo nicho/público para el hostal. Los retiros de yoga estaban cobrando popularidad internacional, y una tendencia hacia la sanación y las vacaciones con un propósito —la oportunidad de "desconectarse para reconectarse"— estaba de moda. El Tailwind Jungle Lodge cumplía con todos los requisitos para los retiros que buscaban un destino natural. Recibir grupos también tenía mucho sentido logístico; me sería mucho más fácil manejar un gran grupo. Mantén la mente abierta a medida que tu negocio progresa y evoluciona porque pueden presentarse nuevos clientes y nichos. Como me han enseñado mis retiros de yoga, deja ir el apego por el resultado final. Aunque es importante tener una visión desde el principio, deja que las cosas se desarrollen y fluyan naturalmente.

DONDE HAY VOLUNTAD
HAY UN CAMINO

"Todas las pausas que necesitas en la vida esperan dentro de tu imaginación".
Napoleon Hill

La creatividad es una útil herramienta cuando se trata de financiamiento —particularmente en las primeras etapas—. Existe un arte para vivir con un presupuesto apretado. Algunas ideas para ti:

¿Renta alta? Haz una lluvia de ideas para evitar ese gasto. Busca oportunidades para cuidar casas, compañeros de casa, o múdate a una zona más económica de la ciudad. Si puedes trabajar en forma remota, intenta WWOOFing, vivir en un barco, o en una van.

¿Eres dueño de tu casa? Considera alquilarla. Prueba a inscribir tu lugar en un sitio de alquileres en línea. ¿Fin de semana de fiestas o un gran evento en tu ciudad? ¡Renta tu casa a los vacacionistas y vete de campamento! Un alquiler a corto plazo podría ser suficiente para cubrir tu hipoteca y ganar algo más.

Trueque. ¿Estás corto de efectivo? Pregunta a tus amigos y a las tiendas locales si estarían dispuestos a hacer trueque. A menudo intercambio estancias en el hostal por artículos del mercado de granjeros, ropa de las tiendas locales y más. ¿Quién estaría dispuesto a hacer trueque por el producto o servicio que ofreces?

Recicla, reutiliza. Revisa las tiendas de segunda mano antes de comprar algo nuevo. Te sorprenderán las cosas geniales que encontrarás.

Merienda para llevar. Hacer tu propia comida en casa, o comprar comida para llevar es una gran manera de ahorrar $. Compra al mayoreo.

Encuentra las mejores horas felices. A menudo, las horas felices ofrecen aperitivos y bebidas al dos por uno. Salir a pasear no tiene que ser caro si sabes adónde ir.

REFLEXIONES:
VIVIR CON UN PRESUPUESTO APRETADO

Nuestro negocio requiere de ingenio. Usamos el aire acondicionado para crear un refrigerador improvisado. Recolectamos agua de lluvia para hacer hielo para congelar y empacar pescado. Reconstruimos un histórico barco pesquero de madera. Realmente no te ganas la vida, es un estilo de vida. Lo hacemos porque amamos hacerlo. Lo hacemos porque necesitamos el río.

Mike Wood, SuSalmon Co.

Lanzamos nuestra campaña de introducción con cuatro muestras de trabajo. A medida que la campaña creció en popularidad, los noticieros y los medios llamaron preguntando si podían reseñar nuestro producto para sus publicaciones (¡genial!). Sin embargo, solo teníamos cuatro muestras y no contábamos con el dinero suficiente de la campaña todavía para ordenar un inventario real. Luchar entre la alternativa de una gran cobertura de prensa y tener los pocos productos a la mano para demo/fotos/promoción fue un gran motivo de dolor para nosotros. A regañadientes enviamos nuestro cobertor a los editores (que acostumbran recibir toneladas de muestras gratis) con una nota: "POR FAVOOOOR, REGRESAR A LA BREVEDAD. Es nuestra ÚNICA muestra". Cuando no regresaron, tachamos los nombres de los productos, como si fueran soldados caídos.

Nick Polinko, Rumpl

Creé mi primer calendario Life Is Beautiful en Kinkos. Solo tenía dinero para imprimir cincuenta ejemplares. Pero me encanta que ha crecido orgánicamente, y los mensajes diarios realmente resuenan en la gente. A medida que el negocio crece, hay más cosas que quiero crear, pero nunca he tomado la ruta del inversionista. Solo doy el siguiente paso (o salto) si se siente bien. He sobregirado algunas tarjetas de crédito en el proceso de tratar de hacer las cosas desde cero, pero siempre parece funcionar al final.

Sarah Love
Calendarios I Stand for Love

En realidad inicié este negocio cuando estaba desempleado, con solo una tarjeta de crédito y una receta. Iba a las cocinas de mis amigos cuando ellos estaban en el trabajo, sacaba todos mis ingredientes y materiales del auto, y trataba de hacer todas mis barras antes de que regresaran. Recuerdo que en un punto mis almuerzos eran o mantequilla de maní y mermelada, o un aguacate con un poco de salsa picante. Incluso hoy hay sacrificios. Tener un negocio es casi como ser padre. Requiere de toda tu atención y energía incluso cuando no estás trabajando.

Mike Rosenberg,
Garuka Bars

La mayoría de las veces, mi apretado presupuesto me ha llevado a conocer gente increíble y generosa, y momentos y lugares inolvidables. Me ha enseñado a ser libre y sin apegos. Cuando estás viviendo tu sueño, el dinero no necesariamente es la prioridad. Tu impulso y tu pasión te llevan adonde tengas que ir, y conocerás a la gente que te inspirará o te dará un consejo que te mantendrá en la ruta hacia tu visión.

Natacha Radojevic
Moana Surfing Adventures

Asesoría en presupuestos y reinversión

Los directivos de los retiros de Yoga By The Sea estaban ansiosos por traer más grupos a la selva. Sin embargo, había un prerrequisito: se necesitaban más camas. Mientras nos preparábamos para cerrar nuestra segunda temporada, estudiamos las cifras y decidimos invertir la mayor parte de nuestro ingreso en la propiedad (de nuevo no en nuestros bolsillos) para expandir nuestra capacidad y construir varias *casitas* más. Estábamos al borde de la viabilidad financiera —la capacidad de alojar retiros le daría lucrativas posibilidades a largo plazo al hostal.

Aunque nuestra visión futura era clara y brillante, mi situación personal inmediata no era tan color de rosa. Después de trazar un plan financiero actualizado para el año siguiente, terminé con un cheque por veinte mil pesos. Desglosa eso en salario por hora y estamos hablando de centavos, pero era una utilidad mayor de la que había ganado el año anterior. ¡Progreso!

Cuando llegué a la selva, los coloridos billetes en *pesos* que iban y venían se sentían como dinero de juguete. Ahora, mientras le entregaba gruesos fajos de esos billetes tan duramente ganados a Adalberto (nuestro maestro constructor) y a otros proveedores de servicios, ya no parecía un juego. Los proyectos de construcción se habían pasado del presupuesto, y habían surgido gastos no planeados. Espera pasarte del presupuesto. Planea para lo imprevisto.

Cuando tu negocio salvaje empiece a generar dinero, debes encontrar un equilibrio entre las utilidades y reinvertir en tu negocio. Aunque puede ser tentador embolsarte los beneficios, reinvertir en tu negocio es esencial para lograr el crecimiento y aumentar el ingreso a lo largo del camino. La naturaleza y alcance de tu negocio determinarán cuánto debes reinvertir. Encuentra tu equilibrio y procede de acuerdo con él. Evalúalo y ajústalo como sea necesario; aquí no hay una regla establecida.

Durante los primeros cinco años de nuestro negocio salvaje mis padres y yo reinvertimos la mayor parte de nuestro ingreso. Nuestra mentalidad de lento y constante (sin inversionistas) y los significativos costos de construcción hicieron de este enfoque una necesidad, mientras que nuestro estilo de vida minimalista y de bajos gastos lo hicieron posible. Ahora que hemos alcanzado nuestra capacidad ideal, seguimos invirtiendo aproximadamente la mitad de nuestras utilidades en el Tailwind Jungle Lodge cada año. Esto funciona para nosotros en la selva, pero, de nuevo, encuentra tu propio equilibrio y lo que funciona para ti.

¿FINANCIAMIENTO COMUNITARIO Y MICROFINANZAS?

No necesitas "una montaña de dinero" para continuar. Comenzar en pequeño y crecer uniformemente es un enfoque inteligente que a menudo es también más sustentable. ¡Los árboles más grandes comienzan como diminutas semillas! ¿Necesitas ese poco de capital para comenzar? Considera lo siguiente:

1. **Financiamiento comunitario:** ¿por qué no obtener ayuda de amigos, familiares, colegas y/o compañeros

emprendedores salvajes que creen en tu idea? Encuentra el financiamiento para tu negocio a través de una variedad de plataformas de financiamiento comunitario en línea.

2. **Micropréstamos:** los microprestamistas se especializan en préstamos por debajo de $50,000 dólares. Investiga las instituciones que otorgan micropréstamos a pequeñas empresas.

"Cuando estás comenzando tu negocio salvaje, ¡te recomiendo ampliamente que leas mucho, duermas mucho y obtengas un préstamo! Ah, sí, y no inicies tu negocio con crédito. Escúchame, el crédito es verdaderamente el demonio contra el que te advertía tu papá. ¡Usa ese plan para obtener un préstamo de interés bajo y págalo!".

Annie Kerr
fundadora de *Wild Balance Jewelry*

Floreciendo

A los pocos años expandimos nuestras instalaciones para albergar hasta dieciséis huéspedes, una capacidad ideal para diversos retiros: yoga, meditación, acondicionamiento físico, trucos aéreos y más. Retiros de todas partes empezaron a fluir de forma continua en el hostal. A medida que su energía inspiradora flotaba por las palmeras, el hostal encontró su personalidad y floreció. Nuestra situación financiera obtuvo su *momentum*. Continuamos invirtiendo dinero para mejorar nuestras instalaciones y servicios. Nuestra prioridad: la comodidad y la felicidad del cliente. Nuestra meta: que cada huésped se enamore del Tailwind Jungle Lodge (esa es la clave del negocio boca-a-boca).

JAVIER CHÁVEZ, WILDMEX SURF & ADVENTURE SCHOOL

"No permitas que la gente te diga que tus sueños son imposibles. Si trabajas lo bastante duro, harás que sucedan".

¿Cuál es el mejor consejo que puedes darles a quienes buscan comenzar su propio negocio único?

Asegúrate de que genera dinero antes de hacer una gran inversión. He visto a tanta gente venir a México e invertir 50,000 dólares en algún negocio. A los cuatro meses han hecho las maletas, listos para irse porque las cosas no funcionaron. Por ejemplo, si quieres vender playeras, en vez de abrir una agradable y gran tienda en la calle principal, comienza en pequeño. Encuentra una tienda que tenga algún espacio extra donde puedas vender tus productos por una comisión. Con un arreglo así, podrás probar y ver si el producto es popular y partir de ahí.

¿Cuál fue tu inspiración para crear Wildmex?

Desde que era niño siempre disfruté viajar, la naturaleza y los deportes en México. En un viaje por Australia, Nueva Zelanda e Indonesia, me di cuenta de que hay sitios en el mundo donde la gente realmente se gana la vida con sus pasiones como surfear, acampar, el ciclismo, etc. Eso me motivó a hacer algo similar en México.

¿Suficiente?

¡El enfoque estaba funcionando! A medida que el hostal y nuestros huéspedes prosperaban, yo estaba encantada con nuestro éxito. Pero en vez de celebrar este logro tan duramente ganado, me derrumbé en la tienda que había sido mi hogar por años. Las exigencias de la hostelería me estaban pasando factura; estaba exhausta y agotada. En mi interior sabía que el éxito profesional había llegado con un costo que iba más allá de lo monetario. Aunque nuestros huéspedes disfrutaban la felicidad de la selva y la comodidad, yo vivía de una mochila y dormía en un saco. Si bien nuestro negocio había florecido, había descuidado mi situación básica de vida. En consecuencia, mi salud se estaba deteriorando; no tenía el tiempo ni el espacio para cuidar de mí.

Con esta toma de conciencia vinieron la negación y el torbellino interior. *Mi negocio es mi prioridad*, me recordé, mientras Turbo Tam seguía adelante. Decidí que no era el momento de enfocarme en mí. Me dije: *Esta tienda es todo lo que necesito.* ¿*Lo es*? Mientras observaba las endebles paredes de mi tienda, mi diálogo interior debatía: ¿Qué es "suficiente"? *El estilo de vida minimalista es parte de mi identidad, pero, ¿lo he llevado demasiado lejos? ¿Mi exiguo presupuesto me ha sacado de mi zona de confort hacia un territorio insoportable con consecuencias personales y profesionales?*

La pareja de emprendedores Paul Girardi y Danielle Hachey, fundadores de Feathers & Fur Retreats, también analizaron los pros y contras de la vida ultrasencilla de un presupuesto limitado. Reflexionan sobre su transición de vivir como vagabundos persiguiendo olas a asentarse y echar raíces, comprar una casa e iniciar su propio negocio:

La vida es bastante fácil cuando todo lo que tienes cabe en una van, tu única prioridad es medir el oleaje para saber su mejor potencial diario y nadie espera nada de ti —la vida como agente libre era bastante relajada—. Había épocas en las que parecía que dejar esa vida vagabunda era un sacrificio, pero la verdad es agradable ser responsable y productivo y crear activamente una vida en vez de solo flotar en ella.

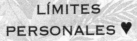

LÍMITES PERSONALES ♥

Tal vez sea necesario empujarte suavemente fuera de tu zona de confort financiero para costear tu negocio. Hay muchas formas de recortar gastos. Quizá se necesite hacer algún sacrificio, pero en última instancia estamos buscando una calidad de vida razonablemente confortable. Si te aventuras demasiado lejos de tu zona de confort y te descubres a ti mismo viviendo constantemente en la zona de ansiedad, este es un lugar insostenible y poco saludable para estar en él. Sentirte crónicamente ansioso es una señal de que necesitas desacelerar y reevaluar. Ten en cuenta tus necesidades básicas: ¡tu felicidad y el éxito a largo plazo como emprendedor salvaje están en juego!

¿QUÉ ES SUFICIENTE?

Tómate un momento para ponerle atención a tus límites personales:

- Si estoy viviendo con un presupuesto apretado para financiar mi negocio, ¿cuánto tiempo planeo hacerlo?
- ¿Cuál es el marco de tiempo razonable para sacrificar una situación de vida saludable?
- ¿Cuáles son mis necesidades básicas?

- ¿Qué es lo que realmente necesito para vivir confortablemente? Ve el capítulo 7 para una guía acerca de cuidarte a ti mismo.
- ¿Qué es el hogar para mí?
- ¿Necesito una fuente de ingresos adicional para satisfacer mis necesidades básicas?

¿DEMASIADO?

Considera también el otro lado del espectro: "¿Tengo demasiado?". En nuestro mundo moderno muchos emprendedores tradicionales están programados para buscar constantemente más: trabajamos más para ganar más dinero para poder comprar más cosas. ¿Es realmente necesario? Aunque necesitaba mejorar mi situación para encontrar un equilibrio, algunos pueden encontrarlo en la reducción. Más dinero y más cosas no necesariamente conducen a la felicidad.

Límites personales

Cori Jacobs, propietaria de una galería, recuerda que para iniciar su negocio en Sayulita, México, se salió de su departamento y se mudó al estudio donde trabajaba. Durante meses no tuvo cocina y se duchaba en las casas de sus amigos para recortar gastos. Aunque al principio esto era necesario, desde entonces valora la importancia de tener un espacio para vivir separado de la galería —esa división entre su lugar de trabajo y su espacio personal es esencial para ella—. Opina: "el autocuidado es el mejor cuidado. Invertir en ti misma es la mejor forma de tener la energía y el entusiasmo para mantener vivo tu negocio". Hoy, la Galería Cori Jacobs es una colorida cacofonía de pinturas, cerámica y ropa.

Mientras su negocio prospera, Cori es feliz en su *casita* a varias cuadras de la galería.

WALLY WASH
CERVECERÍA ARTESANAL

Cerveza artesanal 100% hecha en México
*"Adoro la ausencia de monotonía y no trabajar
para cumplir el sueño de alguien más".*

¿Hiciste sacrificios personales para comenzar tu negocio?

Cuando vendimos nuestro chalet de principios de 1900 en Portland, Oregon, y nos mudamos a México, no me vi viviendo en un departamento-estudio de 32 metros cuadrados los primeros veinte meses, pero hicimos el sacrificio para invertir los recursos para iniciar la *cervecería*... y ha valido la pena.

¿Consejo?

1. Investiga.
2. Piensa en lo peor que podría pasar, y pregúntate honestamente cómo responderías.
3. Escucha a dos tipos de personas: las que piensan que no puedes fallar, y las que piensan que no podrás tener éxito. Es bueno escuchar el razonamiento de ambos lados.
4. No intentes controlar cosas que están fuera de tu esfera de influencia.

¿Cuál fue tu inspiración para crear la Cervecería Artesanal San Pancho?

¡Nunca tener que beber otra vez una cerveza comercial mexicana! Desear promover la pujante nueva generación de talentosos y apasionados cerveceros artesanales mexicanos. Ofrecerle a San Pancho algo único en términos de calidad, estética y una vibra para los amantes de la cerveza artesanal de todo el mundo se reunieran y compartieran historias con una botella... ¡o tres!

¿Tu frase o libro motivacional favorito?
El movimiento es vida. La vida es un proceso. Mejora la calidad del proceso y mejorarás la calidad de la vida misma.
Moshe Feldenkrais

Haciendo una pausa: soledad y recalibración

Mientras los retiros de yoga fluían en el hostal y celebraban la selva como un lugar para retirarse para sanar, para tener bienestar y equilibrio, yo me sentía un fraude. Mi voz interior me regañaba: *¿Quién* soy yo para promover el Tailwind Jungle Lodge como centro de retiro de sanación si ni siquiera puedo cuidar de mí misma? Mientras me derrumbaba repetidamente en mi tienda, temí que todo por lo que habíamos trabajado tan duro se derrumbara también. Era el momento de hacer una pausa, reevaluar y considerar la interacción entre mis decisiones financieras y mi comodidad personal. "El costo de algo es la cantidad de lo que llamaré vida que se requiere para intercambiarla por eso, inmediatamente o a largo plazo", dijo Henry David Thoreau.[8] En otras palabras, el precio de todo es la cantidad de vida que pagas por ello.

Al final de nuestra segunda temporada, mis padres volvieron a Quebec durante el verano, y yo me mudé de mi tienda a la Palapa Tigre. No estaba en condiciones de ir a ninguna parte. Entonces, me aislé intencionalmente en la selva y decidí que sería mi retiro personal para encontrar claridad. Desde mi cómoda nueva percha experimenté la perspectiva de mis huéspedes de la selva, y me enamoré de nuevo del paraíso natural. Mi cuerpo y mi mente se relajaron por primera vez en meses, y abrí mi corazón a los poderes curativos de la selva.

Me deleité en la callada soledad y disfruté semanas sin interacción social, agradecida por el tiempo sin horarios. Una noche, mientras los relámpagos de una intensa tormenta de verano estallaban a mi alrededor, llegó la claridad —la vida en una tienda de campaña ya no era "suficiente"—. Tenía tres necesidades urgentes financieras y personales en mi vida.

* Un ingreso adicional. La presión financiera de esos años de inicio habían sido un tremendo peso sobre mis hombros. Aunque me enorgullecía mi habilidad para "subsistir primitivamente", vivir con un presupuesto raquítico me había pasado la factura.

* Hogar. Usar mi tienda como oficina y espacio para vivir ya no era suficiente.

* Salud. Necesitaba recuperar mi energía vital. Ansiaba conocimiento nutritivo y guía.

Transformación personal y financiera

Después de casi dos meses de selvática soledad, me aventuré a salir para buscar soluciones. Las Rocallosas de Colorado me llamaban nuevamente, y de pronto me encontré en la cocina de una amiga en Telluride bebiendo jugo verde. A medida que esa fuerza vital líquida inundaba mis venas, fui introducida al mundo maravilloso de la comida integral —vegetales de grandes hojas verdes, frutas y verduras de colores, frutos secos, semillas, alimentos crudos y más. Mientras me daba un banquete con los productos de las granjas locales ese verano, volví a la vida, y surgió una solución a mi dilema.

Ese otoño me inscribí como estudiante en el Instituto de Nutrición Integral. En su programa de aprendizaje a distancia estudié salud holística. Simultáneamente, el programa me entrenó como *coach* de salud. ¡Lotería!. Había encontrado dos soluciones: seguiría dirigiendo el hostal y tendría un ingreso complementario como *coach* de salud.

Así empezó mi año de transformación personal y financiera. Cuando los grupos de yoga fluyeron por la selva, me les uní alegremente para celebrar la vida saludable. Inicié mi asesoría Jungle Girl Health y comencé a trabajar con clientes por Skype. Cuando una amiga me ofreció su pequeña bodega en San Pancho como oficina para mis llamadas, acepté entusiasmada. Estaba encantada rodeada de contenedores mohosos.

Sinergia de dos trabajos

Los siguientes años administré y desarrollé simultáneamente el hostal y mi capacitación en salud. Con solo algunas horas al día, tuve que crear una sinergia entre ambos negocios. Ofrecí talleres de nutrición holística a mis huéspedes en el hostal, y promoví retiros selváticos a mis clientes de salud. Mis negocios se impulsaban uno al otro: ¡ganar-ganar!

No dudes en hacer malabarismos con dos trabajos a la vez. Muchos emprendedores conservan sus empleos "de día" mientras crean sus trabajos soñados. Según Adam Grant, autor de *Originals*,[9] los emprendedores que conservan sus trabajos de día tienen 33% menos probabilidades de fracaso que quienes renuncian". También señala que cubrir nuestras bases financieras nos da la libertad de ser originales sin presión. El famoso autor Stephen King trabajó como maestro, conserje y despachador en una gasolinera durante siete años después de escribir su primera historia, y solo renunció un año después de la publicación de su primera novela. Sin duda King es una lección de paciencia y perseverancia.

La palabra "emprendedor", como la acuñó el economista Richard Cantillon, significa literalmente "portador de riesgo". Sin embargo, esto no siempre es cierto. Si tienes aversión al riesgo, y algunas dudas sobre la viabilidad de tus ideas para un negocio salvaje, puedes preferir proceder conscientemente, despacio y continuamente (mientras trabajas en tu empleo de día). Con este enfoque, tu negocio estará, en última instancia, mejor construido para durar.

Si deseas equilibrar dos trabajos, usa el acuerdo a tu favor. Considera formas en que tu trabajo de día podría complementar tus metas de emprendedor, incluso más allá del apoyo financiero. Combina los esfuerzos de *marketing* para tu trabajo de día para obtener experiencia que sustentará tu visión de emprendedor salvaje. Si planeas iniciar tu propia cafetería, puedes tomar un empleo como barista para obtener experiencia. Las pasantías son otra puerta útil para la experiencia y la creación de redes de contactos.

Sin embargo, si tienes dos trabajos, no los hagas a medias. Tus clientes solo te tomarán en serio si trabajas con seriedad. ¿No puedes manejar dos trabajos al mismo tiempo? Tómate un año sabático o piensa en alguna forma de asegurar que des tu cien por ciento.

DAN ABRAMS
FLYLOW

Un esquiador que imaginó un equipo
mejor para las montañas

¿Consejo?

1. **Sé consciente de toda conversación que pueda aportarte algún beneficio.** Puede ser un trampolín o una conexión que podría cambiar el curso de tu negocio.

2. **La perseverancia es el factor que determina el éxito de un negocio.** Ten paciencia. Cuando nunca has hecho esto antes, no tienes idea de cómo se desarrollará la historia.

3. **Valora cuando las cosas van bien. ¡No te quedes atorado en las cosas malas!** Supéralas y sigue adelante.

4. **Desacelera, no tienes que hacerlo todo en este momento.** Si no te enfocas en las tareas esenciales, no podrás hacer ninguna.

5. **No tienes que ser todo para todos.** No es así como funciona. Especialmente si lo estás impulsando.

¿Alguna idea de cómo comenzar con un presupuesto apretado?

¡Ja! Ser cantinero fue parte de mi receta para el éxito. En 2010 había sido cantinero por ocho años, y Flylow ya tenía seis años. Mi director de finanzas de Flylow finalmente me dijo, en septiembre, que teníamos suficiente para empezar a pagarme un sueldo. El 27 de agosto hice mi último turno en el bar. Al final de la noche caminé a la esquina del bar, me quité mi uniforme de cantinero y lo tiré a la basura. Había terminado.

Simplificación inteligente

En 2011 le di las gracias a mi fiel tienda de campaña y la empaqué. Me había dado un buen servicio durante cinco años de vida selvática, pero era hora de deshacer mi equipaje. Mientras decoraba las paredes de mi minúscula *casita*, sentía que *por fin* estaba en casa. El trabajo duro reditúa.

Septiembre de 2013 trajo mi cumpleaños número treinta. Este acontecimiento provocó una pausa reflexiva en mi vida. ¿Qué vi? Había creado dos negocios exitosos. Aunque estaba orgullosa y agradecida por ellos, mi respuesta inmediata a "¿Cómo estás?", fue "ocupada". Había pasado la mayor parte de mi década de los veintes acelerada, enfocada en la productividad —no tenía derecho a andar oliendo margaritas—. El trabajo había monopolizado mi tiempo. Estaba viviendo la antítesis de mi vida soñada.

La pregunta "¿Qué es suficiente?", volvió a cernirse sobre mí. Las buenas noticias financieras en nuestra reunión de negocios de final de temporada desencadenaron otra decisión de vida. Se había tardado siete años, pero *finalmente* Tailwind estaba generando la utilidad suficiente para mantenerme confortablemente. Con este descubrimiento feliz, le di las gracias a mi consulta de salud y la dejé ir.

Me sumergí en la siguiente temporada sintiéndome inspirada, saludable y ansiosa de darle toda mi atención al negocio de mis sueños otra vez. También prometí vivir bajo un nuevo mantra: ¡Trabaja duro y juega todavía más duro! Más tiempo navegando las olas, menos tiempo navegando la red, ¿correcto?

CASEY DAY
POWDER FACTORY SKIS

Los mejores esquíes de nieve en polvo del mundo, precisión diseñada en Colorado

¿Consejo?

Consíguete un empleo en un negocio similar para obtener experiencia primero, así puedes aprender de los éxitos y errores ajenos.

¿Tu parte favorita?

No tener que responderle a nadie y tener un control completo. Si cometes un error, no hay nadie a quién culpar más que a ti mismo, y cualquier éxito que logres es muy gratificante. Si quieres vacaciones, no tienes que pedirle permiso a nadie. Tienes la libertad de elegir tu propio camino en la vida.

¿Algún sacrificio personal para comenzar tu negocio?

El primer año que pasé construyendo esquíes en Silverton, Colorado, me mudé siete veces. Viví en todas partes, desde cabañas de minero calentadas con leña, en un tráiler doble ancho calentado con carbón, un condominio de entrada por salida, un cámper retro de cinco metros estacionado en un lugar secreto junto al río. ¡Ah, y definitivamente sacrifiqué algo de sueño! Tomar otros empleos durante el día y comenzar el negocio en el tiempo restante por la noche no te deja mucho tiempo para dormir.

¿Este trabajo es tu pasión?

Mi pasión por el esquí comenzó cuando era niño y vivía en Colorado, y desde entonces le ha dado una dirección a mi vida. Powder Factory Skis me permite crear como artista y diseñador, así como pasar mi vida en las montañas como un devoto esquiador.

CAPÍTULO CUATRO

EMPRENDEDORISMO SALVAJE 101
LOS BÁSICOS

LA SENCILLEZ DE ESTE LADO DE LA COMPLEJIDAD ME IMPORTA UN COMINO. PERO POR LA SENCILLEZ DEL OTRO LADO DE LA COMPLEJIDAD YO DARÍA TODO LO QUE TENGO.
OLIVER WENDELL HOLMES, SR.

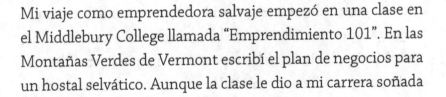

MAPA DE RUTA DEL EMPRENDEDOR SALVAJE # 4

Tu viaje como emprendedor salvaje será muy parecido a una expedición de larga distancia. Aunque nuestros negocios pueden diferentes, muchos de los elementos centrales son los mismos. Este capítulo reúne todos los básicos, las tuercas y tornillos que necesitarás para vivir según el lema Scout: "¡Estén preparados!". Lo que decidas incorporar depende de ti.

Mi viaje como emprendedora salvaje empezó en una clase en el Middlebury College llamada "Emprendimiento 101". En las Montañas Verdes de Vermont escribí el plan de negocios para un hostal selvático. Aunque la clase le dio a mi carrera soñada cierta forma y dirección bastante necesarias, no me preparó adecuadamente para el viaje que me esperaba. Sentí que estaba usando la receta equivocada —las herramientas de un negocio tradicional no serían suficientes.

Más de una década después había creado mi propia versión de esa clase, diseñada específicamente para ti, mi compañero emprendedor salvaje de espíritu libre. Te advierto: Emprendimiento salvaje 101 no es la típica clase de negocios, gracias a Dios. Estamos muy alejados de los pensadores típicos.

En vez de vestirte con un traje de negocios con portafolio en mano, tu viaje de emprendedorismo salvaje va a requerir un equipamiento totalmente distinto. Pronto te embarcarás en una expedición, aventurándote en tierras salvajes donde te espera un terreno incierto. Con esto en mente, ¿cuáles son los elementos esenciales que querrás llevar en tu mochila? Elige uno de los siguientes:

* Sartén de hierro.
* Machete.
* Novela de pasta dura.
* Repelente de insectos.
* Cinta adhesiva de embalaje.
* Todo lo anterior.

Considera cuidadosamente la funcionalidad, practicidad, eficiencia, necesidad y simplicidad de cada elemento. Cada aventurero tendrá diferentes prioridades y necesidades para el viaje. ¿Mi primera elección de la lista anterior? La cinta adhesiva. México, la tierra de las reparaciones rápidas, me ha enseñado sus maravillosas cualidades multipropósito. El machete y el repelente de insectos le siguen de cerca en utilidad. ¿Un pesado sartén y una novela de pasta dura? Olvídalos. Hay alternativas mucho más inteligentes y menos voluminosas. Estarás maldiciendo el peso extra después del primer kilómetro recorrido.

PASO I. ELIGE TU AVENTURA

¿De casualidad recuerdas los libros para niños *Choose Your Own Adventure*,[10] donde tenías que asumir el papel del protagonista y tomar decisiones que determinaban el desenlace de la trama? Esta es tu oportunidad en la vida real de diseñar la aventura de tu vida. Mientras estás al pie de esta montaña de potencial, esto deja de ser un cuento de hadas —ahora las decisiones afectarán el rumbo de tu vida.

Como hicimos al principio del libro, comienza haciendo una lluvia de ideas y posibilidades para determinar el terreno, el vehículo y la programación que más te acomoden. "Cuando se trata de la generación de ideas, la cantidad es la ruta más predecible a la calidad", dice Adam Grant en su obra *Originals*. Finalmente tropezarás con tu carrera, pero primero pasa algún tiempo en la etapa de ensoñación.

Una vez que hayas elegido tu aventura, escoge un nombre pegajoso. Comenzamos como Tailwind Outdoor y evolucionamos a Tailwind Jungle Lodge. Un nombre dice muchas cosas acerca de un negocio. Para nosotros, cambiar nuestro nombre permitió una descripción mucho más apropiada de quién y en qué se había convertido nuestro negocio. ¿Qué nombre le pondrás a tu negocio salvaje? Elige sabiamente; estarás diciendo muchas cosas.

PASO 2. LA DIVERSIÓN COMO PRIORIDAD

Desde el principio, haz de la diversión una prioridad. "Comenzar un negocio que vale la pena iniciar inevitablemente será un largo recorrido, así que más te vale encontrar una forma de disfrutarlo", dice Jordan Silbert, fundador de Q Drinks.[11] "Dale una alta prioridad a pasarla bien, para ti y para tu equipo. Aprendí que uno de los mayores riesgos que enfrentas como emprendedor es rendirte porque la lucha no vale la pena —cuando estás empezando todo es más difícil y toma más tiempo del esperado—. Pero si estás dispuesto a empujar el tiempo suficiente, ganarás. Así que piensa en una forma de hacerlo divertido". Programa la diversión en tu calendario como lo harías con cualquier compromiso de negocios.[12] Puedes escribirlo a lápiz (¡las cosas siempre cambian!), pero agregarlo a tu programación será un paso a convertirlo en prioridad. Como dice Jungle Judi: "Las fiestas son sagradas". Nunca es demasiado pronto para celebrar —enfócate en el viaje, no en el destino.

STEPHANIE GAUVIN
PAISAJISTA CANADIENSE

¿Este trabajo es tu pasión?

Sí. Es la forma en que me comunico; definitivamente es mi pasión. Para mí, pintar es para siempre. Además de pintar, canalizo mi energía y mi amor por estar viva cantando, esquiando, pedaleando en mi bicicleta, bailando... Me encontrarás caminando de manos, haciendo ruedas de carro... ¡y también quiero aprender a andar en monociclo!

¿Dónde encuentras hoy inspiración para tu arte?

Cada día salgo a la naturaleza. Observo tantos detalles; creo que como pintora veo los colores de la naturaleza y me pregunto cómo puedo mezclarlos en mi paleta para reproducirlos bien, me pregunto cómo interpretaré en el lienzo la belleza que ven mis ojos.

PASO 3. INVESTIGA

Antes de aventurarte por la senda, haz tu tarea. En este mundo moderno tenemos recursos inagotables a mano. Explora otros negocios salvajes con un tema similar al tuyo y busca tu idea en Google. Al diseñar tu aventura no tienes que reinventar la rueda. Usa las ruedas que ya existen y añade tu propio giro. Está perfectamente BIEN imitar antes de innovar. A fin de cuentas, lo que estás haciendo será único cuando le imprimas tu propio estilo y personalidad a tu negocio.

CATEGORÍAS DE INVESTIGACIÓN

- **Colegas emprendedores:** ¿otros aventureros han hecho algo similar? Los líderes en tu campo son una fuente excelente de guía y sabiduría.
- **Industria:** familiarízate con tu campo; investiga tendencias, jugadores principales, riesgos e información de ventas.
- **Cliente/mercado objetivo ideales (tu tribu):** investiga la demografía, la ubicación geográfica, el perfil, cómo se satisfacen o no las necesidades.

- **Productos y servicios:** investiga lo que ofrecerás. ¿Cómo será desarrollado, producido, creado, ofrecido y/o distribuido?

- **Operaciones y administración:** ¿cómo estructurarás y administrarás tu negocio? ¿Cómo lo han hecho otros?

- **Retroalimentación:** involucra a tus amigos emprendedores salvajes; pueden ser tus mejores evaluadores. Dadas sus propias aventuras, probablemente estarán abiertos a ver el potencial de posibilidades inusuales y te darán una realimentación honesta, útil y objetiva. Encuentra a tu abogado del diablo.

- **Redes sociales y correo electrónico:** prueba las aguas enviando un correo electrónico o publicando tu aventura propuesta en la plataforma de redes sociales que elijas. Encuesta a tu red de contactos para medir el interés y guiar tu investigación.

Fuente: *Cómo hacer tu propia investigación de mercado*

Paso 4. Apoyo: encuentra a tu Yoda.

Todo buen aventurero necesita apoyo desde el principio. Aunque los amigos y la familia son cruciales, aprovechar la sabiduría de un buen *coach* o mentor es otro elemento clave del éxito. Cuando se trata de tutoría y asesoramiento, hay muchas formas (casual, formal, pagada, etc.). Sé muy consciente de a quién eliges. Un asesor o *coach* pagados cobrarán un precio por estos servicios (esto suele hacer que el compromiso sea más serio y profesional para el maestro y el estudiante, mientras que un asesor o *coach* no pagados serán más informales y relajados). El tipo de apoyo que necesites dependerá de tus necesidades personales —transiciones de carrera, pensamiento estratégico, acelerar el cambio, establecimiento de metas, confiabilidad, etc. Tener un amigo de confianza es otro gran sistema de apoyo.

"Encuentra tu Yoda", dice el maestro cervecero Jim Koch en *Quench Your Own Thirst* [Sacia tu propia sed]. Recomienda encontrar "a la mejor persona del mundo" para aconsejarte y ayudarte a alcanzar lo mejor. Por supuesto, quién es la absoluta mejor persona del mundo es tu decisión. Uno de mis asesores personales es el propietario de un ecohostal que está a pocos kilómetros de la costa de mí. Cuando estés buscando un mentor o guía, busca a alguien que se relacione con tu experiencia y tenga alguna historia en tu campo. Un buen mentor compartirá su conocimiento contigo y será una excelente caja de resonancia. Encuentra a alguien en quien confíes y con quien te sientas cómodo.

Quisiera haber sabido la importancia de la tutoría antes de comenzar. Durante un entrenamiento para maestra de yoga, me "asignaron" una mentora que terminó siendo absolutamente perfecta para mí. Aprendí (y sigo aprendiendo) tanto de esta mujer increíble, veinticinco años mayor que yo, con más de tres décadas de experiencia en mi industria. Qué gran regalo fue que me reunieran con ella.

Mandy Burstein
Zengirlchronicles

DEREK LOUDERMILK
EL ARTE DE LA AVENTURA

Conductor de *podcast*, *coach* de negocios y autor de *Superconductors*
*"El viaje de un emprendedor salvaje nunca es aburrido.
Siempre habrá más cosas por aprender".*

¿Cómo integras tu experiencia como un exciclista profesional en tu asesoría de negocios?

Debes estar consciente de la naturaleza a largo plazo del emprendedorismo. En el mundo de la resistencia, no harás tus tiempos más rápidos corriendo o pedaleando hasta que tengas siete años de entrenamiento a tus espaldas —hay adaptaciones psicológicas que ocurren despacio en el tiempo—. Después está el aspecto mental; debes pasar por docenas, e incluso cientos de duros entrenamientos para conocer realmente tu propia fuerza. Estas dos cosas se aplican a la vida como emprendedor salvaje: necesitas cambiar lentamente tu pensamiento modificando la estructura física de tu cerebro para que sea más seguro de sí mismo, ingenioso, resiliente, cooperador, y así sucesivamente.

Siéntete realmente cómodo haciendo cosas que nunca antes habías hecho. Existen tantas habilidades diferentes en el emprendedorismo que seguramente te sentirás incómodo a veces. Ten una mentalidad de principiante y permanece ahí para hacer un gran esfuerzo. Cuando era ciclista profesional sabía que una buena temporada no se reduce a un gran día de entrenamiento, ni siquiera a un mes. Se trata de mantener un nivel alto de energía y condición física por muchos meses mientras continúas mejorando y progresando. Piensa en el rendimiento de los grandes como Picasso, Leonardo da Vinci, los Beatles o

Mozart —produjeron una gran cantidad de obras de alta calidad durante décadas.

El emprendedorismo salvaje es una expedición de resistencia...

Cuando escalas un volcán de 3 000 metros de altura durante diez horas todo lo demás parece fácil. Cuando vences tus más grandes retos, sabes cuánto más puedes hacer.

PASO 5. ESPECIALÍZATE Y SIMPLIFICA

Elige una cima en vez de toda la cordillera. Mucha gente no se especializa porque piensa que se limitará a sí misma. Sin embargo, si te especializas —te perfeccionas en tu tribu y tu nicho— te das la oportunidad de profundizar, ser creativo y convertirte en un maestro de tu negocio. Por ejemplo, si estás creando un restaurante, comienza por definir el tipo de comida que planeas servir (tailandesa, india, Tex-Mex, etc.), y después especialízate en identificar algunos platillos excelentes. Esto reforzará tu reputación de calidad y atraerá a clientes hambrientos, mientras que recargar el menú con opciones mediocres dejará tus mesas vacías. Comienza con lo pequeño y sencillo, y crece a partir de ahí. Evita lo "perezosamente simple" y adopta lo "profundamente simple". No hay atajos, solo diseño inteligente. ¡No dudes en contratar ayuda si la necesitas! Tu negocio sufrirá si tratas de hacerlo todo.

Con el diseño inteligente en mente, construye tu negocio con base en la calidad cuando eso sea posible. "Vale la pena gastar un poco más (si puedes costearlo) para lograr algo que es justo lo correcto", dice Sofía Amoruso, emprendedora salvaje creadora de tendencias y autora de *#GirlBoss*.

JEN HINTON
CARVE DESIGNS

Bikinis y atuendos de surf para mujeres activas
*"Contrata gente que sepa más que tú. No puedes hacerlo todo.
Además, puedes aprender mucho de ella".*

¿Qué te mantiene motivada?
Entro a la oficina y encuentro un nuevo reto frente a mí que debemos resolver. Toda la gente que hemos involucrado en el negocio siempre lleva algo nuevo a la mesa y mantiene las cosas interesantes.

¿Cuál fue tu inspiración para crear tu negocio salvaje?
Todo comenzó con un viaje de surf a San Pancho, México. Mientras estábamos descansando en una hamaca esperando que las olas volvieran, nos lamentábamos de lo difícil que era encontrar *shorts* para surfear que pudieran seguirnos el paso —a nosotras, mujeres reales con cuerpos reales y una pasión real por la aventura—. Y así nació Carve Designs.

¿Algo más que quisieras compartir?
¡Disfruten el paseo!

PASO 6. DECLARACIÓN DE OBJETIVOS

Elabora una declaración de objetivos desde tu alma y tu corazón. Si realmente crees en lo que estás haciendo y en tu propósito, el viaje que te espera fluirá de manera mucho más natural. Una declaración de objetivos clara y concisa establecerá tu intención, le abrirá las puertas a la sincronía y definirá tu propósito. Nuestra declaración de objetivos: crear un lugar para que los aventureros se reconecten consigo mismos y se deleiten con el mundo natural.

Cuando tu declaración de objetivos esté clara, repítela en voz alta para que cobre vida. Practica tu "discurso de ascensor", una sinopsis de tu idea de negocios lo bastante corta como para recitarla entre pisos en un ascensor (aproximadamente de 30 a 60 segundos). No tiene que ser rígida o formal; encuentra un estilo cómodo que te funcione. El *marketing* comienza ahora. Aprovecha los oídos interesados. ¡Comparte tu sueño con los demás! Quién sabe adónde te llevará eso.

RESUMEN DE UN PLAN DE NEGOCIOS
HOJA DE TRABAJO

PANORAMA GENERAL

¿Qué voy a vender?

¿Quién lo comprará?

¿Por qué mi producto o servicio son necesarios?

DINERO

¿Cuánto cobraré?

¿Cómo se me pagará?

MARKETING EN SOLITARIO

¿Cómo descubrirá mi tribu que mi negocio existe?

¿Cómo logro que mi tribu le cuente a sus amigos?

META

Dentro de un año, mi negocio tendrá _____ (¿número de clientes? ¿ingreso?).

Dentro de cinco años, mi negocio tendrá _____ (¿número de clientes? ¿ingreso?).

RETOS

Anticipo retos con _____, pero creo que la solución puede ser _____ (llena los espacios en blanco).

(Repite esta sección para todas las preocupaciones que tengas).

Recursos adicionales: existe una infinidad de libros, sitios web, apps, podcasts, boletines y revistas para emprendedores.

Paso 7. Mapa y compás

Así como un mapa y un compás te mantendrán en la dirección correcta, un plan de negocios te dará claridad, guía y dirección. ¿Cuál es tu último destino? Este mapa te dará un plan tangible para compartirlo con los demás (de particular importancia si estás planeando trabajar con socios), así como una plataforma de discusión clara y un trampolín para el trabajo que te espera. ¿Necesitas guía? Intenta con la hoja de trabajo del resumen del plan de negocios para comenzar.

Si tu plan de negocios no parece correcto la primera vez, ¡no lo apresures! De hecho, postergar puede ser benéfico en este caso.[13] La tendencia a retrasar las cosas puede ayudar a los emprendedores salvajes y construir negocios duraderos. Si tienes el regalo del tiempo, trata de ser una tortuga consciente en vez de una liebre acelerada.

Recuerda que todo buen plan se acompaña de un plan de respaldo para casos de emergencia. Si todo falla es bueno que te protejas. Incluso también puedes crear un plan de retirada. Por ejemplo, si por algún motivo ya no puedes seguir operando tu negocio salvaje, ¿alguien podría ponerse en tus zapatos o sería posible vender el negocio?

PASO 8. ITINERARIO

Diseña tu itinerario incorporando metas a corto y a largo plazo en tu plan de negocios. Estas metas te guiarán hacia tu visión final, y te darán la motivación y la organización a corto plazo. Emplea una gráfica de claridad ♥[14] para fragmentar las metas en pasos más pequeños. Por ejemplo, si quieres abrir un estudio de yoga o de acondicionamiento físico, ve primero el panorama general: ubicación, número de alumnos, forma del espacio, etc. Después fragmenta esa gran meta en pequeños pasos de acción que sean prácticos y factibles.

Cada año, siéntate y escribe tus sueños a cinco años. En el mundo del yoga esto se llama bhavana, *palabra sánscrita que significa "dar existencia". A diferencia de llevar un diario, esta es una*

práctica poderosa, concentrada, de cultivo espiritual que te hace viajar media década en el futuro... Escríbete una carta a ti mismo para dentro de cinco años describiendo cómo se desarrolló la última década de tu vida. ¡No sea tímido! ¡No aspires a lo pequeño! Aspira a lo grande. Esta es una práctica para ser osado y pedir EXACTAMENTE lo que quieres. ¡Siempre debemos formular y manifestar nuestras más grandes metas y sueños para que se vuelvan realidad!

Mandy Burstein
Zengirlchronicles

Por supuesto, las metas funcionan solo si te aferras a ellas. Además del apoyo de un mentor, un *coach* de vida o de negocios puede hacer una verdadera diferencia.

METAS
INTELIGENTES

FIJA METAS A LARGO PLAZO

¿Qué quiero lograr con mi negocio dentro de los próximos seis meses?

¿Dónde quiero que esté mi negocio el año entrante? ¿Dentro de los próximos cinco años? ¿Dentro de los próximos diez años?

Después, enfócate en los pasos a corto plazo que te acercarán a tus metas a largo plazo. Un enfoque útil para las metas a corto plazo es usar el acrónimo en inglés SMART ("inteligente"): Que tus metas sean Específicas, Medibles, Accesibles, Relevantes y Rastreables.

METAS A CORTO PLAZO

¿Qué pasos puedo dar hoy para acercarme a mi meta?

¿Qué pasos puedo dar esta semana?

¿Qué pasos puedo dar este mes?

Revisa de nuevo la preguntas anteriores, esta vez para fijar tus metas financieras, y de nuevo con los pasos de acción a corto plazo.

Fuente: **Management Review**, 1981

PASO 10. LOGO/SITIO WEB

¿Te sientes artístico? Idea una imagen o un concepto gráfico que te representen a ti y a tu aventura. Desearás un logotipo que sea atractivo, distinto y relevante para el nombre de tu negocio. Nuestro logo empezó como una palmera, y después agregamos una ola y una espiral. Después de muchos borradores y retroalimentación, evolucionó a una graciosa fusión de los tres: un diseño limpio que es simple, fácil de reproducir (¡haz que sea fácil pintarte a ti mismo!), de solo dos colores (azul y blanco), ¡y que tus clientes adoren! Observa algunos de tus logos favoritos. ¿Qué te atrae de ellos? Incluye tu logo en todos los aspectos de tu negocio —tu sitio web, boletín, tarjetas de presentación, calcomanías, etc. Pon en práctica el efecto de la exposición: cuantas más veces la gente encuentre tu logo, será más probable que lo recuerde.

Tu logo es el principio de tu marca, que es esencialmente aquello en lo que la gente piensa (objetiva y emocionalmente) cuando escuchan tu nombre. Diseña tu marca para que tu estilo y encanto brillen genuinamente. "Si hubiera tratado de integrarme, Nasty Gal se habría estrellado y quemado hace mucho tiempo. Lo último que el mundo necesita es otra persona aburrida u otra marca aburrida, así que acepta todo lo que te hace diferente... no te atrevas a alterar a ese bicho raro que llevas dentro", dice Sophia Amoruso en *#GirlBoss*. Y agrega: "Cuando te aceptas a ti mismo, es sorprendente cuánto te aceptan los demás".

Pon tu logo en la parte superior de un increíble sitio web. Tu sitio web representa el núcleo de tu marca, la cara de tu negocio, así que diséñalo sabiamente. ¿Vas a optar por algo elegante, valiente, artístico, personal, alivianado, sexy, divertido, familiar? Elige tu tema e infúndele tu personalidad. Piensa en tus compañías favoritas. ¿Qué hace que te gusten? ¿Cómo han diseñado su sitio web? Trabaja con un diseñador gráfico para crear tu sitio web, o hazlo tú mismo. Hay muchas plataformas sencillas para quienes gustan de hacer sus propias cosas.

CONSEJOS PARA EL SITIO WEB

Organizado y fácil de navegar. Generalmente, la gente se siente atraída por la sencillez. Cuando colocas dos productos similares y con los mismos componentes uno junto al otro, la gente elegirá el que se vea más fácil. El diseño de tu sitio web puede crear una ventaja competitiva.

Fuente. Elige una fuente legible que se adapte a tu estilo, pero que sea sencilla. Evita fuentes que sean ilegibles o con demasiadas florituras.

Elige un color adecuado. "Puedes abrir casi cualquier revista y verás varios anuncios que usan hermosos matices de azul para comercializar todo, desde vacaciones tropicales o de esquí a la última oferta de Best Buy o de Bed Bath & Beyond", dice Wallace J. Nichols en Blue Mind. ¿Por qué? Nichols cita al neurocirujano Amir Vokshoor: "Debido a su longitud de onda específica, se sabe que el color azul desencadena un efecto calmante y relajante, pero al mismo tiempo energizante". La gente se siente naturalmente atraída al color azul, una ventaja de *marketing*. ¿Qué color va mejor con tu marca?

Imágenes. Las fotos cautivadoras adecuadamente colocadas son más descriptivas que mil palabras.

Videos. Que tus videos sean breves y amables. Casi 50% de los espectadores se van después de un minuto.

Limpio y conciso. No bombardees al espectador con demasiadas palabras, información o gráficas inexplicables.

Redacción consciente. La palabra "aventura" es clave para mi marca selvática. Conoce tu negocio y sé honesto y claro acerca de lo que ofreces. ¿Cuáles son tus palabras clave?

Optimización de motores de búsqueda (SEO por sus siglas en inglés). Ayuda a que Google te ayude. Repite las palabras clave en tu sitio web pero sin exagerar —seis veces es memorable, demasiadas veces saturan (como escuchar repetidamente una canción)—. Vale la pena investigar y hacerlo bien.

Utiliza el poder del diseño. Joe Gedia, el fundador de Airbnb, modificó el diseño del sitio web de la compañía para crear confianza entre desconocidos. Observa que el sitio de Airbnb proyecta la sensación de "hogareño", fácil de usar, amigable y hospitalario.

Fuente: https://learn.g2crowd.com/video-marketing-statistics

PASO 10. SÉ UN MAESTRO DEL MARKETING EN SOLITARIO ♥

¿No tienes dinero para el *marketing*? No te preocupes. Aquí están mis mejores consejos para el *marketing* en solitario:

A. Sé inequívocamente tú. Ser auténtico, descarado y creer auténticamente en lo que haces es la piedra angular del *marketing* efectivo. No sonarás ansioso de vender si hablas con la verdad. Sé tú mismo, deja brillar tu encanto y tu personalidad. Encuentra el estilo de *marketing* que te resulte más cómodo, y seguramente te quedarás con él. Considera lo siguiente:

* Contacto directo: ¿te sientes más cómodo hablando directamente frente a una audiencia, siendo protagónico o en un evento con contacto cara a cara? Esto funciona para los extrovertidos.

* Contacto indirecto: ¿eres más bien introvertido? Prueba escribiendo un blog, hacer podcasts, fotos, o artículos de revista, boletines, etc.

* Redes sociales: ¿qué tipo de red social te funciona mejor? ¿Facebook? ¿Instagram? ¿Twitter? Elige una o dos de estas plataformas y hazlo bien. Aunque las redes sociales son un elemento importante de tu plataforma de *marketing*, no las conviertas en la base, son más bien una forma de impulsarte. Las redes sociales

pueden ser caprichosas: cambian rápidamente y es difícil seguirles el paso. Engrosar tu lista para el boletín es una estrategia mucho más valiosa a largo plazo. Los estudios en todo el mundo muestran que vender a través de las redes sociales tiene un desempeño considerablemente inferior a vender a través de listas de correo electrónico.[15]

ASHLEY WILLIAMS
RIZZARR

Plataforma de redes sociales que conecta a los milenials con la inspiración: comparte tus pensamientos y genera un impacto

"Espero que RIZZARR sea una fuerza poderosa para inspirar a los jóvenes a entender las potentes reacciones en cadena que pueden generar".

¿Cuál es el mejor consejo que puedes darle a otros que buscan comenzar su propio negocio?

Confía en tus instintos y en ti mismo. Nunca pierdas de vista esa perspectiva. Date cuenta de que puedes lograr un impacto. Todo es posible para cada uno de nosotros si creas, trabajas duro y ¡nunca, nunca, nunca te rindes! Encontrarás rechazo, gente negativa, planes retrasados y más, pero comprométete con la actitud de "nunca te rindas". Los malos tiempos no llegaron para quedarse, vienen para ponerte a prueba, fortalecerte, y pasarán si te mantienes comprometido y con determinación. Nunca retrocedas sin pelear por tu sueño.

¿Qué quisieras haber sabido antes de comenzar?

Nunca imaginé cuánta paciencia, persistencia, compromiso, y sobre todo perseverancia se necesitan para iniciar un negocio. Toma taaaanto de todas estas cosas. También quisiera haberme dado cuenta de que, cuando ves a las personas más exitosas no siempre son las más inteligentes, sino que probablemente fueron las más comprometidas y motivadas a convertir su visión en realidad.

B. Conoce a tu objetivo. ¿Quiénes son tus clientes ideales? ¿En dónde se reúnen? ¿Cómo puedes conectarte con ellos? Los esfuerzos de *marketing* son mucho más efectivos si conoces a tu audiencia objetivo y te pones en su línea de visión. Los consumidores buscan marcas con las que puedan relacionarse, que hablan de quiénes son ellos. ¿La mejor forma de hacerlo? ¡Sé tu objetivo! Predica con el ejemplo. Usa tu producto o servicio. Si tú no usas tu propio producto o servicio, ¿por qué deberían hacerlo ellos?

C. Sé un contador de historias. Involucra a tu tribu en tu experiencia desde el primer paso. Comparte tu proyecto, tus metas, incluso tus imperfecciones. ¡A la gente le encantan las historias de la vida real! Esto divertirá, atraerá e invitará a tu audiencia a unirse a tu aventura. Derek Loudermilk, autor de *Superconductors*, explica que "contar historias poderosas ayuda a tu audiencia a verte más cercano, real y digno de confianza, lo cual es necesario antes de venderle nada".[16] Aún más, el experto en historias de marcas Donald Miller explica: "Los negocios que invitan a sus clientes a compartir una historia heroica crecen. Los que no, son olvidados".

D. Artículos gratuitos. A todo el mundo le encanta que le den cosas gratis. Imprime tu logo en artículos prácticos, gorras, bolsas reusables, botellas de agua, playeras, etc. Cuando tus clientes usan diariamente estos artículos, los pensamientos felices que se desatan pueden impulsarles a contar a sus amigos sobre su experiencia con tu producto/servicio. Dar algo gratis en tu sitio web (cupón electrónico, código de cupón, compra uno y llévate otro gratis, etc.) también es una gran forma de aumentar tu tribu.

E. Fidelidad del cliente. Trata a tus clientes como si fueran de la realeza. Ellos son tu escuadrón dorado de *marketing*. Si tienen una experiencia increíble, regresarán y esparcirán la noticia. Las notas personalizadas de agradecimiento (cuando sea posible) y las tarjetas de descuento para compras futuras son formas amables de dar seguimiento a clientes anteriores. Cuando un huésped se queda con nosotros es parte de nuestra familia selvática. Ofrecemos generosos descuentos familiares así como noches libres a quienes nos envíen a nuevos clientes.

MEGAN TAYLOR MORRISON
AVENTURAS DE DANZA Y COACH DE EMPRENDIMIENTO

Bailarina, viajera, conductora de podcast, *coach* y creacionista
Lema: Eleva el nivel del negocio que es tu pasión
"El emprendimiento salvaje requiere entrega, confianza y fortaleza masivos. Es un viaje divino".

¿Qué consejo le darías a quienes buscan iniciar su propio negocio?
Habla con tus clientes. Habla con tus clientes antes de comenzar. Habla con ellos después de que hayan usado tu producto/servicio por un rato. Habla con ellos después de

que hayan usado tu producto/servicio por un largo tiempo. Si te enfocas en hacer que tus clientes se sientan completamente felices, tu negocio crecerá. ¡Las recomendaciones lloverán! Recuerda, tienes una relación con tus clientes. Ellos quieren que ganes. Quieren que los complazcas. Además, obtén dos veces la cantidad de apoyo que piensas necesitar. Nunca hay apoyo suficiente cuando estás comenzando un negocio. La mitad del éxito es expandir tu capacidad de tener mucho más apoyo. ¡Comienza ya!

¿Qué quisieras haber sabido antes de comenzar?
El ajetreo de los primeros años. No hay manera de evitarlo. Debes moverte de prisa para construir el *momentum* que te impulsará. Que las cosas todavía no están funcionando no es señal de que estás fallando. Sigue moviéndote, sigue hablando con tus clientes, y sigue creando asociaciones estratégicas que te iluminen.

F. Consigue patrocinios, crea sinergia. Busca la exposición mutua. Haz equipo con compañías que ofrecen comida o equipamiento que complementen tu aventura. Al hacer esto, ambos ampliarán sus tribus, ¡es ganar-ganar! Yo he creado sinergias con tablas de surf Boga SUP, ropa Athleta, barras energéticas Garuka, Carve Designs, prendas Mika Yoga, productos nutricionales Greenplus y otros. También hago sinergia con un eco-hostal cercano: nos enviamos huéspedes uno al otro regularmente. ¿Con quién puedes colaborar?

G. Vuélvete ecológico y conviértete en un negocio holístico. No lo finjas, sé auténtico. Ahora más que nunca la gente apoya a las compañías que están en consonancia con sus valores personales. Nosotros nos comprometimos a ser un negocio ecológico en 2009 y nos convertimos en el primer eco-hostal sustentable certificado en México.[17] ¿Cómo puedes hacer ecológico tu negocio, minimizar tu impacto y retribuir? (Ve el capítulo 5 para más ideas).

MIKE ROSENBERG
BARRAS ENERGÉTICAS GARUKA

Barras energéticas de confección casera en Vermont, usando miel salvaje local y empaques 100% reciclables, y 1% de nuestras utilidades se van a la conservación del gorila de montaña.
Lema: La comida saludable te hace feliz
"Es un cliché, pero es cierto; una persona que ama lo que hace nunca trabaja un solo día en su vida".

¿Este trabajo es tu pasión? ¿Qué te mantiene motivado?
Hacemos barras energéticas, pero lo que realmente me motiva es conectarme con la gente y ayudarla a disfrutar sus aventuras. Tener un bocadillo delicioso y saludable realmente puede mejorar una gran caminata o paseo en bicicleta. Me encanta saber que las barras que hacemos se van a aventuras increíbles con gente de todo el mundo. Es como si un pedacito de nosotros se fuera con ellos. La gente nos manda sus fotos con sus barras en volcanes, en la selva tropical, en el océano. Es simplemente increíble ver los lugares adonde llegan las barras.

H. Gasta sabiamente. Si vas a gastar dinero en *marketing*, sé inteligente, busca los máximos rendimientos. Considera los servicios de boletines de Google Adwods[18] (publicidad paga-por-clic dirigida geográficamente) como Constant Contact o Mail Chimp (al principio es gratis y si excedes un cierto número de suscriptores pagas una tarifa; realmente vale la pena), y materiales impresos (los folletos a color de calidad hacen toda la diferencia). Prueba también donar tu producto o servicio a los recaudadores de fondos; incurrirás en altos costos, pero obtendrás exposición y apoyarás causas nobles. Nosotros hemos donado estancias en el Tailwind Jungle Lodge a diversos festivales en Colorado (adonde nuestro mercado objetivo le encanta ir).

PASO 11. CONSTRUYE TU TRIBU, RED DE CONTACTOS Y SINERGIAS

Explora el poder de las conexiones personales, eso jamás pasará de moda. Familiares, amigos y todos aquellos a los que encuentres en tu viaje pueden ser parte de tu tribu. Ya sea que estés haciendo senderismo en la montaña o sentado en una cafetería, nunca sabes a quién te encontrarás. "No es lo que sabes, es a quién conoces", dice el dicho. Empieza a construir tu red de contactos con conexiones personales ahora y esto sentará las bases para un *marketing* fácil. Manda a hacer ya algunas tarjetas de presentación y llévalas contigo SIEMPRE. Cada vez que des una tarjeta, pide a cambio información de contacto y haz un seguimiento siempre que sea posible para profundizar la conexión personal. Desde las redes sociales a una charla casual en el teleférico que te lleva a la colina de esquí, existen infinitas maneras de formar una red. Encuentra la que se te dé de manera más natural.

PAUSA DE CONCIENCIA PLENA: LISTA DE TRUCOS PARA EMPEZAR ♥

Aunque estamos cubriendo muchas cosas, empezar de hecho es bastante sencillo.

Sigue estos seis pasos:

1. Decide cuál será tu producto o servicio.
2. Identifica a tu cliente o usuario.
3. Crea un sitio web o una forma de llegar al mundo exterior.
4. Crea una oferta de promoción especial para llamar la atención (artículos gratis o descuentos).
5. Establece una forma de pago (PayPal, efectivo, tarjeta de crédito, etc.).
6. Cuando estés listo, ¡lánzalo! No esperes hasta que todo esté perfecto: la perfección no existe.
7. Disfruta del paseo y aprende en el camino.

Fuente: Chris Guillebeau, autor de *$100 Startup*

PASO 12. TRUEQUE

El intercambio es una de mis ventajas favoritas del emprendedorismo salvaje. Nosotros hemos intercambiado estancias en el hostal por trabajo en nuestro sitio web, fotografías, videos de promoción, verduras orgánicas, ropa de las galerías locales y más. Estos trueques nos han llevado a establecer nuevas relaciones y hermosas sinergias entre negocios salvajes. ¿Cómo, qué y con quién puedes intercambiar? Nota: si eres de naturaleza generosa, ten cuidado, no todos son tan afectos a dar como tú —sé cauteloso y asegúrate de que los intercambios sean justos y que las expectativas sean claras.

PASO 13. FÍNGELO HASTA QUE LO HAGAS

No siempre sabrás lo que estás haciendo —los errores están garantizados—, pero si crees en ti mismo y avanzas con confianza, persistirás y obtendrás respeto en el proceso. Vístete y camina como un profesional y te convertirás en uno. La única forma de aprender realmente es intentando las cosas. "No subestimes el grado en que el comportamiento afecta tus pensamientos. Es más fácil comportarte como si tuvieras una nueva forma de pensar, que pensar en una nueva forma de actuar. Conviértete en un experto viviéndolo", dice el autor A. J. Jacobs, mejor conocido por sus experimentos con el estilo de vida.[19]

KATIE VISCO
CORREDORA DE ULTRAMARATÓN Y CHEF

Correr por todo Estados Unidos y correr por toda Australia/ Sopa de Amor Caliente y unas buenas Bolitas de Energía JuJu
"Mi meta es trabajar inteligentemente, cultivando tiempo para explorar las maravillas fuera del trabajo".

¿Consejo?
Pon lo que quieres y lo que necesitas en el mundo. Si necesitas un inversionista, ponlo ahí. Si solo necesitas un mentor para hablar de vez en cuando, ponlo ahí. ¡Pide ayuda!

Pedir me ha abierto tantas cosas, y me ha hecho humilde también. Ni tú ni yo podemos hacerlo todo. Al pedir, he aprendido a confiar en los demás, a construir relaciones, y más importante, a promover mi propia audacia para compartir mi arte —ideas de negocios, escritos, eventos, metas, comida que he hecho para vender, cualquier cosa que se origine en tu parte más profunda, no importa lo que sea.

¿Qué te mantiene motivada?

Mis relaciones. Mi alegría de vivir. Mi curiosidad. Mi deseo profundamente enraizado de dejar este planeta mejor gracias a mi (relativamente minúscula) influencia. Creo que en comunidad cualquier cosa que sueñes hacer será apreciada… y puede marcar una diferencia.

¿Tu frase o libro motivacional favoritos?

Yo regalé todos mis libros… excepto el ejemplar de mi madre de 1950 de *Walden*, de Henry David Thoreau. Recientemente me preguntaron por qué es el único libro que conservé; lo hice porque me recuerda que "todo lo que necesito es todo lo que tengo", que es mi frase favorita.

PASO 14. DIARIO/CUADERNO

Un nombre, una idea, un libro, una conexión, un sitio web —anótalos—. Piensas que lo recordarás, pero a lo mejor no. Lleva un cuaderno contigo a todas partes (la libreta de notas de tu celular funciona también, si eres tecnológico). Tus notas y registros te ayudarán también a ver patrones en tu negocio por el camino.

PASO 15. P$ICOLOGÍA

Cuando hayas creado un producto o servicio de calidad, ponle una etiqueta con el precio. Haz la prueba del espejo: mira tu reflejo y di en voz alta el precio. Si no puedes mirarte a los ojos con confianza, entonces el precio necesita un ajuste. Pon un precio demasiado bajo y tus clientes no valorarán tu servicio lo suficiente (la gente encuentra más valor cuando paga por algo). Pon un precio demasiado alto y alejarás a la gente. Juega con tus precios. Da un vistazo a lo que negocios similares están cobrando para tener una idea del mercado. Asegúrate de considerar tus gastos. Parte de ahí y haz los ajustes necesarios.

Enfócate en la abundancia y no en la escasez del dinero. Sé generoso con los demás (dentro de lo razonable), y se te regresará. Siempre les doy propina a mis empleados y proveedores de servicio —los que me traen el agua y el propano, las camareras, los paisajistas y otros—. Darles algunos *pesos* extra y tomarme unos momentos para charlar amigablemente los hace sentir valorados y los mueve a darme un servicio de calidad. Bono extra: ¿la mejor forma de ahorrar? Reduce tus gastos. No se trata de ganar más. Se trata de ser inteligente en tus decisiones financieras.

HABLEMOS DE DINERO ♥

¿Cómo determinarás el precio de tu producto o servicio?

¿Cuánto les cobrarás a amigos y familiares?

¿Tendrás una escala móvil?

¿Cuáles son tus gastos básicos?

¿Puedes manejar tu presupuesto, o necesitas ayuda?

¿Cuáles son tus metas financieras a corto y largo plazo?

Consejo: utiliza tu plan de negocios para unir estas piezas financieras.

PASO 16. RETROALIMENTACIÓN Y TESTIMONIOS

A medida que se desarrolla tu aventura sintonízate con los pensamientos, deseos y necesidades de tus clientes. No le tengas miedo a la crítica. En vez de eso, percíbela como un regalo, como una forma de mejorar tu negocio. No toda la retroalimentación será útil, pero nada pierdes con preguntar. Recoge testimonios también. Los testimonios de los clientes felices son de suma importancia para crear confianza con clientes futuros y potenciales.

PASO 17. JUEGA SEGÚN LAS REGLAS

Aunque somos salvajes, también queremos ser auténticos. Averiguar cómo abrir un negocio en México —la tierra de las interminables fotocopias y laberínticas oficinas— ha sido la prueba última de paciencia. ¡Puede haber menos trámites burocráticos, pero seguramente hay mucha frustración! Contratar a alguien que me ayudara a vadear los requisitos legales (y a traducir) me ha ahorrado muchos dolores de cabeza. Donde sea que establezcas tu negocio salvaje, averigua qué necesitas para hacerlo oficial. Paga tus impuestos, obtén los permisos, reúne recibos y lleva buenos registros. No es nada divertido, pero tiene que hacerse. Se han escrito libros enteros y ensayos sobre la ética de negocios y la ley de normas.[20] Empieza correctamente y lo agradecerás más adelante.

PASO 18. SALTE DE LA OFICINA (PERMANENTEMENTE)

Infunde libertad a tu negocio. Si tu teléfono celular siempre está encendido, los clientes esperarán servicio inmediato de por vida. En vez de eso, ¿por qué no diseñar un negocio que ofrezca una respuesta oportuna y un producto o servicio de calidad, manteniendo al mismo tiempo tu calidad de vida? En mis primeros años en la selva, la respuesta rápida no era físicamente posible —no tenía internet ni señal en el celular—. En consecuencia, implementé una auto-respuesta permanente asegurando a las solicitudes por correo electrónico que recibirían una respuesta en las siguientes veinticuatro horas. Mi relación con mis huéspedes se volvió una relación de confianza y calidad, no de vida vertiginosa. Deja a un lado tu teléfono a menudo, apaga tu correo electrónico, vive fuera del mundo hiperconectado, vertiginoso, falto de sueño. Arianna Huffington escribe: "Nuestra relación con el correo electrónico se ha vuelto cada vez más unilateral. Tratamos de vaciar nuestras bandejas de entrada, achicándolas como aquellos que están en un bote salvavidas perforado, pero los correos siguen y siguen llegando. La forma en que lidiamos con nuestro correo electrónico se ha convertido en una parte importante de nuestro tecno-estrés".[21]

PASO 19. TRABAJA EN FORMA MÁS INTELIGENTE, NO MÁS FUERTE

Trabaja de manera más inteligente y no más fuerte: incorpora este mantra a tu modelo de negocios desde el principio. Estar ocupado no necesariamente equivale a tener éxito. "La vida no tiene por qué ser tan malditamente dura... la mayoría de la gente pasa demasiado tiempo tratando de convencerse a sí misma de que la vida tiene que ser dura, que hay que resignarse a una monotonía de 9 a 5 a cambio de (a veces) fines de semana relajantes y ocasionales vacaciones tipo que-sean-breves-o-te-despedirán", dice Tim Ferris, autor de *The 4-Hour Workweek* [La semana de trabajo de 4 horas].[22] Greg McKeown, autor de *Essentialism* [Esencialismo],[23] reafirma que "hay un punto en el que hacer menos (pero pensar más) de hecho producirá mejores resultados". Así, no es la cantidad de tiempo que dedicas a tu trabajo, es la calidad del tiempo de trabajo. Trabaja para ser el mejor, no el más ocupado. "Yo solía tener un trabajo de escritorio de 9 a 5 (o más bien de 8 a 6) en una cultura corporativa donde sentarte ante tu escritorio le demostraba a tu jefe que estabas trabajando (aunque no lo hicieras)", recuerda la escritora *free-lance* Megan Michelson. "Así que ahora que trabajo para mí misma, todo mi objetivo es ser tan eficiente y productiva como sea posible para estar en mi computadora tan poco tiempo como pueda".

Utiliza las siguientes técnicas para trabajar con más inteligencia:

Fija prioridades. Enfócate en algunas cosas esenciales por hacer e ignora el resto. "Ser selectivo —hacer menos— es la ruta de los productivos. Es fácil quedar atrapado en el torrente de minucias", dice Ferris. De hecho, la falta de tiempo es en realidad ausencia de prioridades.

Fechas de entrega. Crea y respeta fechas de entrega. ¿Tiendes a dejar todo para después? O al revés, ¿haces las cosas antes de tiempo? ¿Es mejor ser una tortuga o una liebre?, como Leonardo da Vinci, que se tardó quince años en pintar la *Mona Lisa*. Experimenta con ambos, pero cuidado con los extremos.

Horas de mejor rendimiento. ¿Eres matutino o noctámbulo? ¿Cuándo está tu mente más clara y productiva? Encuentra el momento del día en que trabajas mejor.

Organízate. El espacio de trabajo, la computadora, las listas de pendientes, mantener las cosas limpias y ordenadas apoyarán tu flujo de trabajo. No tienes que pasar la primera media hora de tu día preguntándote dónde está todo. Encuentra un sistema organizacional que te funcione a ti, a tu escritorio, tus dispositivos y más allá.

Enfócate. En vez de trabajar distraídamente por tres horas, concéntrate una hora en una tarea, y tómate un descanso. Evita lo que la escritora de tecnología Linda Stone, quien acuñó el término "apnea del correo electrónico", llama "atención parcial continua".[24] Minimiza hacer varias cosas a la vez, y apaga el flujo constante de información (noticias, redes sociales, clima, reportes de surf, mensajes de texto, alertas en tu teléfono, etc.).

Tómate una siesta. Nunca subestimes el poder de una *siesta*. ¡En las oficinas de Google hay cuartos para siesta! ¿No la acostumbras? Reiníciate y aclara la niebla mental con respiraciones, conciencia plena, yoga o meditación, los máximos potenciadores del desempeño cotidiano.[25]

Muévete. "Creo que en el momento en que mis piernas comienzan a moverse, mis pensamientos empiezan a fluir", dijo Henry David Thoreau. Prueba la filosofía del *solvitur ambulando*: las cosas se resuelven caminando.

Toma tu sombrero. Cuando te hayas probado los diversos sombreros de tu negocio, elige aquellos en lo que seas mejor. Conviértete en un experto en señalar con el dedo cuando contratas ayuda, proveedores de servicios externos, etc. No trates de hacerlo todo. No siempre eres la mejor persona para el trabajo.

DESIDIOSOS ESTÉN ALERTA

Darte más tiempo para terminar una tarea da a las ideas tiempo de marinarse. Considera el efecto Sue Garnic —la utilidad de dejar una tarea inconclusa—. Garnic dice: "Tenemos una mejor memoria para las tareas inconclusas que para las terminadas. Las tareas incompletas tienen que permanecer activas para que recordemos retomarlas en donde las dejamos. Tu cerebro sigue trabajando en ello". Esto puede ser bueno para el proceso y el resultado final.

Una graciosa suma de las partes

Con estos consejos y trucos esenciales estarás bien preparado para la aventura que te aguarda. Piensa en tu negocio salvaje como una suma de partes más pequeñas que trabajan juntas con gracia. Vuelve repetidamente a las sencillas herramientas de este capítulo. Aférrate a ellas (¡persistencia!) y encontrarás tu camino. Como dice mi hermano Rhett: "Desenvaina tu espada de samurái, defiende aquello en lo que crees y prepárate para luchar por ello". ¡Desencadena la aventura y nos vemos en el camino!

> *Cuando nos alineamos persistentemente con nuestros llamados y deseos más profundos, podemos atraer lo necesario para hacer lo que realmente queremos hacer. Cuando vivimos desde el corazón, siempre hay una manera.*
>
> **Capitana Liz Clark**[26]

CAPÍTULO CINCO
LA SABIDURÍA DE LA MADRE NATURALEZA Y EL BIOMIMETISMO

PODEMOS VER, AHORA MÁS CLARAMENTE QUE NUNCA, CÓMO LA NATURALEZA HACE SUS MILAGROS... HACERLO A LA MANERA DE LA NATURALEZA TIENE EL POTENCIAL DE CAMBIAR LA FORMA EN QUE CULTIVAMOS NUESTRO ALIMENTO, FABRICAMOS LOS MATERIALES, APROVECHAMOS LA ENERGÍA, NOS SANAMOS A NOSOTROS MISMOS, ALMACENAMOS INFORMACIÓN Y HACEMOS NEGOCIOS.

JANINE BENYUS[27]

MAPA DE RUTA DEL EMPRENDEDOR SALVAJE # 5

En este capítulo nos aventuraremos en la esencia de la vida salvaje. Prepárate para:

- Ser amigo de una serpiente y trabajar con la naturaleza y no contra ella.
- Viajar a un jardín secreto donde conoceremos el biomimetismo.
- Descubrir cómo los diseños y estrategias de la naturaleza ofrecen una tremenda guía para los emprendedores salvajes.
- Explorar una nueva filosofía: el negocio holístico. ♥

Yo pensé que era amor a primera vista, pero no lo era. ¿Lujuria a primera vista? Absolutamente. La tierra lanza su hechizo sobre mí instantáneamente con el gracioso ondular de las palmeras y sus insinuantes flores. ¿Pero la realidad de vivir en la selva? Bastante menos sexy. Cuando llegó el momento de pasar mi primera noche en la espesura tropical, mi ansiedad se disparó al cielo. *¿Qué tipo de bichos rastreros hay allá afuera? ¿Qué puede estar acechando en la oscuridad?* Las pesadillas y la inquietud me atormentaron hasta el amanecer. El desasosiego me llegó por sorpresa. Había pasado la mayor parte de mi vida a la intemperie; era una auténtica marimacha. Pero para una chica de Quebec la selva mexicana era un territorio desconocido.

Una batalla perdida

Una noche desperté y encontré unos misteriosos garabatos oscuros en las blancas paredes y el techo de mi *casita*. Me froté los ojos. *¿Estoy soñando?* Alarmada, tomé mis lentes y encendí la luz. Hormigas —un éxodo de miles formando carreteras a lo largo de mi *casita*—. ¡Es una invasión! Cogí la manguera del jardín y les declaré la guerra.

Esa noche empapé cada centímetro de mi hogar selvático, pero yo no era adversaria para semejante fuerza natural. Las hormigas desplegaban una irreductible resiliencia. A pesar del torrente de agua, se recuperaban y redireccionaban su ruta en cuestión de minutos. Después de largas horas de guerra, me derrumbé en mi cama exhausta y derrotada, con el único consuelo de que al menos las hormigas no habían desarrollado un gusto por las sábanas de bambú. A la mañana siguiente me impactó descubrir que aunque los charcos permanecían, no había una sola hormiga a la vista.

Continué combatiendo la vida silvestre: cangrejos, cucarachas, abejorros y escarabajos, libélulas y más. También conocí a los *tejones* —unos animales entre mapache y mono—. Aparentemente a los *tejones* les encanta la comida humana. Estas ingeniosas y diestras criaturas nocturnas descubrieron rápidamente nuestras cocinetas al aire libre —las viandas de mis incautos huéspedes del hostal eran presa fácil—. Los tejones saqueaban inexorablemente los refrigeradores, revolvían las alacenas e incluso lograron abrir las tapas de los frascos de mantequilla de maní.

¡Ataque! De nuevo me preparé para la batalla. Repartí hondas y alenté a mis huéspedes a que defendieran el territorio de su cocina a pedradas. *Bienvenido al Tailwind Jungle Lodge, ¡aquí tiene su arma!* Los huéspedes me miraban desconcertados. Claramente esta no era una solución aceptable.

Mientras deliberaba sobre la situación, caí en la cuenta de algo más grande: mi serie de escaramuzas con la vida silvestre me permitió ver que con un enfoque de combate podría ganar algunas batallas, pero siempre perdería la guerra. Las leyes de la selva siempre prevalecen. Y también empecé a observar que todas estas criaturas tenían ciclos similares. Llegan en alarmantes tropeles masivos, pero pasan rápidamente. Aunque hice lo posible, aprendí una y otra vez que no tenía caso combatir sus ritmos. Con esto en mente, finalmente me pregunté: ¿por qué no trabajar con el flujo natural en vez de contra él?

ALEXANDRO PERAZA Y FLOR FÉLIX, NECTAR HEALTH

Chefs de los retiros en el Tailwind Jungle Lodge

¿Qué quisieran haber sabido?

Alex: No puedes dejar comida afuera durante la noche en la cocina de la Palapa Tigre. ¡La primera vez que cociné en la selva, los *tejones* se comieron mis supercomidas!

¿Su parte preferida de la vida como emprendedores salvajes?

Flor: Trabajar en la selva es una de las experiencias de mi vida. Me siento conectada con la naturaleza. Se siente como mi hogar. ¡Adoro ser parte de la familia de la selva! Trabajar en el hostal me mantiene inspirada y me impulsa a dar siempre lo mejor de mí. También me encanta conocer a los huéspedes de los retiros. Muchos se han convertido en amigos de por vida.

¿En qué se inspiraron para crear Nectar Health?

Flor: Después de trabajar diez años como nutrióloga en la ciudad, estábamos listos para un nuevo estilo de vida en la playa. Abrimos un restaurante de comida saludable en San Pancho, que despertó nuestro gusto por la cocina y la alimentación consciente. Eso evolucionó en la creación de Nectar Healthy Foods, una compañía de servicio de *catering* con platillos veganos y vegetarianos. El nombre Nectar fue inspirado por la pureza, la esencia natural y el elíxir de la vida (néctar = la bebida de los dioses según la mitología griega).

¿Algo más que quieran compartir?

Alex: ¡Gracias a la familia Jacobi por su amistad y por darnos esta oportunidad al invitarnos a colaborar en la cocina de Tailwind! Hemos conocido a gente increíble que se ha vuelto parte de nuestra familia y amigos. Estamos muy felices de pertenecer a esta comunidad.

La epifanía de la serpiente

"¡Maldición, esa es una serpiente gigante!". Escuché el alarido distintivo de una damisela en apuros. Después de cinco años de vivir en la selva estaba guiando a un grupo de retiro de mujeres en una caminata cuando una enorme boa constrictor se deslizó en el camino frente a nosotros. Doce pares de pies con brillantes uñas pintadas se congelaron aterrorizados detrás de mí. Como su líder, tenía medio segundo para reaccionar. ¿Las palabras que salieron de mi boca? "¡Miren qué hermosa!". Descubrí que estaba admirando genuinamente a la serpiente, que lucía saludable y brillante, con diamantes simétricos que decoraban graciosamente sus tres metros de largo. Procedí a explicar a las nerviosas damas que las boas son indicadores de un saludable ecosistema selvático.

Estaba deslumbrada, no solo por la exquisita serpiente, sino por mi calma interior. En el pasado, el solo pensar en reptiles enviaba horrorizados escalofríos de mi cabeza a mis pies. En vista de esta nueva reacción, algo había cambiado indudablemente en lo profundo de mí. Ese día de febrero de 2013 (cinco años después de abrir el hostal), mi amor por la jungla se volvió *real*. Más tarde me enteraría de que la serpiente es uno de los símbolos mitológicos más extendidos en todas las culturas, y que representa una profunda sabiduría en torno a la transformación, el renacimiento, la armonía y la sanación. En algunas culturas, las serpientes se consideran el cordón umbilical que une a todos los humanos con la Madre Tierra.

Ese día del encuentro con la boa asumí el pulso salvaje de la vida. Me había convertido auténticamente en "La chica de la selva", un apodo que todavía hoy llevo con orgullo.

Aprender a leer la naturaleza

¿Qué había propiciado este cambio? Mi relación con la selva, alguna vez superficial, se había transformado cuando me di cuenta de que soy *parte* de la vida silvestre. Ya no le temo a la vida silvestre; al contrario, considero que estamos en el mismo equipo.

Los granjeros progresistas cuentan y catalogan la diversidad de aves en sus sembradíos como una forma de evaluar la salud de su granja. Yo todavía no contaba los bichos y serpientes de la selva, pero al igual que estos granjeros había logrado entender la importancia vital de un ecosistema saludable y pujante. Fascinada, empecé a observar a la naturaleza y a tratar de *aprender* de ella. Lo que al principio percibí como una cacofonía selvática se me estaba revelando como una sinfonía.

Muchos caminos de hormigas y boas espectaculares han ido y venido desde entonces. Hasta hemos hecho las paces con los *tejones*. Instruimos a los huéspedes a su llegada acerca de la importancia de guardar la comida, y todos nuestros refrigeradores y alacenas ahora tienen fuertes cerrojos. Los *tejones* han aprendido que si el cerrojo está cerrado, no tienen oportunidad de darse un festín con delicados bocadillos y simplemente pasan de largo. ¡Hurra por las soluciones pacíficas! Ya no son necesarias las hondas.

PAUSA DE CONCIENCIA PLENA
BAÑO EN LA FLORESTA

Shinrin yoku es un término que se traduce como el baño de naturaleza o terapia natural. Se define como el acto de dejar entrar a la naturaleza en tu cuerpo a través de los cinco sentidos. Florence Williams, autora de *The Nature Fix*, destaca el baño en la floresta como una poderosa herramienta para sanar y equilibrar la mente y el cuerpo, y ofrece las siguientes directrices.

1. **Encuentra un lugar.** Asegúrate de dejar atrás tu cámara y tu teléfono. Vas a caminar despacio y sin rumbo. No necesitas ningún dispositivo. Deja que tu cuerpo te guíe. Escucha adónde quiere llevarte. Sigue a tu nariz. Y tómate tu tiempo. No importa si no llegas a ninguna parte. No vas a ninguna parte. Estás saboreando los sonidos, los olores y las vistas de la naturaleza y dejando entrar a la floresta.

2. **Abre tus cinco sentidos.** Deja que la naturaleza entre por tus oídos, tus ojos, tu nariz, tu boca, tus manos y tus pies. Escucha cantar a los pájaros y a la brisa susurrando en las hojas de los árboles. Observa los distintos matices de verde de los árboles y la luz del sol filtrándose entre las ramas. Aspira la fragancia de la floresta y respira esta aromaterapia natural. Saborea la frescura

del aire mientras respiras profundamente. Pon tus manos en el tronco de un árbol. Sumerge los dedos de tus pies o manos en un arroyo. Acuéstate en el suelo. Bebe el sabor de la floresta y libera tu sentido de calma y alegría. Este es tu sexto sentido, un estado mental. Ahora te has conectado con la naturaleza. Has cruzado el puente hacia la felicidad.

Aparentemente, las lecciones que la naturaleza puede darte no tienen fin. Cada mañana me pregunto: *¿qué puede traer este nuevo día en la selva?* Todo es posible, y he aprendido a respetar, apreciar, observar y buscar orientación en la flora, la fauna y también en los habitantes del lugar (todos somos parte de este sistema único).

Sobre todo, la lección más profunda que la selva me ha enseñado hasta ahora es que el cambio es lo único permanente. Así como los árboles cambian sus hojas cada año, estoy aprendiendo a soltarme y a rendirme a los ciclos naturales. ¡La Madre Naturaleza es la gran jefa! Aunque es importante tener planes, esperanzas y sueños, *todos* estamos a su merced. Como me dijo una amiga recientemente: "La vida es como un río. Tienes que ir con la corriente, ¡pero no olvides usar tu remo para guiarte!".

MELISSA GOODWIN
GIRLGOTTAHIKE

Conectando a las mujeres con la naturaleza, la confianza y la camaradería

"Siempre regreso a casa pensando con más claridad después de pasar algún tiempo en el sendero".

¿Este trabajo es tu pasión?

Me apasiona hacer que más mujeres salgan al aire libre y se alejen del estrés de la ajetreada vida citadina/familiar/laboral. Es demasiado fácil quedarse adentro, atadas a nuestros dispositivos y nuestras rutinas. Al hacernos deliberadamente el tiempo para alejarnos, respirar aire fresco y tener conversaciones presenciales con los demás, podemos sentirnos más conectadas con nosotras mismas y entre nosotras.

¿Qué desearías haber sabido antes de comenzar?

Que al principio es más importante aprender sobre tu negocio que obtener utilidades de él. Iniciar un negocio requiere de una enorme inversión de tiempo y dinero. Aunque es natural desear recuperar eso de inmediato, hay un gran valor en probar tu modelo de negocios y en aprender de tus experiencias antes de cobrar (o cobrar demasiado) por tus servicios. Al llevar a la gente a las caminatas gratuitamente, pude perfeccionar lo que tenía que hacer para prepararme a mí misma y a mis clientes para futuras excursiones, sin la presión de sentir que toda la experiencia tenía que ser perfecta desde el principio.

¿Consejo?

Deja de pensarlo y solo empieza. Es bueno tener un plan de acción, pero no tienes que tener todos los detalles solucionados antes de empezar. A medida que trabajas en tu negocio este se desarrollará naturalmente y cambiará con el tiempo mientras afinas lo que ofreces. Si es posible, mantén otras fuentes de ingresos antes de dar el salto y dedicarte de tiempo completo a tu negocio. Siempre puedes comenzar despacio, trabajando por las noches y los fines de semana, o apartar algunas horas a la semana de tus otras obligaciones. Si empiezas a depender financieramente de aquello que te apasiona antes de resolver algunas fallas, puedes terminar resintiendo lo que comenzaste u olvidar las verdaderas razones por las que te entusiasmó tu negocio en primer lugar.

Biomimetismo: el genio de la naturaleza

Después de estas epifanías naturales, el término "biomimetismo" destelló en mi radar. Esta filosofía nos alienta a resolver problemas planteando la pregunta: "¿Cómo lo haría la naturaleza?". Este concepto no había tenido mucho significado para mí en un aula del Middlebury College, pero ahora que tenía un negocio en la selva me intrigó.

El biomimetismo busca soluciones sustentables a los retos humanos emulando los patrones y estrategias de la naturaleza que han resistido la prueba del tiempo. Es un puente entre la biología y el diseño. "Cuando vemos [...] profundamente a los ojos de la naturaleza, nos quita el aliento y revienta nuestra burbuja, en el buen sentido de la palabra. Nos damos cuenta de que todos los inventos ya habían aparecido en la naturaleza en una forma más refinada y menos costosa para el planeta", escribe Janine Benyus, en su libro *Biomimicry* [Biomimetismo]. "El mundo natural tiene incontables modelos de sistemas sustentables: praderas, arrecifes de coral, bosques primarios de secuoyas, y más. Es una enciclopedia de conocimiento, experiencia, eficiencia y funcionalidad. Si deseamos construir una bomba, veamos las bombas más poderosas del planeta, los corazones de las ballenas. Incluso la rueda, a la que siempre consideramos una creación humana única, se ha encontrado en el diminuto motor rotatorio que impulsa el flagelo de las bacterias más antiguas del mundo".

Cuando se trata de diseñar nuestro propio negocio salvaje, ¿por qué no usar al mundo natural como una fuente de información y sabiduría? Muchos ecosistemas están haciendo lo que queremos hacer, pero en una forma que existe correctamente en este planeta. Obviamente, el mundo natural nos saca 3.8 mil millones de años de ventaja con sus diseños (tenemos que ponernos al día, creo yo), pero los primeros inventores, como los hermanos Wright y sus artilugios voladores, abrieron el camino a algunos de los primeros biomimetismos. Otros inventos sencillos como las redes de pescar probablemente se inspiraron en las telas de araña. Simple, y sin embargo profundamente transformador, ¿no?

Un verdadero biomimetismo

Mi querida amiga y encantadora de plantas Britta Jankay estableció su granja orgánica justo en las afueras de San Pancho. Sus suculentas verduras, ricas en nutrientes, la han convertido en una especie de celebridad local entre *gringos* y mexicanos por igual. La fila ante su puesto en el mercado de granjeros es larga, y vale mucho la espera. Los vibrantes verdes de los vegetales de Britta adornan diariamente mi plato, ¡mmmmh!

Britta no solamente cultiva plantas. Tiene una profunda *relación* con su jardín, que se llama formalmente Ranchito del Mar, pero al que he apodado cariñosamente "el jardín secreto de Britta". Es fascinante observarla escuchar y estudiar a sus plantas. Su energía es serena, aterrizada, graciosa y fluida. Ella dice: "La naturaleza me enseña tantas cosas. Amo ir al jardín cada día y encontrar nuevas sorpresas. Cada planta tiene su propio ritmo, y sin embargo todas trabajan juntas". Explica que la jardinería es un proceso de observación. No puedes apresurar nada; no puedes controlar nada. Solo puedes guiar al jardín y darle apoyo. "Planeo tanto como puedo, pero el resto depende de la naturaleza".

Cuando se trata de emprendedorismo salvaje, Britta puede estar adelante en el juego. Un artículo de Lisa Gates en la revista *Forbes*, "¿Podría el biomimetismo ser la clave para negociar el éxito de tu nueva empresa?" recomienda que los jóvenes negocios busquen a la naturaleza para obtener consejos y también una ventaja competitiva. Por mi experiencia selvática estoy totalmente de acuerdo. La naturaleza ha sido una fuente infinita de sabiduría que ha sido buena para mi negocio *y* para mi cuenta bancaria. Las decisiones de negocios amigables con la ecología pueden tener sentido financiero y son una forma efectiva de ganarse a los clientes (la gente está exigiendo más negocios "verdes" y eco-soluciones creativas).

BRITTA JANKAY
RANCHITO DEL MAR

Granjera orgánica y biomímica
*"Cada año las cosas fluyen más fácilmente.
Mi jardín y yo crecemos en distintas formas".*

¿Dónde encuentras tu inspiración? ¿Cómo te mantienes motivada?

Viendo la belleza del crecimiento de las cosechas, desde la semilla hasta la cosecha, honrando los ciclos de crecimiento y que todo tiene su tiempo, no puedes retardar ni acelerar ningún proceso. La naturaleza sabe lo que está haciendo; tú solo tienes que trabajar con ella. ¡Hace cosas asombrosas! Me motiva la gente que compra mis verduras. Están tan agradecidos y felices de tenerlas, que es muy satisfactorio.

Describe tu día perfecto de jugar y trabajar.

Correr en la selva, nadar en el océano, tener un buen desayuno, relajarme. Ir al jardín y cosechar hasta el atardecer para prepararme para el mercado de la mañana siguiente. Es tan gratificante.

¿Cuál es tu parte favorita de ser una emprendedora salvaje?

Administrar mi propio tiempo, tomar mis propias decisiones, no depender de los demás.

145

Convertirte en biomímico

¿Cómo puedes integrar el biomimetismo a tu negocio salvaje? Convertirte en biomímico significa hacer una transición de aprender sobre la naturaleza a aprender de ella. Los emprendedores salvajes observan el mundo natural con la mente de un principiante, tal como lo harían con sus mentores y maestros. A partir de ahí podemos emplear los sistemas de la naturaleza como modelos, como trampolines para nuestra creatividad. A medida que procedemos la pregunta fundamental que debemos plantear ante cada decisión que tomamos es: "¿Permitirá esto que la vida continúe?". El Biomimicry Institute[28] ofrece también diez "Principios de vida" para guiar los diseños y sistemas que se describen a continuación.

En el Tailwind Jungle Lodge trabajamos consistentemente para incorporar estos principios en nuestros diseños. Algunos esfuerzos han sido directos, otros no tanto. Al igual que el mundo natural, el hostal siempre está cambiando, evolucionando, adaptándose, aprendiendo y mejorando. He desglosado brevemente nuestra experiencia con el biomimetismo como un recurso para los emprendedores salvajes, pero recuerda que la meta aquí no es la perfección. ¡La naturaleza es perfectamente imperfecta!

1. La naturaleza usa solo la energía que necesita y depende de la energía gratuita disponible. El enfriamiento solar pasivo (estructuras al aire libre que se enfrían con la brisa, no con el AC), un extenso sistema de agua alimentado por gravedad (no se requieren bombas), electrodomésticos eficientes en energía e iluminación mínima (las velas ofrecen un ambiente encantador), han sido sumamente efectivos y prácticos. Cuando se va la luz, muchos de nuestros huéspedes apenas lo notan. ¿Qué tipo de energía está disponible en tu negocio?

Vivir a bordo del Swell (velero) me ha permitido reducir drásticamente mi impacto diario en la Tierra. El sol y el viento proveen mi electricidad. Vivo más cerca de la naturaleza, y me tomo el tiempo para atesorarlo y apreciarlo. Uso menos, necesito menos y quiero menos, y sin embargo, nunca me he sentido más plena.

Capitana Liz Clark

2. La naturaleza recicla todo. El mundo natural no puede poner su fábrica en las afueras del pueblo. Investiga las oportunidades de reciclar y hacer composta en tu área, pero no te detengas ahí, hay incontables formas creativas de ir más allá de esto. En el hostal nos enfocamos en materiales de construcción naturales, un empaquetado mínimo, reuso, excusados de composta y más. ¿Qué puedes hacer para minimizar y reciclar tu basura? Ten en cuenta que algunas de las más grandes oportunidades del siglo veintiuno puede ser convertir la basura en utilidades. ¿Hay potencial para eso dentro de tu negocio?

3. La naturaleza es resiliente. Cuando un árbol cae en la selva, la vida surge de inmediato. ¿Qué puedes hacer para crear diversidad y cooperación en tu negocio salvaje de manera que esté preparado para recuperarse rápidamente? No siembres solo un cultivo, ve por un mosaico de cultivos que funcionen juntos.

4. La naturaleza optimiza en vez de maximizar. Sé consciente de tus límites personales, ambientales y financieros. Considera a un ballenato o el retoño de una secuoya;

empiezan siendo diminutos y se desarrollan lentamente hasta llegar a su óptimo tamaño/forma. La naturaleza está sintonizada con el poder de un planteamiento lento y uniforme y parámetros sustentables.

NATACHA RADOJEVIC
MOANA SURF LIFE

Surf, retiros, expediciones y boutique

¿Tu parte favorita de la vida como emprendedora salvaje?

Estar allá afuera en el océano viendo pasar a las tortugas y la vida silvestre. Me hace sentir que soy parte de algo mágico. Para mí, la naturaleza es lo que me llena de energía, me sana y me inspira. Nunca tengo suficiente de la Madre Naturaleza, ella llena mi alma y mi corazón con mucha alegría.

¿Consejo?

Escucha a tu corazón y tu instinto natural; tu intuición siempre sabe más. Puedes fallar al principio, pero algunos sueños toman un poco más de tiempo para realizarse. Nunca te rindas si eso es lo que realmente te hace feliz y pleno. Tu vida está compuesta de recuerdos, y estos son lo que te queda al final del día. Lo que te hace realmente feliz hará que este mundo sea mejor.

5. La naturaleza recompensa la cooperación. "Aunque hay mucha depredación, parasitismo y competencia en el mundo natural, las relaciones que prevalecen son aquellas en donde hay cooperación", dice Benyus. La mayoría de los animales viajan en parvadas, manadas, rebaño y bandadas. Las manadas ofrecen fuerza, seguridad y competencia. En el Tailwind Jungle Lodge hacemos sinergia como familia (¡la manada Jacobi!) con nuestros vecinos y con la comunidad local. ¿Cómo pueden hacer sinergia y colaborar tú y tu negocio?

6. La naturaleza opera con la información. El clima, las mareas, el viento y los oleajes son fuentes naturales de información que nos alertan y nos apremian a prepararnos. ¿Cómo puedes estar consciente de los ciclos naturales en el entorno que te circunda?

MIKE WOOD
SUSALMON, ALASKA

Negocio de salmón de bajo volumen y alta calidad, directo de los pescadores, con un enfoque en crear conciencia sobre la cuenca del río Susitna

"Mi pasión son este lugar y su vida silvestre. Mi motivación es sumergirme en todo lo que ofrece cada día. Esta tierra es una maestra salvaje".

Describe tu día perfecto como emprendedor salvaje

Cuando todo se une. El viento, el clima, la marea, los peces y la tripulación. Es largo y agotador y tienes que volver a hacerlo al día siguiente.

¿Consejo?

Mantente abierto a recibir consejos, pero sigue tus instintos. Los negocios del mañana no son como los del pasado. Especialmente cuando tenemos que aprender a hacer más con menos y a agregar valor a un artículo que no tiene precio.

¿Cuál es tu misión?

Inspirar amor por el poderoso río Susitna y que a la vez la gente disfrute un delicioso salmón. Creo firmemente que si la gente sabe de dónde viene su comida, pondrá mucha más atención para proteger ese lugar, y de eso se trata todo esto. ¡Aspiramos a ganar sus corazones a través de sus estómagos!

Fuente: salmonlife.org *The River at the Heart of It*

7. La naturaleza usa la química y materiales que son seguros para los seres vivos. Adoramos el jabón de menta del Dr. Bronner's, particularmente porque es amigable con la selva. ¿Cómo puedes integrar productos naturales a tu negocio?

8. La naturaleza usa recursos abundantes. Tenemos aquí un tipo único de árbol al que mis padres han apodado "los árboles amantes". Una higuera abraza a una palmera, como si estuvieran congeladas en un abrazo eterno. Los lugareños las llaman *higueras*, o "higueras estranguladoras", como sería más o menos en inglés. (De hecho es una relación parásita, ya que la higuera acaba por matar a la palmera. Lo siento románticos). Hay varios de estos árboles espectaculares en nuestra propiedad, y los usamos como postes para soportar los techos de palma, o *palapas*. ¿Qué recursos abundan en tu área?

KATIE Y SPENCER GRAVES
EATERY 66

De la granja al tráiler, cocina local en un Airstream
Lema: Sé bueno. Vive con sencillez. Come bien

¿Cuál fue su inspiración para crear Eatery 66?

Obtuvimos nuestra inspiración de los granjeros y rancheros de nuestra comunidad. Al vivir en Costa Rica durante ocho años apoyamos con fuerza un estilo vida sustentable en el que comemos de acuerdo con la estación, la disponibilidad de la comida y las fuentes locales. Comemos mangos de los árboles, pescado de las aguas que están cruzando nuestras puertas, y verduras cultivadas en la comunidad. Al mudarnos al suroeste de Colorado, ¡encontramos la misma hermosa comunidad!

Cuando comenzamos Eatery 66 queríamos crear una plataforma para exhibir la increíble comida local cultivada en el área, y destacar a la familia que hacía esto posible para todos nosotros. Adoramos inspirar y educar a otros sobre la sustentabilidad de los alimentos locales y orgánicos a través de una cocina sencilla que permite que la comida hable por sí misma. Sentimos una pasión profunda por preparar el camino en esta área para apoyar y poner de relieve a las granjas y ranchos locales, para inspirar un futuro más sustentable para nuestra comunidad y más allá.

¿Consejo?

No fuerces las cosas. Cuando no está funcionando como habías planeado inicialmente, da un paso atrás y deja que surja la siguiente opción. Desde algo tan pequeño como elegir el mobiliario hasta obtener la licencia de licores, permite que tu negocio se desenvuelva naturalmente. Sigue tu visión, pero permite que haya vías para explorar las posibilidades que no planeaste/viste/predijiste/¡esperaste! Ábrete al crecimiento del cambio y está dispuesto a evolucionar.

¿Tu parte favorita?

La libertad para crear. Eso es lo que nos impulsa. Al desarrollar nuestro negocio, estancarte o paralizarte no fue una alternativa. Aprovechamos las fuerzas creativas de la novedad y la exploración de posibilidades. Amamos poder intentar nuevas cosas, encontrar nuevas pasiones y crear un estilo de vida que funciona para nuestros empleados y nuestra familia. Por ejemplo, nos damos tiempo libre cuando necesitamos recargarnos y reiniciarnos, a nosotros, a nuestro personal y nuestro espacio, para despejar el camino para que llegue nueva energía positiva y tomarnos un descanso de lo cotidiano.

¿Algo que quieran compartir?

Estamos más que agradecidos por esta senda para crecer y aprender cada día, uno con el otro, con una hermosa comunidad que nos apoya, mientras disfrutamos el lema de nuestro estilo de vida: "De las montañas a los océanos".

La familia lo es todo para nosotros. Amamos a nuestros tres hijos —Cole, Ollie y Tristan— hasta la luna, y este viaje no es nada sin ellos. Nos aportan mucha alegría y son una parte verdadera de nuestra aventura. También estamos muy agradecidos con un increíble equipo de empleados comprometidos y dedicados que son más bien una familia extendida para nosotros.

Por último, el equilibrio es todo: trabajar duro, jugar duro, descansar bien. Encontrar el equilibrio y encontrar dulzura en los pequeños momentos; el viaje solo será hermoso si te tomas un momento para absorberlo todo.

9. La naturaleza trabaja localmente. Estamos orgullosos de nuestra comunidad y para nosotros el localismo es una prioridad: empleados, suministros, eventos, recaudadores de fondos, organizaciones no lucrativas, etc. Nuestro centro comunitario —Entreamigos (EA)— [29] ha jugado un papel tremendo en unir a los emigrantes, locales y turistas. La fundadora de EA, Nicole Swedlow, recibió un premio del Dalái Lama en 2014, reconociéndola como un "Heroína anónima de la compasión". ¿Cómo puedes practicar el localismo e involucrarte con tu comunidad?

10. La naturaleza usa la forma para determinar la funcionalidad. La empinada pendiente de nuestro terreno nos ha permitido incorporar sistemas de agua alimentados por la gravedad, mientras que la orientación y la brisa fría que sube por la barranca permite que haya un enfriamiento solar pasivo. Observa tu lienzo. ¿Cómo puedes usar la forma para mejorar la funcionalidad de tu negocio?

Mi evolución

El biomimetismo es de hecho solo una de las muchas filosofías que han alimentado mi deseo de casarme con la naturaleza y el negocio. En la universidad fusioné dos departamentos para crear una maestría personalizada que llamé "Economía ambiental". Pasantías subsecuentes en Colorado con Natural Capitalism Solutions and Sustainable Travel International (STI) me guiaron a través del proceso. STI me apoyó durante el arduo proceso de lograr una certificación de sustentabilidad para el Tailwind Jungle Lodge. En 2009, Tailwind Jungle Lodge se convirtió en el primer eco-hostal certificado en México (a través del STI). Eso nos ganó elogios en la industria del ecoturismo y siguió alimentando mi interés en los sistemas de negocios sustentables.

NICOLE SWEDLOW
CENTRO COMUNITARIO ENTREAMIGOS

Emprendedora social, Premio Heroína Anónima de la Compasión otorgado por el Dalái Lama

"Amo la capacidad de vivir plenamente en este mundo. Puedo pasar todo el día inmersa en un trabajo y en una vida que me importan. Es una vida salvaje, pero muy especial, que no cambiaría por nada".

Describe tu primera visión/inspiración.

Me enamoré de la sencillez y de la dulce comunidad internacional de San Pancho. Sin embargo, las cosas comenzaron a cambiar a medida que este pequeño pueblo era "descubierto", en su mayor parte por emigrantes retirados estadounidenses y canadienses. Estos recién llegados eran personas geniales y realmente respetuosas del pueblo, pero muchos se sentían abrumados por la barrera del lenguaje y "no querían cambiar las cosas". Lo que muchos de ellos no percibían era que por el mero hecho de estar aquí, construyendo sus hogares y pasando tiempo en la comunidad, estaban cambiando las cosas. Así, creé un centro comunitario que valoraba a todos (lugareños y expatriados) y todas las contribuciones. Quería ser realista y encontrar un ganar-ganar para esta creciente comunidad.

¿Este trabajo es tu pasión?

Sí, Entreamigos es y ha sido el trabajo de mi vida. Descubrí un lugar donde podía tener la libertad de expresar todo mi amor por el mundo, toda mi creatividad y todo mi compromiso. Amo levantarme para enfrentar el reto de cada día, encontrar una nueva solución, esa es mi inspiración. Nunca habrá espacio suficiente en este mundo para expresar mi gratitud por haber recibido el regalo de la experiencia de Entreamigos.

¿Qué consejo le darías a un emprendedor salvaje potencial?

Solo empieza. Encuentra tu pasión y empieza a hacerla en pequeños pedazos. Pienso que estamos atrapados en los informes de los medios sobre la gente extraordinaria e increíblemente exitosa, y que pensamos que debemos tenerlo todo incluso antes de comenzar. La verdad es que la vida se va muy rápido y muy poca gente logrará tenerlo todo alguna vez. Vivir tu pasión es un regalo, así que si puedes dártelo a ti mismo en pedacitos al principio, sigue siendo un regalo que estás dando… y no te preocupes, te enamorarás tanto de lo que estás haciendo que encontrarás formas de hacerlo crecer en forma óptima.

Confusión

Y sin embargo, a pesar de mis amplias experiencias con la teoría y práctica de la sustentabilidad, a menudo me rasco la cabeza desconcertada mientras lucho con la pregunta: ¿Qué es un negocio sustentable? Ridículamente complejo, eso es lo que es. Mientras más aprendía, más confundida estaba. Al estar llena de matices y filosofías en conflicto, la sustentabilidad está muy lejos de ser clara.

Conforme desarrollaba el hostal me topé con incontables acertijos sobre la sustentabilidad. ¿Compramos sillas de madera dura de bosques tropicales sustentablemente administrados en Sudamérica para proteger la selva y la madera dura de México? Hice todo por navegar por estos retos lo mejor posible, pero a menudo me exasperaba con las exigencias competitivas entre ambiente, economía y comunidad.

Realistamente hablando, cuando se trata de sustentabilidad no hay una respuesta correcta. Los librepensadores progresistas de hecho han sacado el término "sustentabilidad" de su vocabulario. Sin embargo, existen muchas teorías que no deberían negarse: la triple base (economía, comunidad, ecología), capitalismo consciente, capitalismo natural, responsabilidad social, y por supuesto, biomimetismo, para nombrar solo algunas.

¿Por qué decidirse por un solo enfoque? ¡Agreguemos un giro holístico! A medida que trazamos nuestras propias sendas, los emprendedores salvajes aspiramos a la salud ambiental, social, económica y personal. Miremos más allá de un negocio explotador, de alto estrés, perjudicial. Tenemos la oportunidad de tomar lo bueno del capitalismo tradicional y adoptar un nuevo modelo que se base en la colaboración, las sinergias, la experimentación y la creatividad que vienen con los sistemas naturales. Vamos a crear negocios genuinamente *buenos* —buenos para nosotros y para todos los aspectos del mundo que nos rodea—. Los emprendedores salvajes podemos hacer que esto suceda.

DARRIN POLISCHUK
EVOLOVE MEDIA AND PRODUCTION

Lema: Amor por la vida y la historia

¿En qué estás trabajando ahora?

Mi nueva compañía de producción, Evolove, es una reencarnación de las cosas que son importantes para mí, una continuación de mi salida de la gran televisora corporativa. Trabajé para Fox TV en California por muchos años produciendo programas de acción deportiva. Tuve una crisis de conciencia cuando me di cuenta de que los patrocinadores de mis programas eran compañías de bebidas azucaradas, videojuegos y petróleo. Solicité que un par de comerciales de 30 segundos durante mi programa se otorgaran a una ONG, y recibí un gran NO, así que cancelé mi contrato y me dirigí a México —era momento de una realineación de valores—. No estaba realizado, ¡ni de cerca!

¡De ahí me sentí tentado a convertirme en ecoterrorista, ja! Pero mi vida en México me llevó al surf, a comenzar una familia, a crear una variedad de negocios salvajes, y finalmente a lanzar Evolove. Evolove es realmente la culminación de toda una vida de metas aleatorias como emprendedor salvaje (escribí una guía para el ciclismo de montaña para Columbia Británica, vendí camisetas en un tráiler Airstream y trabajé extensamente en todos los aspectos de las películas y la producción). Evolove reúne todo eso con un enfoque holístico de videografía/cortometrajes promocionales. Nuestros clientes son compañías que realmente quieren hacer una diferencia. Mi trabajo me da libertad creativa total y una forma de retribuir. Mi misión es conectar el océano, la salud, la naturaleza, el movimiento, el amor, la gente, la comunidad y el planeta. Me siento impulsado a cerrar el circuito de negocios y crear una sinergia de negocios holísticos y conscientes. En este momento estoy trabajando en un video promocional y en un evento experimental para una gala para recaudar fondos para las víctimas del huracán *Willa*.

¿Consejo?

No tienes que estudiar formalmente tu área de negocios. Para comenzar a hacer películas, alquilé cámaras y aprendí de mis mentores. Descubrí cómo mirar detrás de la "cortina mágica" de lo que está en la superficie para encontrar la verdadera historia, y después solo la coloqué ahí.

Sobre los ritmos naturales...

Mi negocio trabaja con los ritmos estacionales: hay un flujo y reflujo constantes. El invierno es una temporada alta para el turismo, un momento para hacer, salir, conectarte y colaborar. El verano es una estación caliente, húmeda, lluviosa, el momento para hibernar, desacelerar y trabajar en proyectos personales. Realmente disfruto ese ciclo.

Luchando juntos contra la corriente

Como pensadores inspirados y progresistas, debemos trabajar juntos para encabezar la carga hacia los negocios holísticos. *Debemos* poner las palabras en acción. No será una tarea fácil, pero si nosotros no la hacemos, ¿entonces quién? A medida que nos acercamos al límite de recursos es un gran momento para sintonizarnos con la sabiduría de la Tierra.

Que escuchemos y encarnemos la llamada a la acción de Benyus: debemos buscar los remolinos en el río. Los remolinos son bolsas de agua tranquila que circula en un río; un refugio a la sombra de una roca. Este es un lugar en donde un kayakista puede buscar refugio para descansar o replegarse. Benyus explica que meter tu bote en un remolino es difícil: "Se necesita un *momentum* y un remo vigoroso y bien situado para girar a través de la línea del remolino y al interior de la cordura de un agua más tranquila. En la misma forma, nuestra transición a la sustentabilidad debe ser una elección deliberada de dejar la ola lineal de una economía de extracción y entrar en una ola circulante y renovable".

Momentos fugaces

Las noches en mi azotea de la selva me encuentran mirando al océano. Los pelícanos planean en círculos sin esfuerzo, cabalgando con gracia las corrientes de viento. Este despliegue juguetón desata nostalgias de Baja, donde comenzaron mis ensoñaciones para la creación de un hostal selvático.

"¡Cuidado con la fuerza aérea mexicana!", gritó Rhett mientras los pelícanos se lanzaban como flechas en el agua junto a nosotros. Me reí feliz, amando a los pelícanos, delfines, tortugas, ballenas y mantarrayas que jugueteaban junto a nuestros kayaks. Los leones marinos chillaban, los cangrejos se abrían camino repiqueteando con sus tenazas alrededor de las rocas pobladas de percebes, los coyotes aullaban toda la noche. Estas criaturas únicas llenaban mi corazón de alegría mientras me maravillaba ante el vínculo que compartimos y que se llama "vida".

EXTRACTO DE UN POEMA:
EL BIOMIMETISMO NOS LLAMA A CRECER

Por Yael Flusberg, maestra de yoga

Un manto de aserrín en las almohadas
allá por las ventanas francesas, el último remanente
de un gran olmo caído por un corte defectuoso
metastatizado hacia dentro. Ahora, todos estamos
expuestos.

La naturaleza no siempre gana, pero podemos aprender
de sus derrotas. Podemos sacar agua de la niebla,
aprender de las plantas carnívoras
de los pantanos cómo atraer lo que necesitamos.

El principio receptivo es no cortar y quemar
y perforar hasta el núcleo. Es esperar.
Es observar lo que ha aflorado a la superficie.
Por hoy basta con quedarnos quietos.

CAPÍTULO SEIS
SIMPLIFICACIÓN Y ADAPTACIÓN: ¿YA ES MAÑANA?

MI MAYOR RETO COMO EMPRENDEDOR SALVAJE HA
SIDO APRENDER A ADAPTARME A LA MENTALIDAD
MEXICANA, LA CUAL, UNA VEZ QUE LA ENTIENDES (SI
TIENES ESA SUERTE), TIENE UN PERFECTO SENTIDO.
EL TIGRE

MAPA DE RUTA DEL EMPRENDEDOR # 6

Las lecciones de esta sección son particularmente valiosas para los emprendedores salvajes que viven y trabajan internacionalmente. Sin embargo, sin importar su ubicación, la disposición a ser flexible es un activo invaluable para la longevidad de tu negocio. La adaptación es crucial para navegar por lo desconocido. En este capítulo descubrirás:

🌿 La necesidad de adaptación personal y profesional.

🌿 Tu capacidad para aprender de y fluir con la cultura que te rodea (¡crucial!).

🌿 La sencilla sabiduría del pescador mexicano.

🌿 El cambio y el reto son inevitables; la lucha es opcional.

Si el cuerpo humano se reemplaza a sí mismo con células de nueva generación cada siete a diez años, entonces mis células canadienses/estadounidenses se están volviendo mexicanas. En la última década mi ADN se ha impregnado de chile y tequila; sin duda, la cultura latina le ha agregado especias a mi vida. Y sin embargo, al principio de mi viaje selvático, mis células aceleradas y orientadas a la productividad se resistieron al cambio con todas sus fuerzas. Mientras luchaba, por fin me di cuenta de que si quería sobrevivir en este lugar tenía que adaptarme, personal y profesionalmente.

Como la cultura mexicana ahora fluye por mis venas, he llegado a ver el mundo a través de un lente totalmente nuevo. Los rígidos anteojos de marco grueso que usé en la universidad desaparecieron hace mucho tiempo, y fueron reemplazados por unos despreocupados lentes de sol. Cuando cambió el marco de referencia de mi vida, mi percepción de lo que realmente importa más en la vida se transformó también.

El árbol de la adaptación

Puede resultarte útil pensar en tu vida silvestre en evolución como un árbol. Cuando eché mis primeras raíces en México y empezó a brotar nuestro negocio familiar, yo era un ingenuo y pequeño retoño. Las raíces y el tronco de mi árbol de la adaptación brotaron cuando entendí la cultura mexicana. Esto fue seguido por dos ramas de adaptación: personal y profesional. Aunque mi intención inicial era que las ramas de mi negocio crecieran rápida y firmemente hacia arriba, con el cielo como límite, eso no era para mí. Si quería progresar en México tendría que abandonar la noción de ser como un roble o un árbol de maple, con docenas de ramas y miles de hojas. En vez de eso me convertí en una palmera con algunas frondas resistentes que se doblaban y se mecían con la brisa tropical.

Carpe diem - ¿Mañana?

Mi historia de adaptación realmente comenzó con la palabra *mañana*. Este famoso adverbio de tiempo tiene dos traducciones directas en español. Puede significar "al día siguiente"; también puede designar la primera parte del día. ¿Cuál es cuál? La ambigüedad parece ser intencional. Aquí yace el origen de la paradoja de la cultura mexicana.

Mis amigos emigrantes tienen versiones similares de cómo llegaron a entender esta piedra angular de la cultura mexicana (y distintas variantes de la "cultura del *mañana*" en todo el mundo). Mi educación sobre *mañana* comenzó cuando nos topamos con nuestros primeros problemas de plomería en la selva en 2008. Llamé a Tulo García, hijo de nuestro constructor, Adalberto. Tulo me aseguró alegremente por el teléfono: "*Sí, sí, sí*" vendría a arreglar el excusado "*mañana*". Asumí que quería decir al día siguiente en la mañana, pero el día siguiente en la mañana llegó y se fue sin señales de Tulo. Lo llamé *otra vez*.

"¡Sí, sí, Tamara, no te preocupes, voy!" o "*¡Llego en un momentito!*".

De modo que tendría que esperar. Y esperé. Y esperé. En Estados Unidos habría llamado a otro plomero/electricista, pero dado el monopolio de Tulo del trabajo de plomería/electricidad en la selva, era la única alternativa en el pueblo.

Mientras esperaba, un espectro de emociones recorrió mi ser: paciencia que se convirtió en irritación, que se volvió frustración extrema, que cedió su lugar al enojo y a la desesperación. Cuando Tulo finalmente llegó (días después), estaba tan agradecida de que mi espera hubiera terminado que lo abracé con entusiasmo, e hicimos un pequeño baile; toda la angustia había quedado olvidada.

Tulo se sumergía en su trabajo sonriendo, silbando, cantando y emitiendo tontos ruidos de animales. Parecía disfrutar su trabajo aun cuando estaba destapando el drenaje de una regadera o arreglando mi sistema de fosas sépticas. Yo lo observaba rascarse la cabeza ante los acertijos —agua hirviendo en los excusados, sistemas de raíces estrangulando nuestras tuberías de agua y otros misterios por el estilo— y se rehusaba a rendirse hasta que resolvía el problema.

Pero con su maestría vino mi humillación: ¡cómo me había hecho esperar! "Esperar a Tulo" de hecho se ha convertido en un dicho familiar que empleamos cada vez que estamos esperando a alguien que viene retrasado. Como Tulo, muchos mexicanos parecen vivir en su propia zona de huso horario. No te sorprendas si de pronto te encuentras "esperando a Tulo", en especial si decides vivir y trabajar en un país en desarrollo. La puntualidad y el servicio veloz no necesariamente son un estándar global o un objetivo.

Tulo fue el inicio sin piedad de mi educación cultural. Estiraba la ambigüedad de la palabra *"mañana"* tanto como era posible. Pero Tulo seguía recordándome: *"No te preocupes, Tamara, voy"* (finalmente).

Me rasqué la cabeza desconcertada por esta y otras extravagantes particularidades mexicanas. ¡Mientras todo el mundo está esperando que llegue *mañana*, están ocupados emitiendo ruidos locos, igual que Tulo! Además de la tardanza, el ruido innecesario utilizado me erizaba los vellos de la nuca. En el libro clásico *God and Mr. Gomez* [Dios y el señor Gómez], Jack C. Smith[30] describe un amanecer mexicano:

> *Los gallos cantan; primero con una voz tentativa, luego otra, y finalmente todo el pueblo se levanta y cacarea. Luego las campanas comienzan a sonar... y finalmente los radios se encienden en cada casa y choza, abarrotando el aire matutino con un caos de vívida música mexicana y comerciales pronunciados en un rápido español como boletines informativos del desastre.*

Esta cultura era tardada y ruidosa. ¿En dónde me había ido a meter? Claramente no estaba asimilando las cosas bien. Yo era el yin del yang mexicano. Y me adhería incondicionalmente a mi lista de pendientes y a mi estricta agenda con un vapor impaciente saliéndome por los oídos mientras esperaba a trabajadores y proveedores de servicio. Me plantaba los audífonos en un intento por bloquear el frenesí de ruido en el pueblo. Mientras me aferraba a mis valores de productividad, crecimiento, puntualidad y organización, me sentía francamente infeliz.

Choque cultural

A un año de la creación del hostal yo tenía un choque cultural, y extrañaba lo que había dejado atrás. Añoraba Middlebury —el silencioso y cuidado campus y el horario predecible y estructurado—. ¡Extrañaba hablar en inglés! Añoraba la col, beber agua directamente del grifo y poner papel higiénico en el baño. El choque cultural fue un factor que no había considerado en mis sueños de iniciar el hostal. Tú también puedes sentirte como un pez fuera del agua al meterte de lleno en un nuevo entorno, comunidad o negocio. No te sorprendas si te sientes nostálgico en varias formas. Si dejaste atrás un trabajo de escritorio y un cheque quincenal, también puedes incluso extrañar eso. El pasto siempre es más verde en el otro lado de la barda. Practica la paciencia —este nuevo viaje requerirá un periodo de ajuste.

Los emigrantes estadounidenses en todo el mundo pueden identificarse con este sentimiento. El escritor Mark Mandon, autor de *The Subtle Art of Not Giving a F*ck* [El sutil arte de que no te importe un c*rajo], explica que en sus experiencias en el extranjero hay tres fases de vivir como emigrante.[31] La primera fase es extrañar las comodidades y facilidades que había en casa. Comprobado. Yo tenía todos los síntomas.

Los topes

Los topes me sacaron violentamente de eso. Me hubiera quedado atascada en la fase uno por mucho más tiempo si no hubiera sido por los omnipresentes *topes* en los caminos. Estos imprevistos monstruos de concreto te obligan a meter freno a fondo y detenerte. Simplemente no hay forma de evadirlos. Mientras remontaba la pendiente de mi millonésimo *tope* (más o menos durante mi segundo año de vivir en México), mi enojo se disolvió y se esfumó, y fue reemplazada con aceptación y rendición. La voluntad de hierro de "Turbo Tam" había sido quebrada por la cultura de *mañana*. Estaba exhausta. Resistirte a la cultura que te rodea es un desperdicio de energía. Abre tu mente y tu corazón.

Con esta toma de conciencia, las líneas de frustración de mi cara se relajaron y mis ojos se abrieron por completo a México por primera vez. Oh, México, la tierra de las *fiestas* y las *siestas*, donde en cada comida se comen las frescas *tortillas* de maíz hechas en casa. Las calles están llenas de brillantes colores, un torbellino de olores, una vida vibrante. Los niños juegan en todas partes y la crianza es un esfuerzo comunitario. Las mujeres hacen equilibrios sobre deslumbrantes tacones altos caminando por las calles empedradas (realmente es un impresionante acto de equilibrismo). Las arracadas y los *jeans* apretados siempre están de moda aquí, y las curvas se celebran. Vaqueros y *mariachis* en atuendos con lentejuelas se reúnen a beber *cervezas* y a jugar dominó en la esquina. Los *topes* y los balones de *soccer* están en todos lados, al igual que las *telenovelas* que se exhiben en polvorientos televisores viejos lo mismo en las *tiendas*, que en los puestos de fruta, que en los hogares. La palabra *adiós* se usa para saludar o para despedirse, y en realidad, ¿cuál es la diferencia? Siempre hay tiempo para beber un coco y charlar. Mis observaciones de esta vívida cultura claramente son amplias generalizaciones, pero cuando deambulas por la calle de un pueblo tradicional mexicano te apuesto que verás al menos una de estas cosas. ¿Qué puedes esperar ver en la cultura que te rodea?

Adaptación personal

A medida que desaceleraba y observaba la cultura, ocurrió algo extraño. Descubrí el encanto en medio del caos. Entré en la fase dos de la vida del emigrante: abrí mi corazón a esta nueva cultura. Si no puedes vencerlos, úneteles, ¿no? Yo tomé la decisión de adaptarme. Y tú también tendrás que tomarla, ya sea que estés en Estados Unidos o fuera de él. Los humanos nos adaptamos continuamente al mundo cambiante que nos rodea. Tu cerebro está naturalmente inclinado a adaptarse, pero tienes que dejar que lo haga —está bien salir suavemente de tu zona de confort—. De hecho, es un hábito muy saludable de cultivar como emprendedor salvaje. "Tendrás que metamorfosearte para tener éxito; la gente rara vez entiende todo bien al primer intento. Tienes que estar abierto al cambio y moverte como te indiquen tu intuición y tu visión", dice la emprendedora salvaje Shannon Hughes, fundadora de Terra-Mar Realty.

Así que relajé mi rígida agenda y mi larguísima lista de pendientes. Ya no veía con desdén a quienes tomaban *siestas* en las hamacas. En vez de ello, instalé mi propia hamaca y la declaré mi "zona de no pasar". Aunque sentía raro cambiar una indomable productividad por tiempo en la hamaca, pronto le encontré el modo. Vamos, prueba la cultura local.

Un día, cuando invitamos a algunos niños del pueblo a la selva para pintar los letreros de nuestro sendero natural interpretativo, me cautivaron su alegría y deleite ante las cosas sencillas. Devolvieron mi curiosidad cuando me preguntaron sobre el lugar del que venía y quién era. Cuando abrí mi corazón a la comunidad y a la gente, ellos me abrieron el suyo. De pronto estaba ansiosa por entender la cultura mexicana.

No sería una tarea sencilla. Adaptarme realmente a la cultura mexicana significaría reprogramar mi cerebro. La organización, el profesionalismo y la puntualidad eran parte de mi personalidad (soy ese tipo de persona que tiene pesadillas de llegar tarde a la escuela). Así que decidí observar, aprender y ponerme en los zapatos mexicanos. Con frecuencia sentí que estaba conduciendo un auto por la playa porque me atoraba constantemente. Hacía girar las llantas con toda mi fuerza, solo para enterrarme más profundamente en un agujero de frustración. Mi única forma de avanzar era adoptar un nuevo enfoque. No fue sino hasta que uno de mis huéspedes me contó la parábola del pescador mexicano cuando de pronto todo se convirtió en un trayecto sobre una cuatrimoto.

TARA GIMMER
FOTÓGRAFA DE ROSTROS

Estudio móvil de fotografía de rostros, en un tráiler Airstream

¿Consejo?
Ten un plan.
Mantente abierto a adaptar tu plan.
Tu vida evoluciona.
Escucha lo que tu vida te dice.
¡Busca las sincronías!

¿Qué amas de ser una emprendedora salvaje?
Poder vivir en cualquier parte mientras haya un aeropuerto
e internet.

La parábola del pescador mexicano

La siguiente es mi versión de la parábola del pescador mexicano (escrita originalmente por el autor alemán Heinrich Böll):[32]

Un hombre de negocios estadounidense estaba de vacaciones en un pueblo mexicano, cuando un pequeño barco pesquero atracó en la playa. Un pescador saltó silbando a la arena y descargó varios mahi mahi (dorado). Impresionado, el estadounidense le preguntó al pescador cuánto tiempo había estado en el agua.

El mexicano levantó la vista por debajo de su sombrero, sonrió y replicó:

—Solo unas horas. Atrapo lo que necesito, un par para que coma mi familia, un par para mis amigos y algunos para vender; después me voy a casa para tomar mi siesta.

El estadounidense se rascó la cabeza.

—¿Pero qué haces el resto del día?

El pescador respondió:

—Surfeo con mis hijos, me tiendo en la hamaca, tomo tequila, bailo con mi esposa, y después toco la guitarra y juego dominó con mis amigos. Ah, sí señor, tengo una vida rica y hermosa.

El estadounidense alzó las cejas.

—Bueno, ¿sabes? Yo soy consultor de negocios y me alegraría darte un consejo. Si pasas más tiempo pescando, podrías comprar un barco más grande. Entonces atraparías más pescados ¡y hasta podrías tener toda una flotilla de barcos! Entonces podrías abrir tu propio negocio y tu propia enlatadora. ¡Controlarías todo! Podrías dejar este pequeño pueblo y mudarte a la ciudad, donde tendrías un negocio en expansión.

—¿Y cuánto me tardaría? —preguntó el pescador.

—Entre quince y veinte años —respondió el estadounidense.

—¿Y luego qué? —quiso saber el mexicano, con los ojos muy abiertos.

—Bueno, cuando llegara el momento correcto venderías tu compañía y te volverías muy rico.

—¿Rico? —preguntó el mexicano, con una risita de duda.

—¡Sí! —dijo el estadounidense—. Entonces te retirarías. Te mudarías a un pequeño pueblo pesquero, donde surfearías con tus hijos, te tenderías en la hamaca, beberías tequila, bailarías con tu esposa, y luego tocarías la guitarra y jugarías dominó con tus amigos...

Pescadores por todas partes

Me enamoré de la historia. Después de escucharla vi distintas versiones a mi alrededor. Mis empleados y ayudantes en la selva (camareras, trabajadores de la construcción, chefs, jardineros), el negocio en el pueblo, mis *amigos* mexicanos, todos parecían ser parientes lejanos del pescador. Finalmente pude entender a Tulo, el maestro de tomárselo todo con calma. Un experto en su negocio se toma deliberadamente el tiempo para resolver los misterios de la plomería y la electricidad en la selva. Encuentra la alegría de cada momento, sin importar qué esté haciendo. Su familia y su calidad de vida son su prioridad por encima del trabajo.

A medida que la historia del pescador profundizaba mi comprensión de la cultura tradicional mexicana, también reiteró la sabiduría de "menos es más", y reforzó mis valores de familia, juego, propósito, vida consciente y sencillez—personal y profesionalmente—. También estuve más segura que nunca de que no quería esperar a empezar a vivir mi vida. Para mí, el éxito sería calidad de vida, no necesariamente las cifras en mi cuenta bancaria.

¿QUÉ CLASE DE PESCADOR ERES? ♥

Pon tu cronómetro en 20 minutos. Al diseñar tu vida considera tus valores personales y el panorama general:

- 🌿 ¿Cuáles son tus valores?
- 🌿 ¿Cuál es tu equilibrio entre trabajo y juego?
- 🌿 ¿Cómo te imaginas tu estilo de vida ideal?
- 🌿 ¿Qué significa la felicidad para ti?
- 🌿 ¿Cuáles son tus prioridades? ¿Familia? ¿Trabajo? ¿Esparcimiento?
- 🌿 ¿Cuánto es suficiente? Ya hemos visto esto antes; ¡debes considerar con frecuencia esta pregunta fundamental!

Volviéndome mexicana

Cuando por fin recibí mi permiso de residencia en México en 2013, que me declaraba un residente permanente del país, me sentí orgullosa y agradecida. Este punto de referencia iba más allá de un mero pedazo de papel. ¡Me sentía mexicana! Estaba sorprendida y entusiasmada con mi transformación personal. México me había impulsado a recalibrar mis valores centrales y la vida como un todo. Como dice A.J. Jacobs, editor y autor de la revista *Esquire*: "Siempre pensé que si cambias tu mente cambias tu comportamiento, pero a menudo sucede al revés, cambias tu comportamiento y cambias tu mente". No hay duda de que vivir en México ha cambiado mi forma de pensar. ¿Cómo puede cambiarte el vivir en una nueva cultura? ¿Lo desconocido podría volverse familiar? ¿Y podrías amarlo?

Rick Kahn, un emprendedor salvaje, redujo su vida y buscó la sencillez en San Pancho. Se alejó de su demandante carrera, vendió su gran casa victoriana en Boulder, Colorado, y apretó todo lo que pudo meter en su viejo Toyota 4-Runner. Dice que esta decisión extrema "asustó a mucha gente", pero que al dirigirse rumbo al sur para diseñar su nueva vida y carrera se sintió liberado. Ahora trabaja como *coach* de negocios y describe su día perfecto en San Pancho: "surfear temprano; recibir la salida del sol en el agua con algunos amigos; un baño solar de una botella de un litro cocinada en la tabla, después sumergirme en algunas llamadas de asesoría, o en un proyecto voluntario. *Ceviche* recién hecho para comer, un poco de senderismo, caminar en la playa, montar en bicicleta, o incluso una siesta, practicar un poco de guitarra o ukelele, después encontrar un lugar para ver la puesta de sol y cenar con amigos —sencillez".

Si bien Rick tuvo una aproximación privilegiada a la sencillez (inversiones, ahorros, etc.), y estaba enfocado en reducirse, hay distintas formas de diseñar tu vida en torno a la sencillez. Muchos emprendedores salvajes han abierto pequeños negocios con muy poco capital, un destello de creatividad e ingenio, como descubrimos en el capítulo 3.

RICK KAHN
COACH EJECUTIVO Y CAPACITADOR

"Me gusta pensar en mí mismo como un refugiado económico que tomó el momento de crisis y lo convirtió en oportunidad... lo desconocido es el mejor maestro".

¿Tu negocio ha evolucionado/adaptado en la última década?

Absolutamente. Nunca imaginé que estaría trabajando a la capacidad de hoy. La sola y más significativa influencia fue dejar ir el "hacer dinero" y orientarme más hacia el servicio. Esto me permitió adquirir nuevas habilidades sin la presión del ROI [siglas en inglés de Retorno de la Inversión] en términos de dinero. Descubrí que mientras más daba por el placer de dar, más era apreciado. Me siento increíblemente motivado a seguir subiendo la barra para mí mismo, leyendo, estudiando, probando y aplicando nuevas habilidades. El valor del tiempo se volvió importante para mí, tiempo para desarrollarme, no para apresurarme.

¿Cuáles son algunos de los retos que has enfrentado como emprendedor salvaje?

No hay un pago sin cierto efecto creativo; no se trata solo de "asistir", porque no hay ningún lugar al qué asistir a menos de que estés cultivando tu propio jardín, física, emocional y espiritualmente.

¿Algo más que quisieras compartir?

Sé siempre agradecido. Claro, las cosas salen mal, se ponen difíciles, e incluso fracasas; pero la gratitud supera los obstáculos y abre el corazón y la mente a nuevas posibilidades.

Adaptación profesional

Mi recién encontrada disposición a adaptarme puede haber sido mi verdadero nacimiento como emprendedora salvaje.

Este cambio personal desencadenó un efecto dominó en todos los aspectos de mi vida profesional. La adaptación es crucial para navegar por lo desconocido. Y sí, es un poco irónico que ahora esté agradecida con la cultura de *mañana*, famosa por su falta de ética laboral, por haber fortalecido mi negocio. Yo también me he convertido en una paradoja mexicana.

La disposición a adaptarte hará que tu negocio sea más resiliente y esté mejor equipado para sortear los topes y baches que inevitablemente encontrarás. Aún más, la adaptación va de la mano con el cambio. Puedes descubrir que eres resistente al cambio, pero no le temas. El cambio puede traer altibajos, pero abraza el viaje, reúne valor cuando lo necesites, y *mantendrás* vivo tu sueño. No te estás adaptando para lidiar, estás adaptándote para progresar.

La adaptación para tu negocio puede adoptar muchas formas. Las adaptaciones del Tailwind Jungle Lodge han sido incontables en el transcurso de los años, pues hemos ajustado, reorganizado, renovado y modificado el negocio para adaptarlo a los cambios en las necesidades de los clientes, el ambiente, la tecnología, la competencia, la industria y otros factores. Ya sea que estés lanzando tu negocio en Estados Unidos o fuera, puedes aprender de nuestra experiencia. Nos hemos adaptado a:

Las necesidades de nuestros clientes/huéspedes. Recibimos un abanico de huéspedes: parejas, viajeros solitarios, familias, cumpleaños, aniversarios, bodas, retiros de yoga, retiros de acondicionamiento físico, retiros de meditación, estadounidenses, mexicanos, canadienses, jubilados, mochileros, profesionales, aventureros y más. Las necesidades varían, y hacemos lo posible para complacer y adaptarnos.

Cambios ambientales. Continuamente nos adaptamos a los ciclos naturales del ambiente que nos rodea y a los recursos.

Metas profesionales cambiantes. A medida que la industria del ecoturismo explotó en esta área, tuvimos que decidir: ¿Creceríamos con él? ¿Deberíamos? ¿Queríamos? Una vez que tuvimos la capacidad de alojar a dieciséis huéspedes, hicimos una pausa y determinamos que habíamos encontrado nuestro punto ideal en el que optimizamos el trabajo y el juego. Estábamos ocupados, pero no *demasiado* ocupados. En vez de expandir más el hostal, nos enfocamos en la calidad. El micronegocio nos satisfacía bastante.

Nota: tu porcentaje de trabajo/juego puede ser diferente. ¡Cada quien es único! También puedes descubrir que las líneas que dividen el trabajo y el juego se vuelven borrosas, en particular si tienes un trabajo que te satisface. El trabajo significativo no siempre tiene que ver con un pago. Es importante vigilarte a ti mismo todo el tiempo. Encuentra la versión de la parábola del pescador que funciona para ti. El mundo necesita pescadores, pero también hay sitio para los grandes negocios y la filantropía.

Competencia. Puesto que en nuestra área han surgido muchos hoteles y alquileres para vacaciones, la competencia es habitual. Esto de hecho nos ha convertido en un negocio más fuerte, al obligarnos a desarrollar una personalidad y marca únicas para distinguirnos de los demás.

Retroalimentación. Consultamos regularmente a nuestros huéspedes y recibimos una variedad de respuestas, tanto felicitaciones como quejas. Nunca es fácil recibir las quejas, pero sin duda nos ayudan a mejorar.

Tendencias de la industria. El *gampling*, o acampar con estilo, el ecochic y otras tendencias vienen y van. Continuamente evaluamos nuestra misión y posición.

Cambios en el vecindario. Los nuevos propietarios traen consigo nuevas dinámicas.

Sin duda, hay más adaptaciones en el horizonte. Estamos contentos con el hostal tal cual es ahora, pero no sabemos lo que nos depara el mañana. Hablando de *"mañana"*, ¿adivina quién llegó temprano el otro día? ¡Tulio! ¿Será que mis *amigos* mexicanos también se están adaptando? Tulo se ha convertido en un querido amigo con el paso de los años. Sonreímos, cantamos, silbamos, arreglamos los excusados y saboreamos los momentos sencillos que pasamos en la selva.

CHEF ALONDRA MALDONADO
FLAVORS OF NAYARIT (LIBRO)

Lema: La cocina es el tesoro no descubierto de México
"El viaje a la pasión es transformador, y como cualquier transformación no siempre es divertido. Tiene muchas aristas, pero emerges como un nuevo ser, y otras pasiones nacen a partir de ahí".

¿Tu parte favorita de la vida como emprendedora salvaje?
El sabor de la victoria, de haber logrado mi sueño.

¿Ejemplos divertidos de vivir con un presupuesto apretado?
¡Fiú! Tengo cientos de estas historias de sacrificios mezclados con "milagros". La que más me gusta es cuando mi auto decidió descomponerse, es decir, necesitaba un nuevo motor. ¡Yo no podía costear un motor en ese momento! Y así se lo dije al mecánico. Pasados unos 15 minutos,

me llamó para decirme que él y su esposa habían decidido prestarme el dinero para el motor Y que me prestarían su propio auto para que yo pudiera seguir investigando. ¡Les gustaba el proyecto de mi libro!

¿Cita favorita?

"Esto no se termina hasta que se termina".

La fase final

Indudablemente, México se ha convertido en un hogar para mí. Sin embargo, he alcanzado lo que Mark Manson describe como la fase final de la vida como emigrante: darte cuenta de que "cada cultura es una espada de dos filos". Todas las culturas tienen sus pros y sus contras.

Aunque amo a México, hay cosas que realmente no me entusiasman: la basura, los caminos peligrosos, las reglas borrosas, las drogas, la corrupción, la perpetua desorganización. Esas cosas no me obsesionan, pero son parte de este país (por supuesto, estos retos también existen en Estados Unidos y en todo el mundo). Cuando cierro el hostal en junio por la estación lluviosa veraniega, me entusiasma cruzar la frontera a Estados Unidos. ¡Hurra por la puntualidad, la practicidad, la eficiencia, la organización, la limpieza y un sistema funcional de entregas por correo! También me deleita encontrar a emprendedores salvajes inspiradores en mis viajes por Estados Unidos. Sin embargo, después de un verano de vivir al modo estadounidense con todos sus dispositivos técnicos, omnipresentes negocios, cultura de la velocidad y estima por las posesiones materiales, añoro la sencillez y las vibras relajadas de México. Cuando en octubre me dirijo al sur, agradezco cruzar de nuevo la frontera.

Tengo la suerte de dividir mi vida entre estos dos países. Mi recién encontrada habilidad de adaptación ha convertido mi estilo de vida internacional en algo deliciosamente positivo. Me he convertido en ciudadana de Norteamérica, o en lo que algunos llaman un "perro mestizo cultural". Esto me provocado ocasionales crisis de identidad. Tú también puedes sentirte confundido conforme te aventuras en lo desconocido, pero si estás dispuesto a adaptarte, encontrarás la manera, como lo hice yo. En mi vida multicultural he entrelazado la sencillez del pescador con la ambición del "sueño americano" para crear mi propia cultura: ¡la filosofía de emprendedorismo salvaje de una chica de la selva! Me rio al darme cuenta de que he llegado a celebrar la palabra *mañana*. De hecho, se ha convertido en una comodidad, en un tipo de lugar feliz al que llegamos en algún momento en el camino de la vida. O, como Jack Kerouac lo expresa en *En el camino [On the road]*:

—*Mañana* —*dijo ella*—. *Todo estará bien mañana, ¿no lo crees, Sal, cariño?*

—*Claro, nena, mañana.*

Siempre era mañana. En la semana siguiente fue todo lo que oí. "Mañana", una adorable palabra, y una que, probablemente, significa paraíso.

Tu árbol

Considera otra vez tu árbol a medida que adaptas tu vida y tu negocio a los topes y baches de la ruta que has elegido. ¿Cómo se verá tu árbol de emprendedorismo salvaje? ¿Será un alto pino que llega al cielo, con posibilidades infinitas? ¿O será más como un árbol de Josué: bajo, robusto y fuerte? Tal vez eres un sauce, feliz de solo mecerte con gracia. No te sorprendas si las ramas de tu árbol te llevan en direcciones que no esperabas —las mías sin duda lo hicieron—. Sin embargo, estoy eternamente agradecida por mi palmera de vida aquí. Creo firmemente que las ramas de mi árbol me han llevado exactamente adonde debo estar. Puedes guiar el crecimiento de tu árbol, pero confía en que tus raíces y ramas te llevarán adonde necesitas ir.

Progresando en la adaptación

No te sorprendas si de hecho descubres que estás progresando en el reto de la adaptación. La artista Janet Echleman, famosa por sus elaboradas esculturas, celebra el proceso de trabajar en condiciones cambiantes. Básicamente, ella construye esculturas que se adaptan al entorno que las rodea. Dice que tomar cada momento como viene es lo que mantiene viva su práctica como artista. Cada proyecto en el que trabaja tiene un nuevo conjunto de limitaciones, y ella debe encontrar nuevas soluciones. "Tengo que encontrar una solución que todavía no conozco [...] es lo que me entusiasma al despertar y entrar en el estudio".

La adaptación al cambio perpetuo realmente puede ser un componente clave para mantener viva la inspiración salvaje. A menudo he soñado con la posibilidad de crear Tailwind II, tal vez una versión de montaña en Colorado o en Columbia Británica —un complemento de clima frío al paraíso tropical—. He llegado a progresar en el reto de la creación. Si alguna vez llego a crear un segundo lugar, ciertamente no estaré enfocada en el crecimiento y en los signos de pesos, sino en seguir mi propósito, hacer un trabajo que me llene y explorar adónde pueden llevarme mis raíces y mis ramas. Vamos, llega a las estrellas, pero que tus metas y tu destino no te cieguen —mira al cielo mientras mantienes los pies firmes en el suelo—. Disfrutemos de nuestro tiempo aquí en la Tierra mientras lo tenemos.

DONNIE RUST
LA REVISTA *THE LOST EXECUTIVE*

Piérdete en el mundo

¿Cuál fue tu inspiración para crear *The Lost Executive*?
Solía decirme a mí mismo que quería ser rico, obscenamente rico, un millonario, y que eso me haría feliz. Pero estaba equivocado. La verdad es que son ideas mucho más simples las que me motivan, y son la fuerza motora detrás de *The Lost Executive*.

¿Consejo?
La planeación es esencial, pero al mismo tiempo prepárate para tirar tus planes y reescribirlos. Tienes que ser determinado, pero también ser capaz de girar. Tienes que ser

capaz de trabajar duro, con inteligencia. Ser exitoso no se trata de ser el soñador más grande o el más inteligente. Ni siquiera tienes que ser creativo. Si tienes la capacidad de sentarte y enfocarte en completar una tarea a la vez, eres organizado.

¿Tu frase motivacional favorita?
"Lo que sea que quieras en la vida, solo hazlo al cien por ciento".

Haz lo que amas, ama lo que haces

Cuando surfeo, bebo tequila y miro la puesta de sol con mis *amigos* emprendedores salvajes, veo los hilos comunes que nos conectan: hemos creado negocios que hacen el bien para nosotros mismos, para nuestra comunidad y para el mundo natural. Tenemos grandes metas, impulso y propósito, pero prosperamos en la sencillez y el equilibrio saludable entre el trabajo y el juego. Surcamos las olas del cambio en nuestras vidas salvajes, y nos apoyamos unos a los otros al pasar por los topes. Cuando nos quedamos atorados en la arena, ¡saltamos a la defensa trasera, brincamos arriba y abajo, y reunimos a nuestros *amigos* para que empujen! Todo es parte de adaptarse a cualquiera que sea la aventura que el día traiga consigo. Todos somos pescadores bendecidos con la chispa de la ambición del emprendedor salvaje. Hacemos lo que amamos, y amamos lo que hacemos.

JEN McCARTHY, BLUHOUSE MARKET AND CAFÉ, VANCOUVER, CANADÁ

Delicioso. Orgánico. Local

Describe tu día perfecto como emprendedora salvaje.

¡Ja! No hay un día perfecto. Todos los días son diferentes. Justo cuando piensas "¡Ya lo tengo!", ¡bum!, algo aterriza a tus pies y estás lidiando con nuevas habilidades de resolución de problemas que no sabías que tenías. Y hay momentos en que el flujo es tan bueno y todo el trabajo sale bien y el equipo solo tararea, y todo lo que puedes sentir es el amor que rezuma a través del sueño que has creado. En esos momentos hago una pausa y me digo: "De esto se trata todo esto". Un día perfecto es cuando esos momentos pesan más que aquellos en los que estás enloqueciendo un poco y te rascas la cabeza pensando: "¿Cómo voy a lidiar con esa bola de #@$!?".

¿Este trabajo es tu pasión?

¡Sí! Dejar atrás una carrera corporativa de veinticinco años significó arriesgar mucha estabilidad para salirme de esa zona de confort y ser honesta acerca de lo que me hace feliz. Romper en pedazos las expectativas externas de estatus y bajar tu estilo de vida para subir espiritualmente. Trabajar y vivir en sintonía con mis valores me mantiene motivada. Cuando mi negocio es una plataforma de expresión y creación y valores en acción, es lo mejor. Como tu propio jefe debes decidir a qué le dices sí y cómo eso apoya tu visión o hace avanzar el negocio. El hecho de que las oportunidades sean ilimitadas (restringidas solo por el tiempo y el dinero y por la necesidad de priorizar) es bastante genial.

¿Consejo?

Toma tiempo construir un buen equipo. Ellos son el corazón del negocio. "Cuida a tu gente y ellos cuidarán tu negocio". Y cuando algo tóxico empieza a crecer en ese espacio, arráncalo como si fuera una mala hierba antes de que eche raíces. ¡Protege lo que amas!

CAPÍTULO SIETE
INVIERTE EN TI MISMO
TÚ, TÚ MISMO, ASÍ COMO CUALQUIERA EN EL UNIVERSO
ENTERO, MERECE TU AMOR Y TU AFECTO.
BUDA[34]

Invierte en ti mismo

¿EXHAUSTO? NO, GRACIAS. ¿SALUD RADIANTE? ¡SÍ, POR favor! El emprendedorismo salvaje gira en torno a la calidad de vida. Cuidarte a ti mismo es un elemento integral que empieza ahora. La base de tu negocio no significa nada sin un sólido capital humano.[35] Así como inviertes en tu negocios, también debes invertir en ti mismo —los depósitos en tu cuenta bancaria de salud son cruciales—. Si haces del autocuidado una prioridad, tendrás éxito donde tantos emprendedores han fracasado. Sin esta pieza del rompecabezas, todo está perdido.

MAPA DE RUTA
DEL EMPRENDEDOR SALVAJE # 7 ♥

Este capítulo, sumamente interactivo te equipará con un carcaj de herramientas para sustentar tu propia nutrición holística de por vida como emprendedor salvaje. Un enfoque preventivo para el bienestar te ahorrará muchas aflicciones —más vale prevenir que curar—. En este capítulo nos enfocaremos en:

- Alimento primario: nutrición más allá de lo que te llevas a la boca.
- Dejar ir retos pasados de salud y hábitos autodestructivos.
- Visualizar tu mejor versión, establecer metas y crear hábitos sustentables de salud.
- La esencia de la nutrición y el autocuidado holísticos.

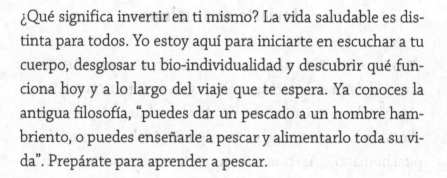

¿Qué significa invertir en ti mismo? La vida saludable es distinta para todos. Yo estoy aquí para iniciarte en escuchar a tu cuerpo, desglosar tu bio-individualidad y descubrir qué funciona hoy y a lo largo del viaje que te espera. Ya conoces la antigua filosofía, "puedes dar un pescado a un hombre hambriento, o puedes enseñarle a pescar y alimentarlo toda su vida". Prepárate para aprender a pescar.

NICOLAS BLEVINS
ACUPUNTURISTAS EN SAN PANCHO, MÉXICO

"Un negocio salvaje es una extensión de ti mismo. Haz el trabajo interno. Mientras más saludable y equilibrado estés como individuo, más exitoso serás".

¿Qué has aprendido de tu viaje?

Si algo he aprendido con esta medicina es que la curación no es algo lineal. Creo que esto es cierto para los negocios y para la mayoría de las cosas en la vida. Todo viaje tiene momentos de expansión y momentos de concentración. Aprender a reconocer estos momentos y ajustarse a ellos conduce al éxito y estabilidad a largo plazo.

¿Consejo?

¡Córtate la cabeza! Obviamente, necesitas planear y ser inteligente, pero para tener éxito en un negocio salvaje debes liderar con tu corazón, con tu intuición y con inspiración. La gente a tu alrededor podrá pensar que estás siendo descuidado. Pero para tener un éxito fuera de lo común necesitas pensar, sentir y actuar fuera de lo común. También, date la libertad de medir el éxito en distintas formas. Ser un emprendedor salvaje no se trata solo de dinero.

¿Cuál es tu parte favorita de ser un emprendedor salvaje?

Dada la definición de emprendedor salvaje tengo que decir que mi parte favorita de ser uno es darme cuénta de que lo soy.

La historia-cicatriz de Shanti, una historia de amor

AMARSE A UNO MISMO ES EL INICIO DE UN ROMANCE
PARA TODA LA VIDA.
OSCAR WILDE[36]

Permíteme presentarte a Shanti Tilling, fundadora de SweatPlay-Live. Shanti guía retiros, imparte entrenamiento militar básico, da clases de mueve-tu-asana y es entrenadora personal. También ha sido una fuente infinita de inspiración y motivación para mí personalmente. Shanti lleva camisetas sin mangas que dicen "Amo a los cachorros y los tacos" y me guía a través de sesiones de EIAI (entrenamiento de intervalos de alta intensidad) en la playa que me dejan cubierta de arena y sintiéndome gloriosamente viva. Cuando la vida como emprendedora salvaje se pone ruda, no hay nada como una buena sudada con Shanti y mis *amigos* locales para ayudarme a recuperar mi equilibrio.

El lema de Shanti es "encuentra aquello que te mueve", y claramente personifica esto en su vida. Como exmodelo, su apariencia física es deslumbrante, pero es su belleza interior la que es realmente cautivadora. Ella es el epítome del equilibrio y el bienestar e irradia un contagioso amor por la vida. Sin embargo, no siempre ha sido así; el viaje de salud de Shanti es una lección para todos nosotros.

En su conmovedor artículo, titulado "Cicatriz-Una historia de amor",[37] Shanti cuenta que cuando era muy joven estaba viviendo su sueño —entrenamiento personal y volar en jet a lugares exóticos con sus clientes en todo el país y el extranjero—. Daba clases de acondicionamiento físico en dos grandes estudios de filmación en el Área de la Bahía, y era modelo de ropa deportiva en su tiempo libre. Y sin embargo, escribe, "aunque mi exterior se veía increíble, mi interior era un asqueroso desastre lleno de baja autoestima, y un medidor de autoestima fijo en cero. Castigaba a mi cuerpo entrenando de más para carreras de bicicleta de montaña, Muay Thai (*kick-boxing*) y carrera de montaña. Incluso el yoga era una plataforma para el autoabuso, ya que me reprochaba si no lograba hacer *chaturangas* dobles en cada clase de yoga *vinyasa*. Ahora me doy cuenta de que llevé a mi cuerpo a esos extremos para acallar mi tormenta interior".

A los treinta años su vida soñada se derrumbó por los suelos cuando le diagnosticaron un tumor pancreático. Poco después de una cirugía milagrosamente exitosa, escribió en su diario: "Creo que esto es lo que la gente quiere decir cuando habla de tener una segunda oportunidad. Soy una de las afortunadas... Estoy tan agradecida por esta oportunidad de comenzar realmente a vivir mi vida".

Ahora reflexiona: "Mi tumor fue una herida autoinfligida por contener treinta años de dolor emocional". La cirugía la dejó una cicatriz en el abdomen que es un signo de paz. "Irónico", dice, "porque hasta ese momento nunca me había sentido en paz cuando se trataba de mi estómago: me estremecía ante la sola idea de que me tocaran, y aprovechaba cualquier oportunidad para bajarme la camisa. También es irónico que mi nombre, Shanti, sea la palabra hindi para *paz*. Finalmente he aceptado mi cuerpo con todo y cicatrices por lo que es: mío. Ahora me doy permiso de ser solo yo. En vez de hacer, empujar y forzar, siento. La verdad es que todos tenemos cicatrices. Tus cicatrices son medallas de honor. Un recordatorio de que enfrentaste un reto, caminaste a través del fuego, combatiste tus demonios, recibiste lecciones, y sobreviviste".

Cambio saludable

Saquemos fortaleza de la historia de Shanti. Todos tenemos cicatrices, imperfecciones y demonios, ¿por qué no adueñarnos de ellos, aprender de ellos y usarlos para hacernos más fuertes? En palabras de Leonard Cohen: "Hay una grieta en todas las cosas. Así es como entra la luz".[38] Teniendo en mente la sabiduría de Shanti, tómate un momento para reflexionar sobre tu propia historia de salud, tu verdad. Aquí no hay ego ni juicios. Toma tu cuaderno, vamos a explorar tres elementos en tu historia de salud:

* **Pasado.** Reflexionar sobre tus pasados retos, hábitos autodestructivos, tendencias y disparadores te dará una idea de aquello en lo que necesitas trabajar.

* **Tu mejor versión.** Enfocarte en los momentos de tu vida en que te sentiste de lo mejor iluminará prácticas de autocuidado que te funcionan.

* **Hábitos holísticos de salud.** Integrar hábitos saludables en tu vida ahora hará toda la diferencia en tu capacidad de progresar a lo largo de tu viaje como emprendedor salvaje.

¿CUÁN A MENUDO RECARGAS TU CELULAR?

Arianna Huffington, cofundadora de *The Huffington Post* y autora de *Thrive* [Prospera], sugiere tratar nuestros cuerpos como tratamos a nuestros celulares. "Todos somos exquisitamente conscientes de la rutina de recargar nuestros teléfonos… Y sin embargo, en el otro lado de la moneda, dejamos que nuestros cuerpos y mentes y almas se agoten hasta que se apagan".

¿Qué debes hacer para recargar tus baterías regularmente?

Fuente: ***Huffington Post***

Mi historia

Trazaré aquí la senda con un breve ejemplo para reflexionar sobre nuestro yo pasado. Yo me di permiso a mí misma de ser yo, cruda y real, con cicatrices emocionales y todo. Aquí va.

Como Shanti, mi vida soñada se derrumbó en el suelo a dos años de la creación de mi negocio salvaje. Los hábitos autodestructivos que había cultivado en la secundaria (fui víctima de las revistas de belleza) se vinieron conmigo a la selva. Luché con la anorexia, la obsesión superficial y horrendos ciclos de atracones y ayunos que se convirtieron en mi oscuro secreto. Aunque parecía estar bien físicamente, el acné causaba estragos en mi cara, revelando mi lucha interior. La inflamación interna inevitablemente se manifiesta externamente. Me sentía como si me hubieran exprimido la energía, como una esponja que aprietas hasta dejarla seca. No tenía motivación, no tenía confianza, definitivamente no disponía de encanto para mis huéspedes. Aunque anhelaba desplomarme y esconderme, tenía un negocio que dirigir. Ya no podía negar mis problemas de salud. Convertirme en una emprendedora salvaje pudo muy bien haber salvado mi vida en última instancia. ¿Podrá tu negocio salvaje empujarte a confrontar tus propias debilidades y retos de salud?

Aceptación; sé defectincreíble

En mi tiempo a solas en la selva me di cuenta de que tenía un problema: necesitaba ayuda. No tenía idea de qué comer, cómo cuidarme a mí misma, cómo amarme a mí misma. Cuando estuve lista para pedir ayuda empezó el camino a la curación. "La aceptación es el camino a la recuperación", dicen en Alcohólicos Anónimos. Encontré la guía que anhelaba en un programa del Instituto de Nutrición Integral (INI). Estoy encantada de pasarte lo que aprendí.

Ahora es tu turno de compartir. ¿Algunas partes de mi historia o de la de Shanti te suenan? Independientemente de la gravedad o naturaleza de tus retos de salud, seamos defectincreíbles (defectuoso + increíble). Aceptar nuestras debilidades y permitirnos ser vulnerables, crudos y reales es algo que marca el verdadero inicio del proceso de curación. Esto debería ser un alivio: no hay que sentir vergüenza o fingir.

El pasado: una ventana a tu bioindividualidad ♥

Toma un bolígrafo, vamos a invertir algún tiempo desglosando tu yo pasado y considerando tu bioindividualidad. Escribe en la parte superior de la página: "Me doy permiso de ser yo: en crudo, real, cicatrices y todo".

Tómate cinco o diez minutos para hacer una lluvia de ideas sobre cada pregunta. Pon un cronómetro. Aunque pienses que ya terminaste o no, si te detienes un poco en estas preguntas, nuevas ideas surgirán. Date la oportunidad de reflexionar profundamente.

* ¿Cuáles retos de salud he tenido en el pasado? ¿Cuándo comenzaron?
* ¿Qué provocó esos retos? ¿Fueron autoinfligidos? ¿Genéticos? ¿Pudieron haberse prevenido?
* ¿Cómo resolví esos problemas? ¿Qué aprendí de mi experiencia? ¿He consultado con un proveedor de salud conocedor?

* ¿En qué forma es único mi cuerpo?
* Más recientemente, ¿cómo me cuidé ayer? ¿Hice de mi salud una prioridad?
* ¿He tenido disparadores y/o hábitos destructivos?

Si has sido honesto en tus respuestas y reflexiones, ¡buen trabajo! Has pelado capa por capa tu cebolla de la comprensión de tu cuerpo único.

DEJEMOS IR ESA MI*RDA

Como dicen mis maestros de yoga en el hostal: "¡Es momento de dejar que esa mierda se vaya!". Escribe todas las cosas que ya no te sirven, enciende una vela y quema esa hoja de papel. Repite el mantra "libero" durante el proceso. Cuidado, no te quemes los dedos, ten un tazón de agua a la mano para tirar los restos.

Tu mejor versión ♥

Y ahora, la diversión: ¿cuándo te has sentido mejor en tu vida? Tómate un momento para reflexionar y echar un vistazo a tu mejor versión. O, si ahora te estás cuidando bien, celébralo y deja que el *momentum* saludable continúe. Esta es una parte clave de tu historia. De nuevo, pon un cronómetro cinco o diez minutos y reflexiona:

* ¿En qué momento de mi vida me sentí mejor?
* ¿Dónde estaba?
* ¿Cómo me estaba cuidando?
* ¿Mi cuerpo y mi mente estaban equilibrados?
* ¿Con quién estaba?
* ¿Qué clase de trabajo estaba haciendo?
* ¿Qué estaba comiendo?
* ¿Cómo movía mi cuerpo?

Reflexiona y desglosa tus mejores momentos de bienestar. ¿Puedes ver algunos patrones que te den una idea de lo que mejor te funciona? ¿Cómo puedes traer esa sabiduría a tu vida actual? ¿Cómo puedes recrear ese nivel de bienestar?

La epifanía de Baja

Mi gran momento ¡ajá! de la salud llegó mientras estaba haciendo kayakismo en Baja (fase de ensoñación). Era una naturaleza sin espejos, una tierra libre de presiones sociales y un breve aplazamiento de mi obsesión con mi apariencia. A la naturaleza ciertamente no le importaba cómo me veía. En vez de obsesionarme con mi imagen, viví en modo supervivencia —momento a momento, enfocada en cuidar mi cuerpo para que pudiera dar su mejor desempeño—. Energía, fuerza y salud era cruciales para la travesía.

En ese tiempo capté una imagen fugaz de mí misma en el espejo. Las pecas habían invadido mi cara y el agua salada había apelmazado mis trenzas en rastas que se retorcían como las de Pipi Calzaslargas. Aunque me veía como una criatura

194

salvaje que se había perdido en el mar, sentía que por fin me había encontrado a mí misma —estaba más cómoda dentro de mi piel que nunca antes—. Tuve un vistazo de una mejor yo; una probada de salud pura y real. Aunque al principio no pude llevar esta perspectiva conmigo a la selva, cuando comencé mis estudios en el INI, el estado mental que había experimentado en Baja fluyó de regreso.

TALIA POLLOCK
PARTY IN MY PLANTS

Coach de salud, *podcast* y recetas
Lema: Sacando lo negativo de la vida saludable

¿Cuál fue tu inspiración para crear Party in My Plants?

Yo creé Party in My Plants para infundir un aire fresco y divertido en el espacio, a menudo demasiado serio, de la vida saludable. Durante casi toda mi vida he tenido una pasión por la comedia, por actuar y escribir, y originalmente estaba decidida a volverme comediante profesional en este mundo. Pero en el camino me tropecé con la alimentación saludable (específicamente ¡comer plantas!), lo que cambió radicalmente mi vida y me ayudó a superar casi una década de problemas de salud. Perseguir solo una de estas pasiones —la comedia, pero no la alimentación saludable, o la alimentación saludable, pero no la comedia— se sentía como si me cortaran una pierna o viviera en el clóset, así que decidí fusionar ambas, ¡y así nació mi marca humorística de vida saludable, Party in My Plants!

Describe tu día perfecto.

Mi día perfecto como emprendedora salvaje varía mucho, lo cual es un cliché, y también en la forma en que se mantiene la parte "salvaje" de la ecuación. La vida del emprendedor es salvaje, y rara vez hay uniformidad para mí, pero mis días favoritos siempre están marcados por la meditación e incluyen movimiento y tiempo para mí a primera hora de la mañana. Es una combinación de entrevistar invitados para mi podcast, grabar un video de cocina, escribir un libro en proceso, nadar para salir de la parte honda del correo electrónico, tener llamadas de *coaching* con clientes o reuniones con colaboradores, salir a una conferencia o evento, o probar una receta con amigos, con un audiolibro o un podcast sonando en el fondo. Y plantas. Siempre hay montones de plantas que son devoradas entre esas cosas.

¿Esta es tu pasión? ¿Qué te mantiene motivada?

No habría forma de seguir haciendo este trabajo dentro de cuatro años si no me sintiera tan profundamente apasionada por él, ¡porque definitivamente no ha sido un camino fácil, ni rápido ni exento de lágrimas! Lo que me mantiene motivada es saber, a través de mi instinto, oleadas de éxito y notas literales de mi audiencia, que esto es verdaderamente lo que estaba destinada a hacer con mi vida: inspirar a la gente a cuidarse mejor para que pueda vivir su mejor, increíble vida, y saber que lo último que quiero en el mundo es un "empleo real". ¡Después de años de trabajar sin jefe y sin *bra*, nunca podría no trabajar para mí misma!

¿Consejo?

Los ingredientes de mi batido de éxito en los negocios son: saca aquello para lo cual estás únicamente dotado, combínalo con aquello que te apasiona en extremo, rocía una razón sólida de por qué quieres hacer ese trabajo que se relacione con aquellos a quienes deseas profundamente ayudar, ignora o contrata por fuera lo que te pesa, agrega algo de matcha y licúa hasta que esté cremoso. Bébelo diariamente.

¿Qué quisieras haber sabido?

Lo importante que es la pieza de la paciencia para el rompecabezas. Y la persistencia. Creo que hubiera derramado menos lágrimas si hubiera tenido tanta paciencia para el éxito de mi negocio como la tengo para el Departamento de Licencias.

¿Cuál es tu parte favorita?

¡Me encanta construir sobre la marcha! Y me encanta ser capaz de infundir el 100% de mí al 100% de lo que hago, así que las líneas entre "trabajo" y "juego" se vuelven borrosas. Algunas personas podrían decir que no es saludable no tener límites claros entre el "juego" y el "trabajo", pero creo que difuminar las líneas me ha provocado vivir verdaderamente cada día más plenamente y sentirme más realizada internamente de lo que pude imaginar, siempre que apague la tecnología de vez en cuando.

Hábitos holísticos

Ahora que has considerado tus retos de salud pasados junto con lo que te ha permitido ser tu mejor versión, construyamos sobre ese entendimiento con algunas prácticas holísticas de salud. Nota que aunque no hay un remedio universal para la salud, hay tres conceptos centrales que debemos integrar diaria y conscientemente a nuestras vidas como emprendedores salvajes para mantener el equilibrio.

UNO. ALIMENTO PRIMARIO

La nutrición empieza mucho antes de que des una mordida. La comida es importante; te llenará, pero no te hará sentirte pleno, explica Joshua Rosenthal, fundador del INI. Rosenthal nos alienta a "recordar una época en la que estabas profundamente involucrado en un proyecto excitante. Creías en lo que estabas haciendo y te sentías seguro y estimulado. El tiempo pareció detenerse. El mundo de afuera se difuminó". O "piensa en esa época en que estabas apasionadamente enamorado. Todo era excitante. Los colores eran vívidos. Flotabas en el aire mirando a los ojos de tu amado. Su contacto y sus sentimiento compartidos de euforia eran suficientes para sostenerte". [39] Estabas intoxicado de vida.

Si puedes relacionarte con esos sentimientos, entonces sabes lo que significa sentirte nutrido sin comida. Esto es lo que se llama "alimento primario". El amor y la inspiración son dos tipos profundos de alimento primario. Otras fuentes incluyen el ejercicio, la carrera, las relaciones, la creatividad y la espiritualidad. Dale un vistazo el Ejercicio del Círculo de la vida[40] de la siguiente página para revisar tu alimento primario. Califica las áreas de tu vida con un punto en la línea. El centro del círculo es 0 (puntuación baja), el perímetro es 10 (puntuación alta). Cuando termines, conecta los puntos para ver qué estás haciendo bien y qué es lo que necesita algo de atención. ♥

Shannon Hughes, veterano emprendedor salvaje, dice qué él encuentra alimento y equilibrio en "puestas de sol, libros, música y baile, incluso si bailas a solas". Para Shannon, mirar el atardecer todos los días es una prioridad que hace posible su vida como emprendedor salvaje. "Considero mis puestas de sol muy similares a la meditación, con un estallido de insensata belleza. Si no fuera por esos 45 minutos de silencio lleno de belleza cada día, dudo que pudiera lograr todo lo que hago", dice Hughes.

DOS. SINTONÍZATE

Hazte un tiempo diariamente para escuchar a tu cuerpo. ¿Qué significa eso? La sangre fluye por tus venas, tu estómago está digiriendo tu comida, tu cerebro está creando tus pensamientos. ¡Somos milagros ambulantes! ¿Pero cómo nos sintonizamos con lo que está pasando dentro de nosotros? Hay algunas formas bastante simples de sintonizar con la inteligencia de tu cuerpo, señalar desequilibrios y descifrar sus sutiles mensajes. Primero, tómate un descanso de la cultura de la velocidad —desacelera, respira, haz a un lado la tecnología—, y escucha los siguientes consejos para seguir sintonizándote.

CONSEJOS PARA ESCUCHAR A TU CUERPO ♥

- **Antojos de comida.** Azúcar, sal, cremoso, crujiente. Pueden indicar desequilibrios hormonales o minerales, cambios estacionales o deshidratación. Tus antojos son ventanas a tu cuerpo y tu mente.
- **Desglosa tus antojos, entiéndelos.** "Los antojos solo nos soltarán cuando nos comprometamos a detenernos, escuchar y aprender de ellos", dice Alexandra Jamieson, experta en antojos. Y agrega: "Cuando seguimos ciegamente nuestros antojos, sin preguntarnos qué significan, es como dar un martillazo cuando lo que se necesita es el toque de una pluma".
- **Los blancos de tus ojos.** Si están amarillentos o enrojecidos esto puede indicar desequilibrio. Mírate a los ojos. ¿Qué es lo que ves?
- **Color de la lengua.** El rosado es saludable, el rojo puede indicar inflamación. Saca la lengua. ¿Qué es lo que ves?
- **Calidad de la piel.** La irritación puede indicar sensibilidades a la comida o desequilibrio hormonal.
- **Digestión.** Debe ser fluida, cómoda y regular. (No temas mirar tu popó).

- **Niveles de energía.** ¿Consistentemente tienes baja energía? Algo puede estar desfasado.
- **Claridad mental y estado de ánimo.** La niebla en el cerebro puede indicar que es momento de desintoxicarte.
- **Sensibilidad a la comida.** ¿Gluten, lácteos, soya, azúcar? Hazte una prueba de alergia a los alimentos para ver cuáles pueden disparar un desequilibrio en tu sistema. La sensibilidad a la comida puede ser causa de todas las dificultades anteriores.
- **Tipos corporales.** Existen muchas pruebas que te ayudarán a entender tu tipo de cuerpo único: ayurvédico, metabólico, sanguíneo y pH (equilibrio ácido/alcalino) son mis favoritos.

Si descubres que cualquiera de estas áreas está desequilibrada, trata de hacer una limpieza suave (jugos verdes, mucha agua, hierbas limpiadoras; elimina lácteos, soya, gluten, azúcar, cafeína, alcohol, etc. Hay muchas limpiezas que puedes hacer tú mismo). Si persiste el desequilibrio considera buscar el apoyo de un *coach* de salud o un naturópata, ya sea en el sitio donde vives o en línea.

TRES. FUNDAMENTOS DE LA BASE NUTRICIONAL

¡Por fin hablemos de comida! Cada comida es una oportunidad de tener una conversación contigo mismo acerca de los alimentos que apoyarán el bienestar, hoy, mañana y en los años por venir. Adopta decisiones saludables y un enfoque preventivo ahora al incorporar lo que sigue en tu vida diaria.

Vegetales de hojas verde oscuro: los alimentos más nutricionalmente ricos del planeta, y también los más olvidados en las dietas modernas. Cuando te nutres con estos vegetales, naturalmente desplazarás a los alimentos que te enferman.[41] Verde por dentro = limpio por dentro. Los vegetales verdes apoyan la digestión saludable y te ofrecen energía limpia, de calidad y estimulante (más una plétora de otros beneficios de salud). ¿No amas las ensaladas? Hay muchas formas deliciosas de comer vegetales verdes: batidos, como botana, sopas y más. ¿Ya comes vegetales verdes? ¡Diversifícate! La col rizada (kale) es una tendencia, pero hay tantas otras: espinacas, arúgula, mostaza morena, algas marinas, repollo, etc. ¡Hay montones de recetas deliciosas allá afuera! Visita Wildpreneurs.com/health para ver mi receta favorita de vegetales verdes, que es sencilla y rápida. ♥

Filosofía de alimentos enteros: enfoca tu dieta en alimentos enteros, como es la intención de la naturaleza. No comas nada que tu abuela no reconocería, dice Michel Pollan, autor y experto en reglas de alimentación.[42] Los alimentos enteros son una entrada a una vida completa. Tu cuerpo aprecia el combustible simple y limpio como frutas, verduras, nueces, semillas, frijoles, granos enteros, pescado y carnes sustentables (si la carne te funciona). Hay tantas opciones deliciosas que no puedes equivocarte. Haz lo posible por evitar los elementos chatarra y empacados, ya que son una trifecta de azúcar, sal y grasa procesadas, diseñada para engañar a tu cerebro para que pierda la capacidad de discernir lo que está ingiriendo (y hace imposible que te sintonices con tu cuerpo).[43]

Régimen diario: H_2O, oxígeno, luz de sol, sueño, movimiento. Estas son las partes básicas pero esenciales de tu ecuación de nutrición.

SHANTI TILLING
SWEATPLAYLIVE

Diez claves para la salud del emprendedor salvaje

1. ¡Tú no eres lo que comes, eres lo que absorbes! Si estás comiendo bien pero no estás absorbiendo todos los nutrientes, tu salud (mental, física, sueño, etc.) puede sufrir. Recomiendo mucho hacerte una prueba de sensibilidad a los alimentos o hacer una dieta de eliminación para que te quede muy claro los alimentos que son correctos para ti.

2. Duerme. En serio. Ten tus siete-ocho horas. No puedes desempeñarte a toda tu capacidad como emprendedor salvaje o en ningún aspecto de tu vida si estás crónicamente cansado.

3. Encuentra un ejercicio que AMES. Hacer ejercicio no debería ser una obligación. Si no amas tu rutina de ejercicio, sigue buscando. Hay tantas formas de mover tu cuerpo. Ya sea ciclismo de montaña, frisbee golf, CrossFit, barra, o solo bailar en tu cuarto durante media hora, ¡disfrútalo!

4. Programa "citas" de ejercicio. Grábalas a fuego en tu calendario.

5. Ten un Plan B. Va a haber momentos en que un niño se enferma o tu reunión se atrasa, y no podrás hacer tu ejercicio. Ten un video de ejercicios, una corrida regular, una segunda sesión de ejercicios o un plan de ejercicios escrito que puedas hacer en casa. Evita poner pretextos.

6. Planea una diversión para cada día. La diversión no es solo para los fines de semana. Para mí, el ejercicio es divertido, así que mato dos pájaros con la misma piedra

(ver #3). Mis amigas y yo tenemos nuestra Noche de Pelea de Miércoles de Tacos. Boxeamos, comemos tacos y después vemos una película. Igual no tienes cuatro horas para dedicarlas a divertirte, pero trata de planear al menos diez minutos (¡de los 1 440 que tiene el día!) de alegría en tu día.

7. Salte de tu zona de confort. Esta es ruda para mí. Yo vivo según la frase de Eleanor Roosevelt: "Todos los días haz algo que te asuste". No tiene que ser saltar de un avión. El yoga aéreo, o solo hacer una llamada telefónica incómoda pueden resolver el problema. Pero cuando retas a tu cuerpo o a tu mente físicamente creces emocionalmente.

8. Intenta nuevas cosas. Nunca se es demasiado viejo. ¡Incluso puedes hasta encontrar una nueva "cosa favorita"! Tener nuevas actividades estimulará las neuronas de tu cerebro, y eso siempre es algo bueno.

9. Respira con agradecimiento. Yo me tomo algunos momentos al día para sentirme agradecida. A veces es durante mi meditación matutina o cuando saco a pasear a mis perros. Respiro profundamente y le doy gracias al universo por x, y, z. ¡Siempre hace que mis días no tan buenos sean mejores, y que mis días buenos sean increíbles!

10. Respira un poco más. Yo estoy en serio por la respiración. Puedes usar tu respiración para calmar tu mente en medio de un día loco (o clase de yoga), o puedes usar tu respiración para dar poder y energía a tu cuerpo. Está comprobado que las exhalaciones largas calman tu sistema nervioso. También respiro para empoderarme. Mis amigas cercanas se burlan de mí, porque antes de hacer algo "grande", como lanzarme en mi bicicleta por una pendiente inclinada o hablar en público, siempre hago una gran (ruidosa) y rápida exhalación antes de comenzar.

Bono: ¡Tu vibra realmente atrae a tu tribu! Cada persona, animal y cosa en esta Tierra es energía. Todos tenemos una vibración, sea positiva o negativa. Los consejos anteriores son formas de elevar tu vibración. Al comer saludablemente, tener un sueño de calidad, moverte en formas que te alegren, y estimular tu mente, estás creando energía positiva y elevando tu vibración. En este caso, los iguales se atraen, y tú atraerás a otras personas o cosas que vibran en tu mismo nivel.

Metas realistas

Ahora que tu panorama general está completo, visualiza tu salud en el futuro. ¿En qué necesitas trabajar? ¿Cómo invertirás en ti mismo y harás del autocuidado una prioridad? Así como escribiste tu plan de negocios, crea un plan de salud para que te sirva de guía. Regresa a tu Ejercicio del Ciclo de la Vida y considera en qué áreas tienes que trabajar. Visualiza en dónde quieres que esté tu salud en seis meses, y después ve hacia atrás. Comienza en grande (por ejemplo, quiero perder X kilos) y divídelo en pasos a tomar. Fijar metas es un arte, como hicimos profesionalmente en el capítulo 4. Trata de fijar personalmente tus metas SMART.

Como siempre, no dudes en buscar apoyo en tu viaje. Mantenerte en el carril con respecto a tus metas de salud y acondicionamiento físico puede ser difícil. Considera trabajar con un *coach* de vida o de salud, unirte a un programa de apoyo grupal que resuene contigo, o usa a un amigo o a un colega emprendedor salvaje como un compañero de confianza.

Lo sagrado de la juerga

Las *siestas* y las *fiestas* también son formas de invertir en ti mismo. "Lo sagrado de la juerga", como dice Jungle Judi, seguido por "¡todo con moderación!". Juega, come chocolates, brinda con tu margarita, ríe, esto nutrirá a tu cuerpo, tu mente y tu alma. Tu salud es tu activo más importante, atesórala. Que conectar tu teléfono inteligente sea también un recordatorio de recargar tu batería personal. La salud de tus resultados y tu salud personal están alineados. Vuelve una y otra vez a las notas que hiciste sobre este capítulo. Vivir saludablemente como emprendedor salvaje comienza *ahora* y seguirá cada momento de tu vida de ahí en adelante.

DR. KENDALL HASSEMER, ND
NEURÓPATA

Educador de salud, yoga y mentalidad

"Siempre sigue tus sueños y a tu corazón, incluso cuando parezcan estar arrastrándote por el lodo. Puedes salir un poco más sucio, pero con una enorme sonrisa en la cara por hacer lo que amas y traer tu luz y tu influencia a este mundo".

¿Cuáles son algunos de los retos que has encontrado como emprendedor salvaje?

Estamos abriendo brecha para nuestro viaje y el espíritu creativo que puede estar unos pasos atrás de nosotros en su propia empresa de negocios, mientras circulamos simultáneamente a toda velocidad por la autopista de cuidar nuestra presencia física y en las redes sociales, haciendo papeleo y calculando los impuestos, creando contenido y profundizando nuestro conocimiento en nuestro respectivo oficio. Equilibramos todas estas exigencias mientras mantenemos (sin esfuerzo) un bienestar mental, emocional, físico y espiritual.

Sí, es salvaje.

¿Tu parte favorita de ser un emprendedor salvaje?

La libertad y la parte juguetona. Me siento restringido por el pensamiento de tener un horario de trabajo "normal". La vida pasa lo bastante rápido, y tener la flexibilidad de ajustar tu horario es estupendo y una parte esencial de la salud, según lo veo. Somos maravillosos seres animales que progresan con un horario, pero nos podemos sentir sofocados, atrapados y deprimidos cuando nos confinan o nos restringen.

Creo que los seres humanos crearon la realidad actual del tiempo y de una semana de trabajo de 40+ horas. Creo que el constructo de la "nueva normalidad" socialmente aceptado de la semana de trabajo de 40+ horas es una de las razones por las cuales está sufriendo la salud de mucha gente. Quiero ser parte del movimiento de salirnos de esta vía y facilitar el regreso a nuestra salud, a nuestras raíces, y regenerarnos.

CAPÍTULO OCHO
NEGOCIO FAMILIAR: ¡UNA MISIÓN IMPOSIBLE POSIBLE!

OYE, ENCONTRÉ TU NARIZ. ESTABA EN MI NEGOCIO.
ANÓNIMO

"LA CAMARERA SE REPORTÓ ENFERMA", GRUÑÍ. MI MA-MÁ y yo suspiramos mientras nos poníamos los guantes rosados de goma y tomábamos los baldes con cosas para limpiar. Hemos limpiado juntas muchos excusados de composta, riendo y silbando mientras lo hacíamos... o no. Ha habido momentos alegres, momentos de ira, y ambas emociones en el medio Nunca hemos arrojado el cepillo de los excusados, pero trabajar con la familia no es una tarea fácil.

"¿Cómo lo hacen?", me preguntan mis huéspedes, asombrados, mientras nos observan a mis padres y a mí vivir, trabajar y jugar juntos. Con frecuencia he ponderado lo mismo. ¡Navegar los retos del emprendedorismo salvaje como familia ha sido complejo, arduo y hermoso! En última instancia, trabajar como un equipo familiar es lo que hizo que el hostal cobrara vida y progresara. Ha sido un acertijo desconcertante; una misión imposible patas arriba.

MAPA DE RUTA DEL
EMPRENDEDOR SALVAJE # 8

Es momento de poner bajo la lupa la faceta familiar del emprendedorismo salvaje, una lectura obligatoria para cualquiera de ustedes aventureros que está considerando hacer este viaje de negocios con sus seres queridos. En este capítulo explorarás:

- El poder de jugar y encontrar un juego que resuene con tu familia.
- Los básicos familiares que se requieren para crear un negocio con quienes comparten tu ADN.
- Reglas fundamentales de comunicación, límites y otros consejos para la armonía familiar.
- Qué se necesita para hacer realidad un sueño familiar.

El simio y el verdugo

La primera vez que mi mamá vio a mi papá, él estaba parado desnudo en el techo de un sauna que había construido en Alaska. Sus caminos se cruzaron de nuevo cinco años más tarde en una fiesta de Halloween. Mi mamá iba disfrazada de verdugo con una misteriosa máscara negra, y mi padre deambulaba en un traje de simio. Cuando el verdugo salió para tomar un poco de aire fresco de Alaska y se quitó la máscara, su cascada de cabello rubio captó la mirada del simio. Salieron chispas y comenzaron sus aventuras juntos. El viento sopló de Alaska a California, Quebec (en el lago donde mi

210

papá había crecido), México y más allá. Treinta y cinco años después, sus espíritus salvajes prosperaron juntos en la selva, con ciertos agregados críticos —mis hermanos y yo, por supuesto.

Hoy, el verdugo y el simio son conocidos como Jungle Judi y el Tigre, y han confiado a su hija el cargo de *jefa* (esa soy yo) de nuestro negocio familiar. *Sip*, yo hago los cheques para pagarles a mis padres, una dinámica a la que me ha tomado un tiempo acostumbrarme. El Tailwind Jungle Lodge ha sido la aventura familiar última, y sin embargo, nuestro viaje para convertirnos juntos en emprendedores salvajes comenzó mucho antes de nuestra llegada a la selva.

Un peso por kilómetro

Yo fui una niña regordeta y perezosa. Mi yo de diez años de edad quería ver televisión y comer dulces. Mis padres tenían otros planes. Estaban comprometidos con transmitir a sus hijos su amor por los deportes y la exploración. Yo resistí con toda mi alma regordeta.

"¿Por qué querría hacer ejercicio si me hace sentir miserable?", me quejaba. En vez de obligarme, el Tigre eligió persuadirme. Mis ojos se iluminaron cuando agitó en mi cara un billete de cinco dólares —el dinero sin duda atrajo mi atención—. Con esto en mente, mi papá creó un sistema para mi hermano Rhett y yo. Se otorgaría un valor en efectivo a cada kilómetro que camináramos, corriéramos, pedaleáramos, nadáramos, recorriéramos en kayak, y así sucesivamente. Por ejemplo, un kilómetro recorrido en bicicleta valía 5 pesos, un kilómetro recorrido valdría un 22 pesos; así, el valor por kilómetro se correlacionaba con el grado de dificultad. El dinero que ganábamos iba a una cuenta de ahorros especial que financiaría cualquier tipo de equipo deportivo o educativo que Rhett y yo quisiéramos. Mi mamá apoyó este acuerdo con entusiasmo.

De pronto yo estaba *muy* motivada. Mis padres tomaron nota —¡esto puede ser un soborno, pero es ingenioso!—. Mi hermano y yo registrábamos meticulosamente nuestros kilómetros y pesos (esto fue genial también para nuestras habilidades matemáticas). De esta forma nos ganamos orgullosamente nuestra primera computadora. Años después reconocí que mi padre hubiera podido comprarnos esa computadora de todas formas. ¡Gracias, mi Tigre tan listo por motivarme!

Con este sistema, nuestras aventuras familiares en la naturaleza comenzaron en 1993 cuando mi familia abordó un tren a Nueva Escocia. Un amigo cercano de la familia, Yves Simard, se unió a nosotros cuando nos embarcamos en un viaje en bicicleta de 800 kilómetros, autosustentado (nosotros cargábamos todo el equipo de campamento y suministros) alrededor de Cape Breton y la isla del Príncipe Eduardo. Aunque Rhett y yo solo cargábamos las bolsas de dormir y los malvaviscos, nos sentíamos empoderados por el viaje de dos semanas.

Conforme mis jóvenes músculos se adaptaban al reto de pedalear cientos de kilómetros en medio de salvajes vientos de frente, descubrí que amaba esas colinas, esos benditos vientos de cola, esas vistas espectaculares y la excitación de lo desconocido, todo duramente ganado. Cuando asaba mis malvaviscos cada noche, comencé a entender y a compartir el espíritu aventurero de mis padres. Esa sería la primera de muchas expediciones familiares.

El pegamento básico de la diversión

Debo hacer una pausa en nuestra historia o para hacer notar que aunque son muchos los factores que nos han permitido trabajar y construir un negocio familiar, en última instancia atribuyo nuestro éxito a un solo elemento clave: el JUEGO. Juguetear juntos en la naturaleza es un pegamento que nos mantiene unidos. Hemos diseñado intencionalmente nuestro negocio tropical para nunca estar demasiado ocupados para ir a surfear o a remar (kayaks, paddleboards y cualquier otro juguete que flote). Para nosotros, jugar como familia no es algo frívolo, es crítico para fortalecer nuestras relaciones, tanto personales como profesionales. Los estudiosos de las cuestiones familiares están de acuerdo en que el juego puede contribuir a la cohesión de las familias (tiempo para vincularse), mejorar la comunicación y la adaptabilidad. Estas cualidades no solo son invaluables para nuestro negocio familiar, sino que trabajar juntos también nos ha convertido en mejores amigos. Aunque siempre serán mi mamá y mi papá, nos conocemos unos a otros mejor de lo que una tortuga conoce su caparazón.

¿Qué es el juego?

También es importante hacer una distinción: ¿qué es el juego? El juego es relativo. Para nosotros, juego = aventura en la naturaleza. Esto puede no resonar con tu familia, pero si están considerando tener un negocio juntos, deben encontrar una forma de juego que funcione para su familia. ¿Qué disfrutan haciendo juntos? El experto en juego Stuart Brown explica en su plática TED: "El juego es más que solo diversión",[44] que hay muchas formas diferentes de juego: juego corporal, juego con objetos, juego rudo tipo lucha, y más. Tal vez la forma más provechosa de juego para tu familia sean los juegos de mesa (solución de problemas), o pescar juntos (actividad suave). Además de los beneficios de unir a la familia, la forma en que juegan como familia puede ser una fuerte indicación de cómo trabajan juntos. Observa también que su capacidad para jugar juntos será crucial para elevar los ánimos cuando su negocio salvaje tenga un mal momento.

LOS CONSEJOS DE MEGAN PARA LA MATERNIDAD Y EL EMPRENDEDORISMO SALVAJE

Escritora *free-lance* que creó un espacio de trabajo en conjunto Tahoe Mill Collective

Sé eficiente. Simplemente no hay horas suficientes en el día para posponer o demorarse en un proyecto. No va a ser perfecto, y eso está bien. Solo hazlo y pasa a lo siguiente.

Las mañanas son mi momento: dejo a los niños todavía durmiendo con mi esposo, y salgo cuando el sol está saliendo —para correr, a una clase de yoga, para nadar en el lago—. Algo que me ayude a comenzar el día con una sensación de calma y de logro. Si no me ejercito primero, a menudo no puedo hacerlo hasta más tarde en el día. A veces me he quedado la mitad de la noche con el bebé y estoy exhausta, pero aun así trato de motivarme. Tener a una amiga o amigo que se te una definitivamente evita que elijas quedarte dormida.

Te sentirás tentada a hacer multitareas. Contestar tus correos electrónicos en el teléfono mientras estás en el campo de juegos con tu hijo. Tomar una llamada de trabajo mientras llevas a tu hijo de una cosa a la siguiente. Leer papeles del trabajo en la mesa de la cena. Evítalo si puedes. Es bueno solo estar presente y dar a cada aspecto de tu vida —familia, trabajo, tiempo de juego— la atención completa que merece.

Ser tu propio jefe suena glamoroso y libre. Y a veces lo es. Pero en otras ocasiones, significa sacar la basura del negocio que comenzaste. Harás todo —lluvias de ideas para los grandes proyectos y también tareas de bajo nivel, fastidiosas—. Abrázalo todo. Trata de disfrutar las pequeñas cosas.

Nunca terminarás de hacerlo todo. Siempre habrá una montaña de platos o de ropa que lavar. Un correo electrónico del trabajo que no contestaste. Un proyecto que simplemente no has tenido tiempo de completar. Y eso está bien. Mañana podrás intentarlo de nuevo.

Nuevas alturas

Nuestros juegos familiares nos llevaron a altos picos, lagos, ríos, desiertos y más allá a medida que nuestras aventuras se volvieron más grandes y atrevidas. Cada verano de mis años adolescentes nos dirigíamos al campo de juegos de la Madre Naturaleza. Sabiamente, mis padres habían elegido carreras que les daban completa libertad cuando no había escuela. Mi mamá trabajaba como maestra sustituta en la secundaria local, mientras mi padre brincaba por el vecindario construyendo casas personalizadas y agregados creativos como torres, muelles, solarios y saunas. Como un gran constructor/diseñador (habilidades que había adquirido construyendo en Alaska), los clásicos pero creativos diseños del Tigre adornaban la línea costera de lago Memphremagog. Siempre había demanda por sus servicios, y aunque podía trabajar todo el año, elegía con cuidado tanto sus proyectos como sus clientes. Las prioridades del Tigre fueron claras siempre: la familia y la calidad de vida vencían al dinero extra. Mis padres también rentaban nuestra casa familiar cada verano (a la gente de Montreal le encanta el lago en el calor de julio y agosto), lo cual les daba un poco más de dinero extra. Su presupuesto, cuidadoso e inteligente, también les permitía estirarlo mucho en nuestras aventuras, siempre apretadas de dinero. ¡Una vez que eres dueño del equipo, acampar en la naturaleza es casi gratis!

Como familia, con la mochila al hombro hicimos 350 kilómetros del John Muir Trail en California y los 430 kilómetros del Long Trail de Vermont; pasamos semanas haciendo kayakismo en los estrechos cañones del lago Powell, corrimos y surfeamos en las playas de los Bancos Externos de California, y escalamos el Pico de Orizaba, en México, con sus 5 635 metros de altura. Conforme alcanzábamos nuevas alturas como familia, cada viaje alimentaba nuestra pasión compartida por el juego y la aventura. Esas experiencias abrieron nuestros ojos a lo que podíamos lograr juntos, no solo como familia, sino también como equipo. Cuando me paré en la cima del pico más alto de México, me asomé maravillada al vasto cráter del volcán agradecida de que mi familia me hubiera empujado hasta ese magnífico extremo.

¿Qué más podríamos lograr juntos? Las posibilidades parecían infinitas.

Un nuevo comienzo

Cuando me fui a la universidad en Vermont, en febrero de 2003, nuestra familia se vio fragmentada por primera vez, y la distancia estresó nuestra relación. Determinado a mantener fuerte nuestro vínculo, el Tigre planeó todavía otra aventura familiar. En el verano de 2003 partimos con nuestras bicicletas totalmente cargadas de Jackson Hole, Wyoming, y pedaleamos al sur casi 3 200 kilómetros en el Sendero de la Divisoria Continental a El Paso, Texas. En su clásico estilo, el Tigre había leído acerca de este sendero para bicicletas en la revista *Outside* años antes, y había estado soñando despierto con él desde entonces.

A medida que cubríamos kilómetros de caminos polvorientos, regresó la familiaridad de correr aventuras con mi familia en la naturaleza. Sin embargo, ese viaje en bicicleta probó ser nuestra aventura más difícil hasta entonces —viajes a las salas de emergencias, violentas tormentas de viento, enfermedad extrema y problemas mecánicos con nuestras bicicletas pusieron a prueba nuestras relaciones a cada momento—. Los gritos furiosos y las lágrimas eran frecuentes, y una serie de dificultades nos obligaron a pedir aventón y ajustar nuestra ruta.

Durante los agotadores obstáculos mi padre se mantuvo fuerte para mantenernos unidos, y sin embargo reveló un lado vulnerable que yo nunca le había visto antes. Compartió muchas historias de su vida, errores pasados, arrepentimientos y su conflictiva relación con sus padres. Esta cruda honestidad dio un nuevo tono al viaje, y aprendimos a apoyarnos unos a otros, a trascender las dificultades, a perdonar y a aceptar las imperfecciones de los demás. Ninguna familia es perfecta. Nuestras relaciones crecieron sobre un sólido cimiento de verdad, confianza y paciencia. Este nuevo comienzo nos permitió cultivar fundamentos centrales familiares (descritos en las páginas siguientes) que nos prepararon para crear, finalmente el Tailwind Jungle Lodge.

De hecho, fue en ese viaje en bicicleta por la Divisoria Continental cuando la visión del Tigre de tener un negocio familiar comenzó a aparecer regularmente en nuestras conversaciones alrededor de la fogata. Concibió un negocio que pudiéramos crear y trabajar juntos —un proyecto que nos mantuviera unidos y preservara nuestro estilo de vida de juego y aventura, particularmente cuando Rhett y yo entráramos a la vida más allá del aspecto académico. ¿Cuál sería el negocio familiar? Él no lo sabía con exactitud. Los engranajes de mi mente comenzaron a girar. El invierno siguiente (marzo de 2004) dimos nuestra primera mirada a la selva en las afueras de San Pancho, motivo por el cual terminé finalmente en la clase de Entrepreneur 101 en Middlebury en enero de 2007, redactando un plan para un negocio de la familia Jacobi.

¿QUIÉN ES TU FAMILIA?

Antes de seguir adelante debes ponderar profundamente la pregunta: ¿quién es mi verdadera familia? Cuando lo hagas, ten en mente que no existe una "familia normal". Cada familia es única y poco común. Las familias modernas adoptan muchas formas. Para algunos, la familia puede no ser aquellos con quienes comparten su sangre. Vivir salvajemente, libre y fuera de lo establecido puede aplicar también a la situación y dinámica de tu familia. Si te sientes fuerte y unido con tu familia (quienquiera que sean), aprovechen su originalidad y canalícenla en su negocio salvaje.

Cayla Marvil habla de su equipo en Lamplighter Brewing como su familia:

"Me siento constantemente motivada por la gente que me rodea —desde nuestras contrataciones más recientes hasta nuestro personal veterano.— Todas y cada una de las personas traen una perspectiva interesante y única y una historia al negocio; es increíble llegar a conocer a todos y verlos desarrollarse y sobresalir en distintos papeles. ¡Quiero que se sientan orgullosos!".

Fundamentos familiares

¿Teníamos lo que se necesita para construir un negocio familiar? No lo sabríamos *realmente* hasta no probarlo, pero viajar por la naturaleza juntos nos había preparado para emprender nuestro propio negocio. Cuando reflexionamos sobre nuestra experiencia ahora vemos que estábamos bien equipados con los siguientes fundamentos familiares:

* **Confianza.** Si no confían uno en el otro, no llegarán lejos. Las familias con una mezcla personal volátil han cedido bajo el estrés del negocio.

* **Juego.** Encuentren regularmente su dicha familiar. Sepan cómo desconectarse del trabajo para reconectarse con sus relaciones personales.

* **Compatibilidad.** Pongan a prueba su compatibilidad como compañeros de trabajo con pequeños proyectos y aventuras antes de sumergirse en algo grande.

* **Paciencia.** Cree en ti mismo, crean uno en el otro, y en su trabajo como equipo. Sean persistentes juntos.

* **Respeto.** Es fácil ser informal y descuidar el profesionalismo en los negocios familiares; sin embargo, las reglas del respeto nunca deben verse comprometidas. Cuiden su tono, sus palabras y su actitud hacia sus compañeros de trabajo, incluso si son hermanos o padres.

* **Amor.** Al final del día son familia. Ante lo que sea que venga *deben* permanecer unidos. Jaime Acosta, fundador del *eco-resort* Punta Monterrey, dice: "Recuerda siempre que por ningún negocio vale la pena sacrificar una relación con un miembro de la familia".

JAIME ACOSTA
MONTERREY BEACH RESORT

"Siempre hay algo que mejorar. Pienso que si llegas a un punto donde piensas que tu negocio es perfecto, ¡algo está mal!".

¿Cuál fue tu inspiración para hacer este negocio?

¡No fue una inspiración, fue una emboscada! Mi familia me pidió que me hiciera cargo del lugar. Yo acababa de terminar mi maestría en ingeniería ambiental. Mi familia quería entrar en la construcción ecológica y buscó mi consejo.

Realmente no lo vi venir. Sin embargo, me sentí comprometido desde el principio. Sabía que mi familia lo vendería si no funcionaba.

¿Hiciste sacrificios personales para iniciar tu negocio?

¿Te refieres a además de sacrificar por completo mi vida personal? ¡Ja! En el negocio de la hostelería tienes una vida social, pero no una vida privada. Otros retos han sido el verano —un calor intenso y humedad—. Pero todos los trabajos tienen sus altibajos.

¿Cuál es el mejor consejo que le darías a un emprendedor salvaje potencial?

Es probable que el éxito no llegue rápida, económica o fácilmente. ¡No te desesperes, no te impacientes, y está dispuesto a sudar mucho! ¡Pero sabe que si das el cien por ciento llegarás ahí!

¿Enfrentamiento o entendimiento?

Aunque estábamos equipados con los fundamentos familiares, nuestro hostal en la selva puso a prueba rigurosamente nuestra cohesión familiar, obligándonos a cultivar nuevas habilidades. Rápidamente descubrimos que el negocio familiar puede traer la alegría de construir algo increíble con tus seres queridos, lo cual se ve frecuentemente acompañado de la dificultad de genes compartidos que se pueden enfrentar en vez de lograr un entendimiento. Recomendamos que se tomen muy en serio las siguientes reglas básicas:

LLUVIA DE IDEA
FAMILIAR ♥

Si estás contemplando crear un negocio con tus seres queridos, expande tus fundamentos familiares con estas preguntas:

- 🌿 ¿Qué tipo de negocio puedo crear con mi familia? ¿Qué hacemos bien juntos?
- 🌿 ¿Estoy listo para pasar una gran cantidad de tiempo con mi familia?
- 🌿 ¿Tenemos habilidades complementarias?
- 🌿 ¿Nos comunicamos bien?
- 🌿 ¿Estamos preparados para involucrarnos financieramente?
- 🌿 ¿Podemos ser pacientes unos con otros?

Pide a cada miembro de tu familia que responda estas preguntas y comparen sus respuestas. Si sus respuestas colectivas les dan confianza para seguir adelante, entonces están listos para hacer el intento. De nuevo, realmente no sabrán cómo trabajan juntos como familia hasta que empiecen, pero las respuestas a estas preguntas les deberían dar alguna idea.

Roles claramente definidos. Al principio del negocio familiar, todo el mundo está lleno de entusiasmo y a menudo más involucrado que si fuera solo "un empleo". Sin embargo, a medida que se desgasta la emoción inicial, la motivación puede flaquear y surgen los problemas cuando un miembro de la familia no está dando más del 100%. Los argumentos, decepciones y desacuerdos sobre quién se supone que debe hacer qué pueden evitarse fácilmente si delinean claramente expectativas, roles, responsabilidades y descripciones del trabajo. No supongan, sean tan específicos como sea posible. Esto dará a su negocio más estructura, profesionalismo y los ayudará a evitar las peleas. Los roles definidos harán que todos sean más responsables ¡y será obvio cuando alguien esté flojeando! En su primera reunión de negocios como familia, pide a cada miembro que conteste lo siguiente:

* ¿Cuál es mi rol preferido?
* ¿Qué disfrutaré más y estaré más comprometido a realizar?
* ¿Cuáles son mis cualidades, habilidades y talentos más fuertes?
* ¿Cuáles son mis debilidades?
* ¿Qué hacen bien otros miembros de la familia? ¿Qué roles son más apropiados para ellos?
* ¿Cuáles son sus debilidades?
* ¿Cómo pueden nuestros roles complementarse entre sí?
* ¿Quién será el jefe?

CONSEJOS DE COMUNICACIÓN
EL MÉTODO DE LA FAMILIA SELVÁTICA

El único gran problema con la comunicación es la ilusión de que ha tenido lugar.
William H. Whyte

Decidan cómo tomarán decisiones como equipo de familia. Aunque yo conduzco el barco de nuestras ideas, funcionamos como una democracia de tres personas. Las reuniones de negocios familiares se programan con regularidad.

Piensa y escucha antes de hablar. Haz una pausa antes de responder al conflicto. Respira, o tómate toda la noche si lo necesitas (¡consúltalo con la almohada!). Cuidado con esas reacciones instintivas, aconseja Jungle Judi. Los temperamentos explosivos y las respuestas sin pensar pueden meterlos en problemas.

Enfóquense en las grandes cosas. Está bien dejar pasar la pequeñas cosas (elige tus batallas), pero las cosas grandes e importantes *deben* abordarse de inmediato, ¡antes de que la bola de nieve se convierta en avalancha!

Personalidades fuertes y estilos de reacción. Todos tienen formas distintas de pensar y procesar, en particular cuando se ven confrontados con el conflicto y el reto. Mi mamá, la Escorpiona, tiene un feroz aguijón y es rápida para reaccionar. El Tigre se repliega en la playa para procesar las cosas solo —una reacción que al parecer yo heredé—. Observar y entender cómo cada quien procesa la información ha sido un medio para nuestros esfuerzos de comunicación. ¿Cómo respondes al reto o al conflicto?

Reuniones de negocios familiares regulares. Nuestras reuniones en la azotea selvática deben ser en la mañana (¡*antes* de las margaritas!). Hablamos y escuchamos por turnos y decidimos cómo seguir adelante como equipo.

Hagan que las críticas sean constructivas y consideradas. La crítica entre parientes puede pegar más duro que entre colegas regulares. Eviten herirse con palabras mal dichas siendo conscientes de la realimentación que dan a los miembros de la familia. Hagan una pausa antes de lanzar una crítica. Cuando elijan hablar, sean considerados y constructivos —todo está en cómo lo digan—. De manera similar, cuando reciban una crítica, hagan una pausa antes de responder y eviten ponerse de inmediato a la defensiva. Mantengan su ego a raya. Enfóquense en las oportunidades de crecimiento en vez de tomarse las cosas de forma demasiado personal.

La comunicación es un viaje, no un destino. No se convertirán de pronto en maestros de la comunicación. Eso es algo que exige un trabajo *cada día*. Nunca se rindan, vale la pena el esfuerzo de mantener abiertas las líneas de comunicación.

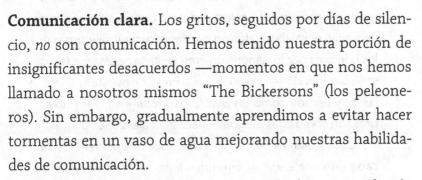

Comunicación clara. Los gritos, seguidos por días de silencio, *no* son comunicación. Hemos tenido nuestra porción de insignificantes desacuerdos —momentos en que nos hemos llamado a nosotros mismos "The Bickersons" (los peleoneros). Sin embargo, gradualmente aprendimos a evitar hacer tormentas en un vaso de agua mejorando nuestras habilidades de comunicación.

Divisiones financieras. Si es posible, hagan que las finanzas y los sueldos sean tan claros y sencillos como se pueda desde el principio. Para algunas familias bastará con darse la mano. Para otras será necesario tener contratos escritos. Es crucial ser claros con respecto al dinero. Cuando esto se maneja mal, puede crear una brecha entre los miembros de cualquier familia.

Entendimiento personal. Como familia, probablemente ya se conozcan bien entre ustedes. Prepárense para llevar esto a un nivel completamente nuevo. Si están abiertos a entender y a apoyar los patrones, necesidades y diferencias emocionales de unos y de otros, su trabajo en conjunto fluirá con mucha mayor suavidad.

LOS HOMBRES SON DE MARTE, LAS MUJERES SON DE VENUS

La simple comprensión de que los hombres y las mujeres tienen distintas programaciones puede tener un profundo impacto en la forma en que trabajan juntos y se apoyan entre sí (esto es útil para los negocios familiares y más allá).

Como explica el autor John Gray en su libro *Los hombres son de Marte, las mujeres son de Venus*, en el día a día las mujeres generalmente quieren sentirse queridas (las mujeres necesitan empatía y a alguien que las escuche), mientras que los hombres por lo general quieren sentirse necesarios (ellos son solucionadores de problemas). En su respuesta al estrés, las mujeres son como las olas (¡nos azotamos!), y los hombres son como ligas de goma (necesitan alejarse).

Cada quien es único, pero reconocer las diferencias de cada uno acelerará su entendimiento de cómo apoyarse mejor entre ustedes. Como familia, su nivel preexistente de familiaridad es aquí una ventaja. Por ejemplo, mi padre es "el señor Arregla-Todo" en el hostal. Al Tigre no le gusta que le digan qué hacer, sin embargo sí quiere sentirse necesario. Al darme cuenta de esto, he ajustado mi abordaje, mis palabras y mi tono. "Papá, ¿podrías por favor ayudarme a reparar este barandal? Realmente apreciaría tu ayuda", va mucho más lejos que "Papá, tienes que arreglar ese barandal". ¿Ves la diferencia? Aunque podamos ser marcianos y venusinas, estamos aprendiendo a hablar en un lenguaje común.

Límites. La intimidad del negocio familiar hace que los límites personales sean esenciales. Uno de los regalos más valiosos que he recibido de Jungle Judi es un letrero hecho a mano que dice *SIESTA*. Y viene acompañado de una regla: cuando el letrero está arriba, la chica de la selva necesita tiempo personal. Este es un límite crucial, dado que yo vivo en la oficina.

Establezcan límites claros —personales, familiares y de negocios— para el tiempo y el espacio. Algunos límites pueden ser físicos (crea tu espacio sagrado), otros son emocionales (tiempo personal, temas cancelados, etc.). En los negocios familiares la plática sobre el trabajo puede derramarse fácilmente en la mesa de la cena, en los cumpleaños, días festivos y otros momentos familiares sagrados. Si dejan que el tiempo de negocios domine, sentirán que están en el trabajo 24/7. Desconéctense y pongan límites para evitar acabar exhaustos y destruyendo sus relaciones. ¡No olviden hacer del tiempo para jugar en familia una prioridad tan importante como las reuniones de negocios! Hagan del juego algo espontáneo y también algo programado.

Unidad. Nuestra pasión compartida por la vida salvaje nos permitió crear una misión y una visión para nuestro negocio en las que todos estuvimos de acuerdo —estuvimos en la misma página desde el principio—. Juntos nos comprometimos a los sacrificios, retos y recompensas tanto del viaje como del destino. Somos un equipo, unidos por un sueño compartido —una estabilidad que ha contribuido a mitigar los muchos retos de la vida salvaje y que en última instancia nos ha llevado al éxito—. Si están comenzando un negocio familiar, establezcan un conjunto central de valores y prioridades. "¡El trabajo en equipo hace el equipo soñado!", dice John C. Maxwell.[45]

El arte de dar apoyo. Nuestra capacidad para apoyarnos unos a otros ha hecho toda la diferencia. Sabemos cómo levantarnos entre nosotros, sacudirnos mutuamente el polvo, unir nuestras cabezas para abordar el problema más reciente y sumergirnos en lo que sea que venga. Aunque mis padres a menudo me sacan de quicio (¡después de todo, son mis padres!), indudablemente son los que me mantienen comprometida con el negocio. Ellos me enseñaron el arte de dar apoyo y el amor resistente y actuaron como una boya para mantenerme a flote a través de los retos y al mismo tiempo me empujaron para que aprendiera a nadar. Ellos me empoderaron para volverme más fuerte y asumir el rol de líder —*la jefa*—. El apoyo incansable de mis padres ha valido la pena: ahora soy capaz, a mi vez, de apoyarlos y ser una boya para ellos en los tiempos difíciles.

Una labor de amor

"¿Lo harías todo de nuevo?", me preguntó un huésped recientemente, mientras nos miraba a mis padres y a mí guiando juntos una excursión de kayaks. "Absolutamente", respondí sin dudar. Ha sido un trayecto salvaje, pero con los años hemos logrado convertir una guerra de voluntades entre tres en trabajar juntos armoniosamente -¡bueno, la mayoría del tiempo! Dirigir un negocio familiar es el epítome de una labor de amor. Nos enfrentamos y nos entendemos, pero al final del día estamos ansiosos por levantarnos y hacerlo todo de nuevo. El Tailwind Jungle Lodge es un sueño familiar hecho realidad, nuestra aventura última. Estamos orgullosos de ser conocidos como la familia de la selva —nos hemos convertido en parte de la selva, y la selva se ha convertido en parte de nosotros—. ¿Adónde nos llevarán nuestras aventuras?

ANELISE Y TYLER SALVO
TAHOE SAILING CHARTERS

Lema: Convirtiendo el viento en sonrisas

SECRETOS DEL NEGOCIO FAMILIAR

Creen un horario y conviértanlo en rutina. Alejar el pensamiento de nuestros días libera mucho espacio mental para pensar más acerca de nuestro negocio, nuestra familia y menos acerca de quién va a hacer la cena, quién va a atender al bebé cuando despierte, y así sucesivamente. Creen roles para cada persona y apéguense a ellos. Ayuda mucho y ahorra mucho tiempo. Tomen al menos un día libre para jugar como familia —sin teléfonos, sin correos electrónicos: ¡solo gente y buenos momentos!

Sean claros acerca de lo que quieren de la vida. Hemos descubierto que tener intenciones claras acerca de cómo queremos vivir nuestros días nos informa cómo viviremos nuestros años como familia. Sabíamos que necesitábamos libertad y flexibilidad en nuestras vidas cotidianas.

Solo háganlo lo mejor que puedan. Al final del día, todo lo que pueden hacer es estar tan presentes como sea posible, trabajar en pos de sus grandes metas y ser padres y compañeros geniales. Algunos días son completamente alrevesados y ambos sentimos que hemos fallado en cada rol que tenemos, y también hay días increíbles y sentimos que hemos encontrado un ritmo. No hay dos días iguales, así que solo acéptenlo y sigan adelante.

Crean que pueden vivir cualquier vida que quieran. Como familia, tenemos muy poco miedo de vivir una vida en una forma no tradicional. Sabemos que si fallamos, siempre podemos "conseguir un empleo", ¿así que por qué no tratar de manejar juntos un negocio en nuestro propio estilo salvaje?

CAPÍTULO NUEVE
¿DÓNDE ESTÁ TARZÁN? CITAS Y RELACIONES

La elección de carrera más importante que tomarás es con quién vas a casarte.
Sheryl Sandberg[46]

La vida de espíritu libre de un emprendedor salvaje está llena. ¿Quién tiene tiempo para candelabros, flores... *amor*? Conducir un negocio y el romance no siempre se llevan. El corazón humano es complejo y misterioso, pero todos anhelamos el amor de ese alguien especial... un Tarzán o Jane que se nos una en nuestro salvajismo. ¿Pero cómo encontrar a un Tarzán o a una Jane? Y ya que los encontremos, ¿cómo mantener saludable esa relación? Al igual que otros aspectos del emprendedorismo salvaje, acepta el viaje del amor romántico con un espíritu aventurero.

MAPA DE RUTA DEL EMPRENDEDOR SALVAJE #9

En este capítulo exploraremos:

- Las citas, las relaciones y el matrimonio como emprendedor salvaje.
- Los lenguajes del amor y la prueba del kayak.

🍃 El emprendimiento en pareja —cuando Tarzán y Jane trabajan juntos para que un sueño compartido cobre vida.

En busca de Tarzán

La leyenda de Tarzán habla de su unión con los animales de la selva. "Porque su espíritu venía de ellos, él los entendía. Y aprendió a ser uno con ellos".[47] Definitivamente, el chico de mis sueños... (suspiro). Juntos nos columpiaríamos de liana en liana, jugaríamos con las criaturas de la selva, y viviríamos felices para siempre. Fin.

¡Ja! La voz de mi razón se apoderó de mi corazón romántico hace mucho tiempo. Mi viaje de citas en la selva ha sido tumultuoso, y mi Tarzán elusivo. En la fase de "ensúciate" de mi negocio apenas tenía tiempo de cepillarme el pelo. Como hacen todas las madres, Jungle Judi estaba preocupada por mi vida amorosa. Cuando recomendó que intentara las citas en línea, rebatí: "Las cibercitas en la selva son como tratar de surfear una ola cuando el océano está calmado". Parecía ridículo usar la tecnología para encontrar a mi Tarzán. Era más feliz estando sola... ¿lo era? Los lunamieleros enfermos de amor que frecuentaban el hostal y los llamados de la temporada de apareo en la selva a menudo me provocaban indudables pinchazos de soledad y envidia.

Atortolados

En la primavera de 2009 me uní inesperadamente a Bambi y a los atortolados. Surfeando con nuevos amigos de Colorado encontré olas... y romance. Él me miró y sentí mariposas aleteando en mi estómago. Así comenzó una relación de cuatro años dividida entre la selva y las Rocallosas de Colorado. De esquiar en polvo a surfear, estábamos en el paraíso.

Cuatro años más tarde, llegamos a una encrucijada. Él había lanzado el negocio de sus sueño —Powder Factory, esquíes hechos a mano—, un logro emocionante que consumía sus días, y mi hostal en la selva estaba monopolizando la mayor parte de mi tiempo. Conforme nuestras vidas eran consumidas por nuestros negocios salvajes, descuidamos el hacer una prioridad uno del otro. También enfrentábamos el desafío de las diferencias geográficas. "Ubicación, ubicación, ubicación", dice Cheryl Strayed en su *podcast* de columna de consejos, *Dear Sugar*.[48] La pregunta "¿Dónde es casa?" puede hacer o romper un romance. Aunque nuestro amor era fuerte, ese fue el final. Después de cuatro años de diversión, estuvimos de acuerdo en decir *adiós*.

Citas en la selva

De nuevo me encontré sola en la selva. Nerviosa, excitada, asustada —un desconcertante coctel emocional—. ¿Cómo ser soltera? ¿Cómo conseguir citas? ¿Cómo coquetear? Pronto, mis respuestas llegaron como una crisis séptica. Los taimados *tejones* habían adquirido un gusto por las aguas negras, y yo necesitaba asistencia profesional desesperadamente. Cuando el ingeniero séptico bajó de su camión, los problemas olorosos salieron de mi mente. Me sentí cautivada por el encanto mexicano, un físico esculpido e increíbles ojos verdes. Mientras hablábamos sobre la mierda, mis risitas coquetas hacían eco en el tanque séptico.

Y después conocí a su gemelo idéntico.

¡Oh, sí, definitivamente era bueno estar soltero! Aunque no terminé saliendo con ninguno de estos hombres hermosos, tengo fuertes y duraderas amistades con ambos. También aprendí la delicadeza de tener una cita en un pequeño pueblo y decidí que a veces la amistad es una mejor alternativa.

Gracias a los gemelos, mis ojos se abrieron a la posibilidad de tener citas, y pronto estaba tomando vino y cenando con un fotógrafo de alta moda en Guadalajara. Mientras me tropezaba con mis propios pies bailando *cumbia* en los centros nocturnos y me sentía desconcertada por el caló y el estilo *tapatío* y *chilango*,[49] tuve un curso intensivo sobre las diferencias culturales. A la chica de la selva no le fue tan bien en la jungla de asfalto. Para tu información si eres de otro país, en México *novio* significa "romance formal". Ups, ¡ciertamente usé mal esa palabra! No hagas promesas que no podrás cumplir. Unas semanas más tarde me retiré a la selva tranquila con la cual podía relacionarme.

Pronto reavivé una antigua chispa con un exhuésped del hotel. Un ultramaratonista, pensador profundo y espíritu generoso estaba en pos de su sueño de convertirse en pararrescatista (una división de élite de la Fuerza Aérea de EUA).[50] Aunque le dimos a "nosotros" nuestro mejor intento, nadábamos a contracorriente en nuestras sendas de vida. Él tomó un pedazo de mi corazón y me dio la música *country*. "Tú y el tequila me vuelven loco, uno es demasiado, uno más nunca es suficiente", cantaba Kenny Chesney en la radio cuando dijimos adiós.

Lo siguiente fue Tinder. ¿Has oído sobre este sitio de citas? Yo no, hasta que unos amigos me arrebataron el teléfono en una boda, ingresaron mi perfil y procedieron a pasar pantallas a la izquierda o a la derecha (aprobando o rechazando posibles parejas). Al día siguiente desperté con el "ping" de un mensaje, acompañado de la foto de un impresionante chico que convenientemente vivía a solo unos cuantos kilómetros en San Pancho. Nuestra primera cita de surf fue un éxito sorpresivo y resultó en que me llevó a Bali una semana después, lugar donde estaba construyendo una ola recirculante para un parque acuático. Nuestro intenso romance trotamundos eventualmente se quemó, pero ciertamente había aprendido que las citas en línea pueden ser una buena opción —muchas de las parejas que se quedan en el hostal se conocieron en línea—. Sin embargo, cuidado con las fantasías de las citas digitales. Las redes sociales están alejadas de la realidad —el coqueteo en línea puede ser un sitio peligroso.

Aunque estaba exhausta por el juego de las citas, hice otro intento cuando nuestros acróbatas de las sedas aéreas anuales (organizados por el artista de Disney Lauriel Marques de Olivera), regresaron a la jungla. En la clase, me balanceé en los árboles junto con un guapo gimnasta. ¿Había llegado Tarzán? ¡Este hombre ciertamente había dominado la cosa esa de balancearse en las lianas! Nuestro fugaz romance de fin de semana se convertiría en nada más que breves y dulces recuerdos. Los romances breves pueden ser divertidos, pero cuidado con tu corazón.

En este punto había experimentado un abanico de relaciones, desde a larga distancia y profundas hasta casuales y ligeras. En suma, una cosa estaba deslumbrantemente clara: yo *no* era una persona fácil para salir con ella.

UNA NUEVA DIMENSIÓN DE CITAS

Los emprendedores salvajes añaden toda una nueva dimensión a esto de las citas. ¡Podemos ser un verdadero reto para quienes se atreven a involucrarse! Toma en cuenta lo siguiente mientras juegas el juego de las citas salvajes:

Cambios de último minuto. En nuestros negocios salvajes surgen retos y los planes pueden cancelarse más a menudo que llevarse a cabo. A las citas no les gusta que las dejen plantadas. Así que o aclaras bien tu horario salvaje, o no te comprometas hasta estar 100% seguro de que estarás ahí.

Interrupciones. Siempre hay alguien que necesita nuestra atención. Pero debemos recordar que hacer multitareas puede percibirse como una grosería. Enfócate en tu cita. Apaga tu teléfono. Tu negocio sobrevivirá una hora sin ti. Pon a alguien más temporalmente en tu lugar.

Cero días libres. Los fines de semana son un concepto extraño para nosotros, las líneas entre el juego y el trabajo tienden a difuminarse. Pero a veces tienes que apagar completamente tu modo trabajo e irte a una cita aventurera.

Reto financiero. Tu presupuesto puede ser apretado (particularmente si estás recorriendo una ruta con financiamiento limitado), pero ahorra algunos centavos para las noches de citas. No es necesario que optes por la alta cocina, pero agasajar a tu cita con unos sabrosos tacos y una margarita definitivamente podría redituar.

Listas de pendientes. Favor de no apuntar a tu cita en tu lista de pendientes. Esto mata el romance como una cubetada de agua helada.

Evita estas clásicas tendencias emprendedoristas, ¡pero no renuncies! Si estás soltero, sal, hazte tiempo para tener citas, no te ocultes detrás de tu negocio salvaje. Mucha gente interesante se cruzará en tu camino.

Adiós, Príncipe Encantado

Para cuando cumplí treinta y dos había besado mi cuota de sapos. ¿Dónde estaba mi Tarzán? Estaba agradecida con esos sapos aventureros; cada uno de ellos me enseñó mucho sobre la vida, el amor y yo misma. Realmente la sincronización estaba en juego. Cuando tu mente está abierta, atraes gente que piensa como tú. También atraes lo que necesitas aprender. Tal vez inconscientemente no estaba lista para Tarzán. O tal vez mis parámetros de búsqueda estaban mal. Así que establecí un nuevo conjunto de reglas para mí:

* **Adiós, Príncipe Encantado.** Tenía que diseñar mi propio "felices para siempre", convertirme en una persona entera antes de encontrar a Tarzán. "Nuestro deseo de encontrar una persona especial que nos complete es doloroso porque es ilusorio", explica Marianne Williamson en *A Return to Love* [Regreso al amor]. Aunque la cultura popular —libros, canciones,

películas, publicidad— nos lleva a creer que necesitamos a otra persona para ser completos, yo descarté esa
noción.[51]

* **Momento oportuno.** Si el momento no es oportuno, el amor puede no ser suficiente. Los lindos sapos
que había encontrado pueden no haberse metamorfoseado en mi Tarzán debido a las circunstancias, no al
corazón. Nunca sabes cuándo aparecerá el amor, pero
debes confiar en que las estrellas sea alinearán en el
momento correcto.

* **Expectativas realistas.** Yo había estado buscando a
alguien que fuera mi todo: mi amante, mi mejor amigo, mi sistema de apoyo, mi compañero de juegos. La
experta en relaciones Esther Perel explica que encontramos a una persona y "básicamente le pedimos que
nos dé lo que antes un pueblo completo solía proveer.
Dame pertenencia, dame identidad, dame continui-
dad, pero dame trascendencia y misterio y maravilla,
todo en uno. Dame confort, dame límites. Dame novedad, dame familiaridad. Dame predictibilidad, dame
sorpresa".[52] ¡Nunca se puede esperar que una sola persona haga y sea todo eso! Debemos ser realistas con
respecto a lo que Tarzán o Jane pueden dar.

* **Las relaciones requieren trabajo.** En mi mente, el
trabajo era trabajo, el romance era todo diversión, arcoíris y mariposas. Apunte de la realidad: las relaciones
reales requieren esfuerzo y tiernos cuidados todos los
días, igual que nuestros negocios salvajes.

Felizmente sola

En la primavera de 2016 reservé una habitación sencilla en un retiro de diez días de surf y yoga en Nicaragua. Me enfoqué en hacer de mí una persona completa con las olas y los saludos al sol (¡definitivamente mi versión de feliz para siempre!). Después del retiro, cerré mi hostal durante la temporada de lluvias de verano, cargué mi auto, conduje al norte a través del desierto de Chihuahua con mi labrador amarillo, Paris, como mi copiloto (es una navegadora terrible, pero una oyente fantástica) y seguí a mi corazón de regreso a las Rocallosas de Colorado. Mientras me instalaba en la vida del encantador pueblo de Ridgway, anidado en las montañas de San Juan, me sentí viva, embriagada de aire fresco de montaña y contenta con esta aventura sola con mi cachorro. Una amiga me había aconsejado "Carpe la maldita mie*da fuera de este diem". Paris y yo hicimos exactamente eso. Fue entonces cuando la pluma se encontró con el papel, y comencé a vaciar mi corazón escribiendo este libro.

La última aventura del corazón

Entonces, por supuesto, Tarzán se balanceó inesperadamente dentro de mi vida —con bermudas tropicales y una sonrisa juguetona— en los majestuosos picos cubiertos de nieve de Telluride. Comenzamos como amigos, las circunstancias cambiaron, las estrellas se alinearon, y hemos estado juntos desde entonces. Cuando menos lo esperaba, encontré un espíritu libre gemelo para unirse conmigo en la naturaleza salvaje.

Este hombre hermoso no solo habla el lenguaje del mundo natural, también es un aventurero y un emprendedor salvaje. Aunque no siempre es fácil, hemos puesto nuestro mejor esfuerzo por fluir juntos por la vida naturalmente; inspirándonos, motivándonos y amándonos uno al otro en el camino.

La prueba del kayak

¿Pero cómo sabes cuando has encontrado a la persona con la que estás destinado a compartir el resto de tu vida? Algunas parejas se casan después de diez años, algunas a los pocos meses, algunas nunca se casan. Como emprendedores salvajes tenemos que despejar nuestros propios senderos aquí también.

¿Te preguntas si has encontrado al Tarzán o a la Jane de tu vida? Ve por la prueba definitiva —remen juntos en un kayak doble—. ¡Esto es una terapia de parejas de la vida real! Como emprendedores salvajes estamos acostumbrados a ser capitanes de nuestros barcos, pero con nuestro Tarzán o nuestra Jane debemos aprender a navegar juntos por la vida.

He guiado a cientos de parejas en viajes de kayakismo en embarcaciones dobles (ofrecemos tours de kayakismo a nuestros huéspedes en el Tailwind Jungle Lodge). Lo he visto todo y más: parejas perdidas en concentrado silencio, parejas que cuentan en voz alta para encontrar el ritmo, parejas que discuten sobre la técnica adecuada, parejas que se ríen a lo largo de toda la aventura. ¿Qué tipo de pareja serán ustedes? ¿Pueden trabajar juntos para progresar, o remarán en círculos? ¿Cómo se comunican ante los retos: ¿eres

240

una personalidad tipo "Mar Muerto" (sin hablar) o "Arroyo Parlanchín" (hablar sin parar)?[53] Algunas parejas finalmente deciden que prefieren remar cada quien en su kayak lado a lado. ¡Y eso está bien también! Saber el estilo de remo del otro te dará una buena idea con respecto a su compatibilidad. Puede ser una buena cosa a saber antes de amarrar el nudo.

Cuando consideren remar por la vida juntos, una buena pregunta para plantearse es: ¿qué me hace sentir amado y apoyado? O, como dice el experto en relaciones Gary Chapman en *The Five Love Languages* [Los cinco lenguajes del amor]: "¿Qué llena el tanque de tu amor?". El autor explica que mantener lleno nuestro tanque del amor es tan importante para el matrimonio como mantener el nivel de aceite adecuado en un auto. El reto aquí es que Tarzán y Jane pueden hablar distintos lenguajes del amor. Mientras estén remando, experimenten con lo siguiente:

Palabras de afirmación. Los cumplidos verbales son una motivación mucho mejor que las palabras molestas. "Lo estás haciendo muy bien" puede ser más efectivo que "Rema más fuerte". Apoya y ofrece palabras de aliento. La definición de aliento es "inspirar valor". Ayuda a tu compañero o compañera a descubrir su potencial oculto.

Regalos. Dale un concha, un vistoso chaleco inflable o el regalo de tu presencia (no sobreestimes el poder de la presencia). Cualquier regalo puede ser una expresión de amor. Mi Tarzán los llama regalos "JB" (*"just because"*, solo porque sí); no hay necesidad de que haya una ocasión especial. "Siempre puedes ahorrar, pero invertir en tu amado cónyuge es invertir en acciones preferentes", dice Chapman.

Actos de servicio. ¿Se te cansaron los brazos? Pide amablemente a tu Tarzán (o Jane) si no le importa remar solo un ratito.

Tiempo de calidad. Manténganse presentes mientras reman juntos. Escúchense atentamente. Esto puede ser fácil en teoría, pero difícil de implementar —practica quedarte callado—. Mucha gente no quiere consejo o ni siquiera soluciones, solo quieren a un oyente solidario. No interrumpan, no den consejos a menos de que se los pidan. Simplemente entiendan y estén ahí el uno para el otro.

Contacto físico. Cuando atraquen en la playa para descansar, da a tu Tarzán o a tu Jane un buen beso bajo una palmera. Para muchos, tocar = amar. Consejo: ¡darse de golpes uno al otro con el remo no cuenta como tocar!

Vale absolutamente la pena descubrir tu lenguaje amoroso, y por supuesto el de tu pareja. "Ignorar los lenguajes de amor de tu pareja es como ignorar las necesidades de un jardín; si no le quitas las malas hierbas, si no lo riegas ni lo fertilizas, tendrá una muerte lenta", dice Chapman. Tarzán y Jane debe nutrir su jardín selvático del amor.

¿TODAVÍA NO SE CASAN? DIFERENCIAS CULTURALES

¿Todavía no te has casado?, me pregunta regularmente en español mi leal camarera, Claudia, siempre preocupada por mi vida amorosa. Ella tiene treinta y cinco años, tiene tres adolescentes y un nieto. "¿Qué estás esperando?", pregunta. Yo le digo que sigo buscando a mi gallo. Ella ríe y

me suelta. Mi enfoque sobre el matrimonio claramente difiere del de Claudia. Pero hay una cosa en la que estamos de acuerdo: en México es común pasar de los treinta y seguir viviendo con tus padres: ¡realmente acerté en eso!

Las normas culturales en torno al matrimonio y la familia ciertamente varían. Ve a tu propio ritmo. No hay necesidad de sentirse presionado o apremiado. ¡Traza tu propio sendero!

El matrimonio como emprendedor salvaje

Si pasaron la prueba del kayak, ¿ha llegado entonces el momento para la boda tropical de Tarzán y Jane? El matrimonio como emprendedor "lleva la ya complicada institución del matrimonio a un nivel enteramente distinto de complejidad", dice Jay Goltz, propietario de una pequeña empresa y marido durante treinta y ocho años. La ambición, la pasión y el estilo de vida de espíritu libre de los emprendedores salvajes pueden ser tanto una ayuda como un obstáculo para el matrimonio. Cuando te casas te comprometes para bien o para mal. "Cuando te casas con un emprendedor, puede ser *mucho* mejor o puede ser *mucho* peor. Y también puede ser ambos" dice Goltz. "¿Qué tan excitante es eso? Disfruta del paseo. Nunca te aburrirás".[54]

El matrimonio es algo que todavía tengo que experimentar, aunque es un viaje del corazón que espero explorar en algún momento. Aunque he luchado con lo que el matrimonio verdaderamente significa en este mundo moderno (con tan

altos índices de divorcio), creo en el sagrado compromiso como compañeros de vida, ¡y estoy totalmente a favor de una
gran celebración del amor! Incluso tal vez un vestido blanco...
después de todo soy una romántica.

Con el matrimonio en mente, consulté con mi querida
amiga Herta Feely, emprendedora salvaje y *coach* de escritura,
cofundadora de Safe Kido Worldwide y creadora de Chysalis
Editora, para que me diera un consejo. Herta y su esposo, Jim
Feely, acababan de celebrar su trigésimo aniversario de bodas
en San Pancho. Un aura de amor y respeto rodea a los Freely
dondequiera que van. Herta ofreció cinco perlas de sabiduría
del matrimonio para los emprendedores salvajes:

1. **Encuentra a una pareja que sea tan independiente
   como tú.** Mientras paso muchos fines de semana escribiendo, mi esposo juega al golf y al tenis. Estas son actividades muy compatibles, ¡siempre que no esperemos
   que el otro haga lo mismo! Encuentra a alguien que te
   complemente.

2. **Haz lo inesperado.** A veces envío a mi hombre una nota de amor por correo electrónico, y en ocasiones me
   manda flores sin razón alguna.

3. **Recuerda ser romántico en ocasiones.** Descubre qué
   es lo que tu pareja considera romántico... esto puede di-
   ferir entre hombres y mujeres.

4. **Entiende a tu pareja.** Definitivamente, familiarízate
   con el lenguaje de amor de tu pareja.

5. **Sé flexible.** Esa es la clave de todo.

El amor te encontrará

Si tu corazón está abierto y es el momento adecuado, el amor te encontrará. ¡Tarzán o Jane aparecerán, así que prepárate! Ten en cuenta que Jane puede estar un poco loca, y que Tarzán puede ser un poco bobo,[55] y ya están. Cuando encontramos a la pareja correcta y aprendemos a hablar el mismo lenguaje, la alegría de vivir salvajemente es ¡ay! tan dulce. ¡Vamos Tarzán y Jane!

PAUL GIRARDI Y DANIELLE HACHEY EMPRENDEDORES EN PAREJA, FEATHERS AND FUR SURF/YODA RETREATS

"Hagan algo increíble, persigan aquello que es salvaje, natural y libre. Solo porque la sociedad haya establecido sistemas, no significa que tenemos que seguirlos. Asegúrense de que es increíble para ustedes, para los demás y para el ambiente, ¡y no dejen de ser increíbles!".

¿Dónde encuentran inspiración como pareja?

En el océano, los árboles y el dormitorio ☺.

¿Cuál fue su inspiración para crear Feathers & Fur?

Nuestra inspiración para Feathers & Fur de hecho comenzó mucho antes de que fuéramos pareja. Yo, Paul, estaba trabajando de jardinero en el pequeño pueblo surfista de Ucluelet, en Columbia Británica. Un día estaba podando rosales en el puerto interno, y Danielle, a quien había conocido brevemente y que me gustaba mucho, se detuvo comiendo una paleta. Nos sentamos mientras podábamos rosas, comiéndonos nuestras paletas y charlando acerca de nuestros sueños de vida, metas y ambiciones. Resultó que teníamos deseos muy similares —albergar a la gente y mantener un espacio para que las personas se reconectaran con la naturaleza, con ellas mismas y unas con otras—. Esto fue en el verano de 2010.

¿Qué retos han encontrado como emprendedores en pareja?

Los retos vienen de todas direcciones, en distintas formas y tamaños. Las complicaciones más grandes que hemos tenido parecen haber surgido debido a algo que según se dice ni siquiera existe: tiempo. Nuestros puntos de vista individuales con respecto al tiempo, lo que es pertinente y cuándo, parecen cambiar de tiempo en tiempo. Entre todo el "tiempo" que pasamos juntos trabajando, viviendo y jugando, es en nuestra creación de "qué sigue" que el "CUÁNDO" realmente deja ver su fea cabeza. Pero, en medio de nuestras vidas ocupadas, respetar las opiniones del otro y reconectarnos con nuestras metas compartidas puede superar nuestras insignificantes discusiones acerca de quién publicó en Facebook la última vez, o si obtuvimos nuestros nuevos pasaportes el fin de semana antes de partir a un viaje.

¿Algún consejo para los compañeros que son emprendedores en pareja?

Recuerden que su relación se basa en el amor y en el estar juntos. No en el negocio. Pueden discutir acerca de estrategias de *marketing*, gastos, correos electrónicos o lo que sea como socios de negocios, pero no olviden que esas conversaciones no son la base de su relación. Discutan como socios de negocios, pero luego quítense esos sombreros y vuelvan a ser amantes.

Tampoco tienen que hacer *todo* juntos. Dividir tareas, y tener la confianza de dejar que tu pareja se encargue de ello completamente permite tener un poco más de libertad. Y no se molesten en tratar de compartir una computadora…

CAPÍTULO DIEZ
EL DRAMA DE LA SELVA CONOCE A ALOHA

LA DISTANCIA MÁS LARGA QUE LA GENTE
DEBE RECORRER SON LOS CUARENTA Y CINCO
CENTÍMETROS ENTRE SUS CABEZAS Y SUS
CORAZONES.
**BILL GEORGE, GURÚ DE LIDERAZGO Y PROFESOR DE
HARVARD**[56]

LA SELVA ME CAUTIVA POR SU SERENIDAD NATURAL.
Y sin embargo, a menudo me encuentro a mí misma agitada
por conflictos. ¡La traviesa vida silvestre no es una adversaria
para el torbellino antropológico! Este complejo elemento
del emprendedorismo salvaje me tomó por sorpresa. Las malas
comunicaciones, las malas percepciones y los desacuerdos
son parte de la vida. La forma en que elegimos responder a
estas brechas inevitables en pensamiento y filosofía depende
de nosotros. Podemos reaccionar instintivamente con enojo,
animosidad, miedo e incluso venganza. ¿Pero podría haber
una forma más constructiva de seguir adelante?

MAPA DE RUTA DEL EMPRENDEDOR # 10 ♥

En este capítulo, viajaremos por:

- 🍃 El drama humano.
- 🍃 La utilización del poder zen —control del pensamiento, conciencia plena y meditación.
- 🍃 Cómo cabalgar sobre las olas del conflicto sin ahogarse en ellas.
- 🍃 La ciencia de la paz y el espíritu de *aloha*.
- 🍃 Practicar la comunicación y la resolución de conflictos con conciencia plena, compasión y profesionalismo.
- 🍃 Agregar el amor a la ecuación del negocio holístico.

Drama selvático

Como en una telenovela, los episodios cargados de conflictos son frecuentes en la selva. Hemos llegado a llamarlos "el drama de la selva". Las tramas incluyen:

- ✳ El episodio del lodo: lluvias torrenciales que convierten el camino en lodo resbaladizo. Los autos de alquiler y los camiones de los trabajadores se quedan atorados en todas partes.
- ✳ Episodio de los yoguis perdidos: algunos de nuestros huéspedes de yoga bebieron demasiado tequila mientras hacían senderismo y tomaron una vuelta equivocada.

250

* El intenso episodio del kayak: poco después de comprar un kayak usado en San Pancho, un vecino nos confronta reclamando que le habían robado el kayak (finalmente sacamos en claro que al kayak se lo había sido llevado la marea alta y quedó a la deriva en el pueblo).

* Episodio del suicidio: una huésped emocionalmente inestable del hostal amenaza con quitarse la vida.

* Episodio del chantaje: un huésped, sorprendido de que el Tailwind Jungle Lodge está de hecho en la selva (?!), amenaza con escribir mordaces reseñas y llamar a la policía.

* Episodio del acceso a la playa: nuevos vecinos bloquean el acceso a una playa local; de aquí sigue una batalla legal.

Lidiar con el conflicto

Los conflictos crecieron en complejidad, y mi agitación se acumuló. Vivía en inquieto suspenso de lo que podría ocurrir después. Con el paso de los años, mi torbellino interno se convirtió en ira, que finalmente desembocó en un ataque de ansiedad que me tumbó en el invierno de 2016. El ataque me llevó al hospital de San Pancho completamente histérica, mi corazón saltaba en mi pecho como un sapo hiperactivo. Un compasivo doctor mexicano me dijo que respirara y tratara de relajarme.

¿Relajarme? Había olvidado cómo. El trabajo y el negocio se habían convertido en mecanismos de escape para ahogar mi huracán interno, que se intensificaba cada vez más. Me convencí a mí misma de que finalmente la vida regresaría a la "normalidad". Mi mente había sido una olla de presión emocional. ¡No es extraño que explotara! Si estás esperando que regrese "la normalidad" puedes pasar toda tu vida esperando. ¿Qué es normal para los emprendedores salvajes? No existe semejante cosa.

Mientras analizaba en dónde me había equivocado, hojeé mi diario y aterricé en esta entrada de 2009: "Una vez que controle mis problemas de salud física, mi mente y mi bienestar emocional tendrán que ponerse al día". No bromeo, mi predicción ciertamente había dado frutos. No descuides tu salud psicológica. Yo no había cultivado las herramientas emocionales necesarias para trabajar el torrente de conflictos. Mis estudios de nutrición holística en el INI me habían enseñado que la mente y el cuerpo están inextricablemente entrelazados, pero había necesitado de un ataque de ansiedad para que *finalmente* registrara esa verdad. Los emprendedores salvajes debemos ser amigos de nuestras mentes; ¿pero cómo?

Bienvenido al Club Woo-Woo

"Meditación en la selva mañana a las 7 a.m.", anunció la radiante lideresa del retiro de yoga. Me estremecí cuando recordé mi intento inicial de meditar durante uno de los primeros retiros que organizamos en el hostal. Una hora sentada en silencio con las piernas cruzadas se había sentido como una eternidad de tortura. Después de esa experiencia había declinado incontables invitaciones a sesiones de meditación, y me había resistido a lo que había etiquetado como "el club woo

woo",[2] porque cantaban mantras y se decoraban mismos con conchas de mar y plumas.

Ahora la marea había dado la vuelta y me sentía envidia de esos yoguis aparentemente libres de cargas. Quería probar cualquiera que fuera el coctel zen que tomaban. Un coctel real también era algo tentador. Margaritaville ofrecía delicioso alivio en todo momento —una forma rápida de embotar mi desasosiego emocional—. Sin embargo, sabía lo suficiente para comprender que una margarita (o dos o tres) en última instancia empeoraría mis problemas emocionales. Como explica el líder espiritual Thích Nhã't Hanh:[57] "Cuando nuestras mentes están llenas, a menudo sentimos la urgencia de llenarnos, distraernos o entumecernos con comida chatarra, entretenimiento chatarra, lo que sea con tal de mantener nuestras mentes alejadas de nuestras dificultades. Podemos tener éxito en entumecernos por un rato, pero el sufrimiento interior demanda nuestra atención y se infectará y supurará hasta que la obtenga". Si hacía a un lado mis emociones, indudablemente encontrarían una forma de surgir, y no tenía ganas de regresar al hospital en fecha próxima.

Así, mi nueva desesperación por sanar mi calamidad psicológica me llevó otra vez a la clase de meditación. Mientras me sentaba aprensivamente en mi tapete de yoga, la maestra comenzó. "Empezaremos con una sesión de tres minutos de consciencia plena acostándonos, después haremos algunos ejercicios de respiración para liberar la tensión". Yo alcé las cejas, sorprendida. ¿En serio? Eso de acostarse suena muy atractivo...

---

[2] Woo-woo se refiere a prácticas como la meditación, la filosofía *New Age*, el esoterismo. (*N. de la T.*)

¿Qué es la meditación?

Quince minutos más tarde, yo estaba transformada. La meditación había sido como un aloe calmante para mis heridas psicológicas. Tuve una abrumadora sensación de fuerza y capacidad para manejar cualquier cosa que el mundo arrojara sobre mí. Desconcertada, me pregunté: ¿qué es exactamente la meditación?

La meditación se describe como el proceso de vaciar tu mente. Es una invitación a observar qué ocurre con nuestros pensamientos y emociones, y después dejarlos ir. Cuando surge un pensamiento, en vez de reprimirlo u obsesionarte con él, Pema Chödrön, budista estadounidense, recomienda reconocerlo "sin ponerle nombres, sin aventarle piedras, sin bajar la mirada".[58]

PERROS QUE LADRAN

En Nepal, los perros ladran toda la noche. Más o menos cada veinte minutos paran todos al mismo tiempo, y hay una sensación de inmenso alivio y quietud. Entonces comienzan a ladrar de nuevo… Cuando empezamos con la meditación es como si los perros nunca dejaran de ladrar. Después de un rato, empiezan esos huecos. Los pensamientos discursivos son más bien como perros salvajes que necesitan ser domesticados. En vez de pegarles o aventarles piedras, los domesticamos con compasión. Una y otra vez los consideramos con la precisión y la bondad que les permite calmarse gradualmente. A veces se

siente que hay mucho más espacio, con solo algunos la-
dridos aquí y allá.

Pema Chödrön
When Things Fall Apart

Además de calmar a los perros que ladran, la meditación
ha sido llamada la "droga milagrosa" Arianna Huffington
explica que no hay nada más simple, y sin embargo más
poderoso que la meditación. La hace sentir organizada y
feliz y capaz de enfrentarse a los retos del mundo.[59] Ofrece
incontables estudios que muestran que la meditación y el
entrenamiento en conciencia plena benefician cada aspecto de nuestras vidas: nuestros cuerpos, mentes, salud física
y nuestro bienestar emocional y espiritual. La meditación
puede de hecho activar los genes buenos (los que estimu-
lan al sistema inmune, reducen la inflamación, etc.) y puede modificar físicamente nuestros cerebros (el grosor de la
corteza prefrontal).

Todo suena muy bien, ¿no?

Cuando todo se derrumba

Anhelando tener más guía, rápidamente aprendí que tenía que dejar de huir y comenzar a ser. Chödrön nos invita
a practicar "relajarnos en medio del caos, aprender a no entrar en pánico". Mientras digería esto, me preguntaba: ¿cómo

pueden los emprendedores salvajes cabalgar con gracia las olas del conflicto en vez de ahogarse en ellas?

Mala comunicación interna

Con eso avancé un pequeño paso y me comprometí a observar mi mente. A medida que me sintonizaba con mis pensamientos, me alarmé por la perpetua charla a alta velocidad que saltaba de un problema al siguiente mientras revivía el pasado y me preocupaba por el futuro. Mi comunicación interna era como un radio lleno de estática que saltaba de un canal al siguiente.

Entendiendo esto, la meditación y la conciencia plena se volvieron componentes clave de mi caja de herramientas de emprendedora salvaje. Añadir algunos momentos de respiración consciente o meditación a tu rutina diaria no cuesta nada, pero ofrece mucho. No hay promesas, no hay garantías, esto no es una panacea, pero dado el salvajismo de nuestro viaje, encontrar paz interior te dará un refugio confiable contra la tormenta. Te urjo a que lo intentes.

MEDITACIÓN Y CONCIENCIA PLENA

La conciencia plena es mi forma preferida de meditación, pero observa que hay una diferencia entre las dos. Yael Flusberg, una de mis maestras de yoga favoritas, abunda sobre esto:

Meditación. Hay muchas formas de meditación. La forma tradicional es sentarte inmóvil para que puedas descubrir los patrones de la mente. También puede incluir ejercicios de visualización.

Conciencia plena. La conciencia plena es una forma de meditación. Puede ser un estado de quietud o flujo, siempre que pongas toda tu atención en un objeto o una práctica, lo que es "acción plenamente consciente". Esta acción puede aplicarse a lo que quieras —jardinería, senderismo, natación, incluso lavar los trastes plenamente consciente.

Para comenzar

Hay una razón para la popularidad de las prácticas de meditación y de conciencia plena. Hay muchas formas de comenzar; encuentra la práctica de meditación/conciencia plena que te funcione mejor. Yo recomiendo empezar con breves meditaciones, que son efectivas y fáciles de integrar a lo largo del día. Incluso unos minutos de conciencia plena pueden hacer la diferencia. Simplemente inhala y exhala profundamente, reconecta tu mente con tu cuerpo mientras respiras. Si es posible, cierra los ojos, intenta poner una mano en tu corazón y la otra en tu vientre para reconectar mente y cuerpo.

Si te cuesta hacer eso solo, considera las meditaciones guiadas. Revisa las clases en tu centro comunitario local, estudio de yoga, meditaciones guiadas en línea, o prueba con una app de meditación.

MITOS DE LA
MEDITACIÓN ♥

Siéntate como si fueras un pretzel torpe. Tradicionalmente, la meditación puede practicarse en cuatro posiciones: sentado, de pie, trabajando o acostado. Yo creo que no hay una forma correcta o equivocada. ¡Todas son buenas! A menudo practico la conciencia plena en movimiento: corriendo, nadando o andando en bicicleta. Encuentra tu estilo.

Se lleva años aprender a meditar. No necesitas practicar largas meditaciones para disfrutar de los beneficios. Es más, si comienzas moderadamente, será más probable que permanezcas ahí. No esperes a convertirte en un maestro de inmediato. "No aprendes a navegar en mares tormentosos", dice el monje budista Matthieu Ricard (conocido como el hombre más feliz del mundo). Requiere práctica.

No pienses en nada. La meditación se trata de darle la bienvenida a los pensamientos con bondad, compasión y respeto. Como se presenta en la inteligente película animada *Intensa-Mente*, incluso se debe permitir que el personaje de la tristeza se exprese. Sin embargo, como directores de nuestras propias vidas, la meditación nos da la oportunidad de reconocer a todos los personajes emocionales y decidir cuáles serán los protagonistas.

Estoy demasiado ocupado. Incluso una pausa de 60 segundos de conciencia plena funciona. Lo que importa es la consistencia. Nunca estás demasiado ocupado para tomarte un minuto.

La meditación es solo para épocas de estrés. La meditación es la práctica de cultivar herramientas mentales para lidiar con los retos. Prepárate para las épocas estresantes practicándola regularmente.

Iluminación posmeditación. No asumas que terminarás lleno de dicha después de la meditación. A veces estarás lleno de frustración, ansiedad y pensamientos recurrentes. ¡Esto es señal de que la curación está sucediendo! Deja que esas emociones surjan y se liberen como burbujas en un agua mineral.

¿La meditación es demasiado esotérica para ti? Llámala como quieras. Yo ahora uso el término "pausas de conciencia plena". Laird Hamilton, surfista de grandes olas, también tiene su propia versión. Dice: "Respira hasta que te veas a ti mismo". En su clase nos guió a través de la respiración ventral profunda a un ritmo rápido e intenso, seguido de contener el aliento por un largo periodo para calmar la respuesta al estrés. La resultante sensación física y psicológica es intensa y hermosa: hormigueos, zumbidos, claridad mental, calma... dicha. Cuando una gran ola se lleva a Laird, sus técnicas de respiración hacen toda la diferencia para su supervivencia.[60] Las prácticas de meditación y de conciencia plena también pueden ser clave para nuestra supervivencia como emprendedores salvajes.

MANDY BURSTEIN
CRÓNICAS DE UNA CHICA ZEN
Y SANADORA MODERNA DE YOGA

Lema: Crea un incendio en tu corazón, transforma tu vida y activa al mayor sanador que alguna vez conocerás: TÚ

El ir y venir de la energía, especialmente en un entorno de negocios, es algo fascinante de observar. El Universo refleja tu energía como un espejo. Las veces que tengo más éxito en lanzar un evento, colaborar en un proyecto o algo tan aparentemente pequeño como dar una clase de yoga de una hora, es cuando pongo en ello todo mi corazón. Todos los involucrados pueden sentir tu pasión, que desde ahí se expande como ondas en un hermoso flujo de apoyo y éxito.

¿Alguna sabiduría salvaje que quieras compartir?

Creo que el viejo paradigma de trabajar toda tu vida para alguien más se está derrumbando. Mientras más empoderados nos volvemos, más nos damos cuenta de que cada decisión que tomamos en la vida es importante. ¡Y la decisión de dónde, cuándo y para quién trabajas es una de las más grandes que jamás tomarás! Sabe que la ruta del "emprendedor salvaje" no es fácil. Pero será la mayor oportunidad para el crecimiento espiritual, y la clave para soltar tu libertad.

Control del pensamiento = poder zen

Fortalecí gradualmente mi músculo mental practicando momentos de conciencia plena en mi tapete de yoga, en las olas, en la fila en la tienda de abarrotes, en el tráfico. Lo siguiente me quedó muy claro:

* **Nosotros controlamos nuestra mente, ella no nos controla.** Depende de nosotros tomar las riendas y demostrarle a nuestra mente quién está a cargo.
* **Expulsa lo negativo.** Todos tenemos la capacidad de dejar ir mucho parloteo de pensamientos negativos.

Con una mentalidad de vaso medio lleno podemos evitar que los pequeños problemas se magnifiquen en crisis mayores. Aunque cierta negatividad es parte de ser humanos, podemos distinguir entre la angustia constructiva y el rumiar inútilmente los pensamientos.[61] Tú controlas *qué* cruza el umbral de tu mente. A veces, "debes sacar a patadas a la gente de tu mente con tanta fuerza como si echaras a patadas de tu casa a alguien que no quieres que esté ahí", dice Amoruso. "Enfócate en las cosas positivas de tu vida, y te sorprenderás de cuántas cosas positivas más comenzarán a ocurrir".

CONSEJOS PARA DEJAR IR LO NEGATIVO

Reprográmate. Siempre hay algo positivo en lo que reenfocar tu atención.

Encuentra una salida física para la negatividad. Vete a caminar, prueba con el yoga o el boxeo. Deja que la negatividad venga, se evapore y sea reemplazada con endorfinas felices.

La gratitud diaria genera positividad. Al final del día menciona tres cosas por las que estás agradecido.

Rodéate de mantras de conciencia plena. Las paredes de mi *casita* están decoradas con letreros como "Un día a la vez" y "La vida es un hermoso paseo". ¡Los recordatorios ayudan!

MEDITACIÓN SENCILLA PARA EMPRENDEDORES SALVAJES

Mantra: Libera la tensión, establece la intención

Cierra los ojos por un minuto (o dos o tres). Al exhalar, repite en tu mente el mantra "Libera la tensión". Mientras lo haces, siente cómo se relaja tu cuerpo. Al inhalar, establece una intención fresca. ¿Cuáles son los pasos positivos que quieres dar a continuación mientras te mueves en tu día? Reemplaza cualquier sensación de agotamiento con energía sanadora.

* **Intuición.** Cuando calmamos el parloteo de nuestras mentes, creamos espacio para que nuestra sabiduría interior nos guíe. "Si aprendemos a escuchar, la intuición es como un sintonizador que nos mantiene en armonía", dice Huffington.

* **Sin lodo no hay lotos.** Como aprendimos en Baja (fase de ensoñación), cualquier situación es una oportunidad de crecimiento. Thích Nhâ't Hanh nos dice: "Si sabes usar bien el lodo, puedes cultivar hermosos lotos". Cuando examinamos lo que realmente queremos, nos damos cuenta de que todo lo que pasa en nuestras vidas —cada infortunio, desprecio, pérdida, alegría sorpresa y accidente feliz— es un maestro, y la vida es un gigantesco salón de clases. Lo que decidimos hacer con cada lección, la forma en que la asimilamos,

depende de nosotros. Arianna Huffington también cree que "existe un propósito oculto —y una alquimia— en el sufrimiento que se transmuta en sabiduría y fortaleza".

✳ **Presencia.** *Siempre* podemos volver al presente.

Al incorporar estos descubrimientos de control del pensamiento sentí como si tuviera un superpoder zen. Comencé a percibir la vida como una serie de momentos, como perlas unidas en un collar de oportunidades. Sentí que despertaba a la delicia del ahora. El 8 de marzo de 2016, escribí en mi diario:

ESTAR PRESENTE ES NATURAL. ¿POR QUÉ NO QUERRÍAS ESTAR PRESENTE? CADA MOMENTO ES UN NUEVO COMIENZO. DEJA IR. AMA. Hacer las paces con mi mente ha abierto simultáneamente mi corazón.

SARAH LOVE
I STAND FOR LOVE

Calendarios y regalos que animan e inspiran
Lema: Tu amor cambia el mundo

¿Cuál fue tu inspiración para crear I Stand For Love?

Hace años literalmente me desperté en medio de la noche con esas cuatro palabras en la mente. Sonaban tan simples y al mismo tiempo tan poderosas, y pensé que si la gente decía esas palabras, el mundo cambiaría. Ya tenía un negocio de arte inspiracional, pero quería que fuera más universal. Más acerca del poder del amor que acerca de mí como artista. Así que cambié todo a I Stand For Love (Yo defiendo al amor) e incluso creé un día internacional el 8 de agosto llamado el día de I Stand For Love.

Mi deseo más profundo es que las futuras generaciones sientan más amor en sus corazones, y pienso que es un tiempo crítico para que hagamos un cambio en esa dirección. Creo en el poder de lo colectivo y mientras más seamos los que nos volvamos hacia el amor, más aumentaremos esa vibración en el mundo. Mi misión con I Stand For Love es ser una pequeña ola de positividad y esperanza para animar a los corazones humanos todos los días.

¿Este trabajo es tu pasión? ¿Qué te mantiene motivada?
¡Sí! Realmente tiene que ser una pasión, o sería difícil para mí permanecer automotivada. Lo que me mantiene motivada son otras personas que están usando su energía para crear ondas de cambio. Grandes o pequeñas, me encanta saber de gente que hace cosas increíbles. Este no es el momento de enterrar mi cabeza en la arena, es el momento de hacer que mi corazón cobre vida plenamente.

¿Cómo le retribuyes a tu comunidad?
Dar en general es una pieza importante de mi modelo de negocios. Dono calendarios inspiracionales a algunas organizaciones no lucrativas cada año. El año pasado aumenté mis ingresos y pude donar 400 calendarios a los voluntarios de la Crisis Text Line y 450 a la Comunidad de Inmigrantes y Refugiados aquí en Portland, Oregon. Adoro dar una inspiración diaria a la gente que puede no tener acceso al arte o a los mensajes de esperanza de ese tipo. También doy artes de noche gratis en mi estudio a mis amigos. Dono dinero a diversas organizaciones ambientales también e investigo mucho antes de hacer mis productos. Tengo una política de

"cero plásticos" en mi línea de producción, y todo lo imprimo localmente. Siempre hay más que quiero hacer por la gente y por la Tierra. Eso nunca deja de ser una prioridad para mí.

Emprendimiento salvaje con amor

Empoderada y entusiasmada por mi progreso, pegué una nota adhesiva en forma de corazón en el espejo de mi baño. Resolví que el amor sería el antídoto último del drama selvático. "Solo tienes que tomar tus decisiones desde el amor. Y cuando tomamos decisiones desde el miedo, ahí es cuando tenemos problemas", dice Arianna Huffington.

La palabra "amor" se usa para expresar muchas cosas distintas, pero creo que todos estaremos de acuerdo en que "amo los tacos" no tiene el mismo peso que "te amo". El sabor del amor que pegué en mi espejo es el tipo de amor que llevas contigo todo el tiempo. Es una energía cariñosa, compasiva y sin juicios que proyectas a desconocidos y amigos por igual, una luz que irradia a través de la oscuridad; la firma energética que dejas adondequiera que vas. Este tipo de amor es nuestro camino a la resolución y la paz.

THERESA ROTH
SUPERLOVETEES

"Estoy completamente motivada a esparcir amor y buenas vibraciones en todas partes, y soy lo bastante afortunada de tener una forma de hacerlo".

¿Cuál fue tu inspiración para crear SuperLoveTees?

Fue un "accidente". Tenía una línea de ropa interior de casimir que estaba fabricando y vendiendo en Etsy, y decidí hacer algunas playeras para las estaciones más cálidas. Eso despegó y nunca volví a la primera idea.

¿Qué consejo le darías a un potencial emprendedor salvaje?

1. Comienza donde estés.
2. Usa lo que ya tengas.

¿Qué quisieras haber sabido antes de comenzar?

No tienes que ser perfecto o tener un producto perfecto para empezar.

¿Cuál es tu parte favorita de ser una emprendedora salvaje?

Que no puedo cometer un error realmente. Cuando trabajaba en el mundo corporativo me preocupaba mucho cometer errores. Ahora puedo probar las cosas, y si no funcionan es solo una experiencia de aprendizaje.

Paz + amor = Negocio holístico ♥

Ahora que estamos equipados con conciencia plena e intención amorosa, ¿cómo podemos traducir esto en herramientas prácticas para la resolución de conflictos y enfrentar los retos? El emprendedor salvaje Walter Wright, creador de SAILWIND, aventuras educativas y conservación basadas en la ciencia, piensa que aunque no existe una metodología exacta, hay un arte en la comunicación y la resolución de conflictos con conciencia plena, compasión y profesionalismo.

El enfoque de Wright funde dos conceptos: *paciencia* (la palabra española y portuguesa que se deriva de "la ciencia de la paz") y el espíritu de aloha. Explica que, en Hawái, vivir aloha es vivir en unidad y armonía contigo mismo y con todas las formas de vida que te rodean.[62] Aloha es un código de conducta, una actitud y una forma de vida alimentada por el amor. Agrega a esto la ciencia de la paz, y tendrás una poderosa combinación.

Wright y yo colaboramos para ofrecerte los siguientes lineamientos para una comunicación reflexiva como emprendedor salvaje:

* **Sé respetuoso.** Con los demás, contigo mismo y con tu negocio. Incluso si están en páginas diferentes, trata a los demás como quieres que te traten.

* **Establece una intención.** Aborda los retos con un resultado que los beneficie a todos. "Entra en situaciones con lo que quieres encontrar", dice Huffington.

* **Comunicación.** Sé muy claro con respecto a tus deseos y necesidades. Cuida tu tono y tus palabras. Tomen turnos para hablar, asegúrate de que el otro ya terminó

antes de hablar. Respira antes de responder. Haz preguntas claras y directas.

* **Cuidado con la mala comunicación.** La mayoría de los conflictos surge por falta de información, mala información, no información o desinformación. Con las breves respuestas de los mensajes de texto y los correos electrónicos, los malos entendidos ocurren cada vez con más frecuencia. Descubre el mejor método de comunicación: por teléfono, cara a cara, correo electrónico, y así sucesivamente.

* **Sé humilde.** Mantente abierto a otros puntos de vista. "Sin el bagaje de lo que creemos que sabemos damos espacio para nuestro crecimiento", dice Laurence G. Goldt, autor de *Zen and the Art of Making a Living* [El zen y el arte de ganarse la vida].

* **Beneficio mutuo.** Busca territorios comunes. La mejor forma de evitar el conflicto es ayudar a quienes te rodean a lograr sus objetivos. Oculta al interior de la mayoría de los conflictos hay una semilla de oportunidad.

* **Escucha.** Sé un oyente activo –hazte eco de sus pensamientos y devuélvelos en tus propias palabras para confirmar que has entendido. Pide aclaraciones si es necesario.

* **Entendimiento personal.** No siempre se trata de estar de acuerdo. Una gran meta es ver a la otra persona no con culpa o crítica, sino con entendimiento y compasión. Ponte en sus zapatos, empatiza con su perspectiva si es posible. Puedes estar en desacuerdo y aun así tener una buena relación. No hay nada correcto o equivocado.

* **Prevención.** Sé proactivo cuando sea posible. Muchos conflictos pueden evitarse o minimizarse identificando

problemas potenciales y hablando antes de que la situación escale.

* **Sé firme.** No obcecado, hay una diferencia; el obcecado no permite que haya compromiso.

* **Consúltalo con la almohada.** Haz una pausa consciente, respira o consúltalo con la almohada antes de responder. Las reacciones impulsivas suelen estar guiadas por las emociones. No digas nada en vez de reaccionar agresivamente. "No puedo responderte a esto en este momento" es una respuesta aceptable. Deja que las emociones se enfríen para que ambos puedan pensar con más claridad. La *paciencia* es clave aquí.

* **Perdón.** Cuando nos vemos confrontados con un conflicto profundo, debemos perdonar a los demás y a nosotros mismos en última instancia. Cuando perdonamos estamos eliminando algo de nuestra mente y dándole a ambos lados permiso para seguir adelante. Nos estamos liberando de cargar con un bagaje emocional. El perdón no significa ingenuidad. Aprende en el camino (¡sintonízate con las lecciones!) pero deja ir la animosidad tóxica. "El perdón no es un sentimiento, es un compromiso. Es la decisión de mostrar piedad, de no aferrarnos a la ofensa contra el ofensor. El perdón es una expresión de amor", dice Gary Chapman.

Mejor, no más amargo

Aunque la vida salvaje traerá consigo giros y volteretas, no debemos sucumbir al conflicto y al drama. Podemos cabalgar algunas locas olas emocionales y titubear un poco, pero nos recuperaremos. En vez de amargarte, mejórate. Encuentra tu zen, enfócate en las cosas buenas y deja que los lotos florezcan. Jungle Judi ha encontrado su zen, dice; "Para enfrentar los retos, he adoptado la actitud de que es muy importante mantener bien el karma. Somos humanos, tenemos egos, pero tenemos que basarnos en nuestra espiritualidad y amor, aun cuando sientes que alguien merece que le griten, ¡ja!".

Como el drama selvático sigue presentándose en formas inesperadas, respiramos, hacemos una pausa, evaluamos, reunimos nuestra *paciencia* e invocamos al espíritu de Aloha para resolver el conflicto tan amorosamente como sea posible. Cuando el lodo de la selva ataca, hacemos nuestra danza de la lluvia, nos maravillamos ante las hojas en forma de corazón, les enseñamos a nuestros huéspedes la palabra en español "resbaladizo" y nos preparamos para la aventura sacando a nuestros vecinos de la cuneta con nuestro Jeep Wrangler 4x4. Sin lodo no hay lotos, ¿correcto?

TOTO FLORES, MEXICOLATE (CHOCOLATE ARTESANAL)

Nuestra misión va al corazón de la humanidad y despierta bondad, verdad y amor

¿Qué consejo le darías a un emprendedor salvaje potencial?

Haz las cosas desde el corazón. Si lo que haces genera un cambio positivo en los demás, el universo hará que funcione el motor.

¿Qué quisieras haber sabido antes de comenzar?

Confía en el fluir de las cosas, que todo funcionará como debe. Una fuerza misteriosa me guio para involucrarme con el cacao y su energía, ¡realmente es mágico! He aprendido que todo es perfecto con todas sus imperfecciones. Nuestro modelo de trabajo es algo poco convencional, pero nuestro sistema funciona naturalmente. Nuestro equipo trabaja bien, las fortalezas y las debilidades se complementan.

¿Qué te mantiene motivado?

Compartir con la gente toda la magia del cacao me mantiene motivado; el amor y la alegría que la gente trae y comparte cuando están en nuestra pequeña chocolatería. Después recomiendan a Mexicolate a más personas que traen su amor y alegría a la tienda. Es solo este hermoso ciclo. Eso me da la motivación para llevar abundancia y alegría a muchos corazones.

¿Cuál es tu parte favorita de ser un emprendedor salvaje?

Vivir fuera de lo establecido. Mi prioridad es conectarme con los clientes como amigos y compañeros humanos. Adoro abrir los corazones.

¿Cómo le retribuyes a la comunidad de San Pancho?

Estoy tan agradecido con este lugar, con la gente, con la naturaleza que nos rodea. Estamos sembrando cacao para tener más chocolate en el futuro. Ofrecemos talleres de chocolate a los niños y tratamos de dar chocolates o de chocolate con agua en eventos comunitarios, y tenemos la prioridad de contratar gente local para apoyar a la economía de San Pancho. También me ofrezco de voluntario en muchos esfuerzos sustentables en el pueblo.

Unidad

El mundo siempre necesitará más amor. Los emprendedores salvajes trazan un sendero de paz, conexión, compasión, empatía y amor. Es crucial que nos conectemos con nuestra esencia interna —trabajar con nosotros mismos para encontrar serenidad dentro de nuestros mundos emocionales— para poder navegar por la vida y el negocio con un corazón abierto y guiar a otros para que hagan lo mismo. No todos te amarán de vuelta, y eso está bien. No debemos dejar que nadie camine con sus pies sucios en nuestras mentes.[64] Cuando confrontamos los retos de la vida, debemos elevar nuestras palabras, no nuestras voces. Es la lluvia, y no el trueno, la que hace crecer las flores.[65]

Los humanos somos criaturas emocionales y complejas, pero al final todos necesitamos amor. No hay nada más importante.

Suaviza las paredes de tu corazón salvaje

Kelly Guenther, una maestra de yoga del hostal, nos ofrece la oración Metta para nuestras épocas de conflicto. Explica que esta meditación aumenta nuestra capacidad de ser más compasivos y amorosos con nosotros mismos y con los demás. Aleja la opresión de tu corazón, de la persona y de la situación.

Parte 1: siéntate en silencio. Cierra los ojos. Frota tus manos y colócalas en tu corazón.

Repite en voz alta varias veces y poco a poco ve bajando la voz:

✳ Que tenga salud.

❋ Que sea feliz.

❋ Que pueda surcar las olas de mi vida.

❋ Que pueda vivir en paz sin importar lo que me sea dado.[79]

Parte 2: ahora visualiza a la persona con la que estás teniendo un conflicto. Repite la oración con las palmas abiertas a ambos lados de tu cuerpo y sustituye la palabra "yo" por "tú".

Parte 3: por último, visualiza a todo el mundo y repite, reemplazando la palabra "yo" por "nosotros".

SUSAN HORNING Y NICOLA BENNETT
UNIT YOGA TEAHOUSE

Yoga, té y buena compañía en Vancouver, Canadá

¿Cuál es tu parte favorita de tu vida como emprendedor salvaje?

Sue: Mi parte favorita es la ¡¡¡LIBERTAD!!! para tomar decisiones alineadas con mis valores fundamentales y votar con respecto a cada dólar que gano y gasto.

¿Algún consejo?

Nicola: Busca individuos que piensen como tú para que colaboren contigo, y todo fluirá suavemente. La gente realmente hace toda la diferencia en tu experiencia, ¡así que asegúrate de que la eliges sabiamente!

¿Sacrificios personales que hiciste para poner en marcha tu negocio?

Sue: Sacrificio y disciplina son dos cosas que creo que se necesitan para crear y sostener un negocio, ¡pero disfrutar del proceso siempre será nuestra prioridad! Al evaluar cada decisión a medida que surge y no generalizar o poner demasiadas reglas, me siento más capaz de navegar por los retos y oportunidades, y permanecer lo bastante flexible para seguir adelante en mis emprendimientos.

¿Algo más que quieras compartir?

Sue: Realmente siento que la base de ser un emprendedor salvaje es en última instancia la creatividad, y que todos estamos aquí para expresar nuestra más grande verdad a través de la libertad. Al enfocarte en tus dones naturales, seguir la ruta de menor resistencia, y crear relaciones que se basen en la verdad, la paciencia, la lealtad, el amor y la confianza, el camino hacia adelante se vuelve intuitivo, lógico y muy gratificante.

CAPÍTULO ONCE

A LA CAZA DE LA INSPIRACIÓN

LA VIDA NO SE MIDE POR EL NÚMERO DE RESPIRACIONES
QUE HACEMOS, SINO POR LOS MOMENTOS QUE NOS
QUITAN EL ALIENTO.
VICKI CORONA, BAILARINA PROFESIONAL[66]

MAPA DE RUTA DEL EMPRENDEDOR SALVAJE #11 ♥

¿Cómo mantenemos el flujo de nuestra inspiración? En este capítulo del gran final descubriremos:

🍃 El arte de mantener viva la inspiración.

🍃 Los principios centrales que guían a los emprendedores en su viaje.

Una década

"¡Sorpresa!". Así me recibieron. Mis ojos se iluminaron al ver a mis *amigos* más cercanos de la selva parados en mi azotea sonriéndome. Me reí cuando me pusieron un reluciente sombrero color de rosa en forma de pez en la cabeza y me dieron una margarita.

—¿Qué estamos celebrando? —pregunté confundida—. No es mi cumpleaños...

—Nuestro décimo aniversario, tontita —respondió alegremente mi madre, que se veía radiante con un vestido decorado con flores tropicales.

El Tigre me guiñó un ojo por debajo de su sombrero Panamá y levantó su copa. —Salud por una década de vida selvática —dijo.

Todos levantaron sus copas. —¡Por la familia de la selva! —exclamaron.

—¡Por la selva! —respondí alegremente.

Mis amigos se lanzaron a contar animadas historias de sus experiencias con la familia de la selva y el hostal —momentos inspiradores, momentos "oh, mierda", momentos "¡ajá!" y todo lo demás—. Di un sorbo a mi margarita (lo sagrado de la juerga) y escuché contemplativamente, saboreando la magia del momento. Me sentí viva con gratitud, felicidad, paz, emoción y maravillada por lo que habíamos creado. Diez años de vida salvaje y la selva todavía nos quita el aliento, tal como hizo ese primer día cuando rociamos tequila para empezar las obras. No cambiaría una sola cosa, pensé. ¡Ja! Bueno, a lo mejor un par de ellas. Pero ciertamente los baches nos han dado algunas valiosas lecciones de vida.

Salud por ti, compañero emprendedor salvaje. Tenemos mucho que celebrar. ¡La vida es buena!

DÍAS PERFECTOS

Mike Rosenburg – Garuka Bars

No hay nada más gratificante que ver tu apasionada idea convertirse en una realidad exitosa. ¡Excepto tal vez hacer todo esto, e irte a esquiar por algunas horas durante el día, también!

Nico Blevins – Acupunturista

El único denominador común en un día perfecto como emprendedor salvaje para mí es la paz de mente/cuerpo/espíritu que viene de darme cuenta de que soy libre, que no estoy atado por el miedo o por el pensamiento convencional. Que el único límite para mi éxito soy yo mismo, y que mientras más vibrante de vida y salud pueda ser, tendré más exitoso. Mezcla todo eso con vivir en un paraíso tropical y la mayoría de los días pueden ser definidos como "perfectos".

Shanti Tilling – SweatPlayLive

AMO crear mis días. Amo hacer ejercicio, amo enseñar, amo el entrenamiento personal, ¡y puedo hacer lo que AMO todos los días!

Código de vida para emprendedores salvajes

Ahora que hemos explorado la esencia del emprendedorismo salvaje, la siguiente pregunta es: ¿cómo mantenemos fluyendo nuestra inspiración? En el transcurso de la redacción de este libro, he descubierto que es un arte perseguir la inspiración. Aunque podemos embarcarnos en el viaje al emprendedorismo salvaje desde distintos lugares —para algunos es pasión y ensoñaciones, para otros puede ser ADN o sincronía— una vez que estamos en la senda, hay fuerzas comunes en juego. Hay un patrón en las historias de los emprendedores salvajes que entrevisté para este libro y a quienes he conocido en el camino.

Todos somos trabajos en progreso, siempre buscando mejorar —nuestro trabajo, a nosotros mismos y más— en nuestras propias formas únicas, a nuestro propio ritmo. No percibimos la vida como una carrera a la cima; de hecho, los emprendedores salvajes nunca llegaremos a la cima de nuestras aventuras, porque nuestras visiones continúan haciéndose más grandes y más altas —propulsadas por la inspiración, el amor y el aprecio por la vida—. La belleza está en nuestro viaje —la gente, los lugares, las lecciones y experiencias— no solo en el destino. Creemos en el poder de uno pero luchamos por crecer juntos. Para mantener el viaje fluyendo, debemos continuar nuestra búsqueda de inspiración. Los siguientes principios pueden ayudarnos en nuestro camino como emprendedores salvajes holísticos:

PRINCIPIO # 1 – EL FACTOR DE LA GENIALIDAD

Como emprendedores salvajes, constantemente estamos tomando decisiones, eligiendo nuestra senda a medida que encontramos muchas bifurcaciones en el camino. El compañero emprendedor salvaje Paul Girardi (maestro de *surf* y líder de retiro) nos ofrece una guía juguetona pero práctica para la toma diaria de decisiones llamada "el factor de la genialidad", que nos apoyará para mantener viva la inspiración.

Paul describe su teoría como "perseguir lo que es salvaje, natural y libre. Solo porque los sistemas hayan sido impuestos en la sociedad, eso no significa que tengamos que seguirlos". Explica que cuando tomes una decisión, tienes que asegurarte de que es genial para ti, para los demás y para el ambiente. Paul sostiene que su "teoría compleja" se generó a través de incontables años de estudio, un grado académico en filosofía y la vida espontánea. Lee con cuidado:

* Tienes un escenario que te hace dudar. Posiblemente una decisión que tomar o algo que te provoca un torbellino.

* Estudia tus alternativas teniendo en mente el factor de la genialidad. Abre tu mente para explorar las diversas posibilidades con tu dilema/escenario: posibles resultados, opciones, rumbos que puedes tomar.

* Y aquí viene lo grande: elige la opción MÁS GENIAL y vete por esa. Comprométete con ella. Mantente en ella. Continúa siguiendo esa genialidad. Y nunca te detengas. Sigue eligiendo la opción genial y nunca fracasarás.

"Eso, en resumen, es el factor de la genialidad", dice Paul. "Es vivir tu vida sabiendo que tomaste las decisiones por una razón que se basa solamente en la genialidad y la actitud positiva —sin miedo, sin expectativas, sin juicio—. Y eso va a hacer una vida genial".

¡Gracias por esta sabiduría, Paul! Al llegar a bifurcaciones en el camino profesional de la vida, que la genialidad nos guíe mientras nos maravillamos con el mundo que nos rodea y con nosotros mismos: somos milagros ambulantes. En cada promontorio que se abre, en cada playa ondulada, en cada grano de arena hay una historia de la Tierra", dice Lewis Blackwell en *The Life & Love of the Sea* [La vida y el amor del mar]. Si nuestra maravilla y nuestra genialidad alguna vez comienzan a flaquear, que podamos reavivar nuestra aspiración practicando el *vuja de*,[67] ver algo familiar con nuevos ojos (lo opuesto a *déjà vu*). Hazlo y la palabra "aburrimiento" nunca será parte de tu vocabulario. La inspiración fluirá con toda seguridad.

PRINCIPIO # 2 – REDEFINIR EL ÉXITO

Vivir según nuestra propia definición de éxito es otro catalizador para mantener fluyendo la inspiración. Tradicionalmente, el éxito se ha basado en torno a la búsqueda de dos métricas: poder y dinero. "El loco impulso por lograr estas dos metas convencionales puede ser enfermizo, al punto de ser fatal", dice Arianna Huffington.[68] Nosotros los emprendedores salvajes impulsamos un cambio de paradigma: el éxito no es algún destino o meta elusivos en alguna parte del camino, el éxito es ahora. Optamos por salirnos del viejo juego "Simón dice" —no, gracias, *statu quo*—. Nos rehusamos a vivir en piloto automático o a definir la vida por el PIB. En vez de eso nos enfocamos en el BEG —bienestar general (algo que no puede medirse con dinero)—. Para nosotros, el éxito significa crear nuestros propios senderos únicos a través de hermosos paisajes, culturas y relaciones. Significa diseñar intencionalmente nuestras vidas y nuestro trabajo con un enfoque en la calidad de vida todos los días. Definimos la riqueza como tiempo, libertad e inspiración en abundancia, y solo el dinero necesario para que nuestros estilos de vida funcionen confortablemente.

Si la vida es aquí y ahora, ¡vivámosla! Somos renegados de espíritu libre, lo bastante valientes para salirnos de lo establecido y seguir nuestros corazones y ensoñaciones. Con esta nueva definición de éxito, también tenemos un viento de cola a nuestras espaldas que nos apoya —cuando las cosas se ponen difíciles, quienes están persiguiendo los pesos pueden no tener la fortaleza para aguantar, mientras que nosotros los emprendedores salvajes estamos impulsados por la fuerza y el compromiso que provienen de seguir nuestro propósito, pasión e inspiración—. ¡Tenemos una determinación y perseverancia innatas! Los compañeros emprendedores salvajes propulsan nuestra nueva definición de éxito:

No es fácil de hacer en el mundo de hoy, pero debemos recordarnos a nosotros mismos que tenemos el poder de elegir dónde y cómo gastamos nuestra energía, y que cuando nos alineamos persistentemente con nuestros deseos y llamados más profundos, podemos atraer lo que se necesita para hacer lo que realmente queremos hacer. Cuando vivimos desde el corazón-espacio, siempre hay una forma. Alejarse de la "seguridad" de un empleo que no amamos o de una situación que ya no es apropiada para nosotros es un salto aterrador, pero hay mucho que ganar cuando damos prioridad a nuestros valores y felicidad personales.

Capitana Liz Clark[69]

Prefiero ver mi vida como un árbol que extiende sus ramas en quién sabe qué direcciones. Nunca hay un destino, solo el impulso de crecer. Mi única política ha sido mantener una mente abierta y darlo todo en lo que sea que haga. Todavía me quita el aliento pensar adónde me ha llevado esa simple perspectiva de la vida, cuántas veces he logrado desafiar lo que he creído posible.

Chrissie Wellington
Campeona mundial de Ironman y
autora de *Una vida sin límites*[70]

PRINCIPIO # 3 – TRABAJO DURO

Perseguir la inspiración requiere trabajo; tenemos que ganárnosla. Primero, elegimos sabiamente nuestro trabajo —profundizamos en nuestro interior para sintonizarnos con las cosas para las que sabemos que fuimos puestos en este planeta—. Entonces, una vez que hemos encontrado nuestro propósito, debemos ser inteligentes, eficientes y enfocarnos en la calidad. Estamos dispuestos a ensuciarnos, a cavar y a convertirnos en maestros del arte de cometer errores, aprendiendo a cada paso del camino. Trabajamos con determinación, persistencia y orgullo.

Todos tenemos que trabajar duro —sin importar quiénes seamos o qué tipo de trabajo estemos haciendo—. Considera a Laird Hamilton, imágenes espectaculares de él rompiendo olas gigantes adornan la portada de revistas, cautivando e inspirando a la gente de todo el globo. Pero las revistas no muestran lo que está tras bambalinas. Los emprendedores salvajes saben que ha recibido muchos golpes para obtener esos momentos de dicha y fotos de portada. Cuando se estrella, se estrella *duro*. Se necesita compromiso, enfoque y trabajar todos los días, sin mencionar una tremenda paciencia y perseverancia (¡y tal vez un poquito de locura!) para regresar a la tabla y seguir intentándolo.[71]

Si somos sabios, elegimos el trabajo en el que estamos dispuestos a poner un esfuerzo extra; ahí es cuando sabemos que estamos siguiendo el camino correcto. "Este es el componente más simple y básico de la vida: nuestras luchas determinan nuestros éxitos. Así que elige tus luchas con sabiduría", dice Mark Manson.[72] Cuando se trata del trabajo que estamos haciendo, tenemos que elegir nuestros problemas (hasta cierto punto). Debemos preguntar: "¿Qué nos patea el trasero en el buen sentido?". Para muchos de nosotros el surf es un gran ejemplo: si salimos del agua sonriendo y diciendo: "¡Eso estuvo rudo!" y aun así ansiosos por volver allá y que nos pateen el trasero otra vez, entonces sabemos que hemos encontrado por lo que vale la pena trabajar. Alternativamente, si salimos del agua maldiciendo amargamente la tabla, el trabajo parecerá mucho más difícil, y estaremos mucho menos dispuestos a permanecer en él a largo plazo.

Por lo tanto, elegimos nuestro trabajo con sabiduría. Nuestro trabajo como emprendedores salvajes es difícil, pero nuestros momentos más difíciles en el trabajo también avivarán nuestra más poderosa inspiración.

PRINCIPIO # 4 – EL PODER DEL JUEGO

Le damos prioridad al juego. Ya sea corriendo por una larga playa, navegando, jugando dominó con nuestros amigos, o bailando salsa, debemos encontrar un tiempo de juego que nos permita perder la noción del tiempo y rendirnos a la alegría. Hay un poder sagrado en el juego[73] que mantiene fluyendo los canales de la inspiración. (Yo tengo mis mejores ideas cuando corro por los senderos y surfeo. ¿Qué hay de ti? ¿Qué aviva tus mejores ideas?). Nada ilumina el cerebro como el juego.[74]

Son incontables las razones para jugar. El juego tiene la capacidad transformadora de reconectarnos con nuestro niño interior, un recordatorio para vivir en el presente, maravillarnos con lo que no rodea, y aproximarnos al mundo con la mente de un principiante. El maestro zen Shunryu Suzuki explica: "En la mente del principiante hay muchas posibilidades; en la mente del experto hay pocas". A medida que logramos la excelencia profesional y nos volvemos maestros de nuestros negocios, permanecemos conectados con nuestro juguetón niño interior. La escritora del *New York Times* Karen Rinaldi escribe acerca de sus experiencias como surfista principiante.

> *Soy malísima para eso. En el deporte de los reyes (hawaianos), yo soy un bufón. En lenguaje de surf, un "chiflada". Me caigo y me sacudo. Me pego en la cabeza con mi propia tabla... Cuando logro atrapar una ola, rara vez tengo gracia. Una vez de hecho*

derramé lágrimas de alegría sobre lo que cualquier observador hubiera considerado una actuación más o menos en una ola más o menos. Sí, mi mediocridad me conmovió hasta las lágrimas. ¿Entonces por qué sigo? ¿Por qué perseguir algo en lo que nunca seré buena? Porque es genial ser malísima en algo. Al quitarme la presión de tener que ser excelente o dominar una actividad, nos permitimos vivir en el momento. Pueden pensar que esto suena bastante simplista, pero vivir en el presente es algo en lo que la mayoría de nosotros somos malísimos.[75]

El juego también puede hacernos más inteligentes; cultivamos una plétora de útiles cualidades cuando estamos jugando. Por ejemplo, aprender un nuevo deporte puede enseñarnos humildad, paciencia, perseverancia, resolución de problemas, trabajo en equipo (dependiendo del deporte), presencia (concentración completa en la tarea que estamos haciendo) y más. También puede ayudarnos a manejar el estrés: el buen estrés del juego (por ejemplo, ser derribado por las olas cuando estamos aprendiendo a surfear) tiene el poder de curar cualquier estrés malo que pueda venir con la operación de nuestros negocios. Jugar también es clave para evitar la fatiga y evita que nos quedemos "atorados".

Así que ve a jugar —es una orden, no una opción— para hacer que las olas de la inspiración sigan llegando.

PRINCIPIO # 5 – VIVIR CONSCIENTEMENTE

Para complementar nuestro estilo de genialidad, acción y progreso continuo, los emprendedores salvajes sabemos de la importancia de desacelerar. Deja que la liebre se dispare mientras te reconectas con tu tortuga interior. ¡Hacer una pausa permite que la inspiración que buscamos nos alcance! Nuestra capacidad de hacer una pausa y profundizar en nosotros mismos —sentarnos solos y en paz— es esencial para reconectarte con tu intuición, creatividad y sabiduría. Retirarnos regularmente a nuestro interior —dejando ir momentáneamente la productividad, apagando nuestros cerebros ocupados y sintonizándonos con nuestros corazones— es algo esencial para el equilibrio. Si nuestras vidas están demasiado llenas y son demasiado rápidas, cuando quitamos los espacios naturales, las brechas, las pausas y el silencio perdemos la capacidad de regenerarnos y recargarnos, y no damos espacio para que la inspiración nos encuentre. Debemos tomarnos el tiempo para demorarnos más.[76] *Desacelera y todo aquello que estés persiguiendo finalmente te alcanzará.*[77]

De todas formas, ¿cuál es la prisa? "El problema con vivir en el carril de alta velocidad es que llegas al otro lado con una prisa horrible", señala el futbolista John Jensen. Vivir más rápido no nos hará mejores ni más inteligentes. De hecho, mientras más rápido nos movamos, menos cuidadosamente reflexionaremos sobre las cosas. Ser listo no necesariamente es lo mismo que ser sabio.[78] No te dejes engañar: los teléfonos inteligentes (¿dispositivos que ahorran tiempo?) no nos harán sabios. Nuestra "creciente dependencia en la tecnología está conspirando para crear un ruidoso embotellamiento de tráfico entre nosotros y nuestro lugar de paz y percepción", dice Huffington.

Desacelerar es también una oportunidad de hacer un rico viaje interior. ¡Definitivamente no queremos perdernos este aspecto de la aventura! Hay mucha inspiración dentro de nosotros, pero debemos buscarla en lo profundo para descubrirla. "Las ideas son como los peces; si quieres atrapar un pequeño pez puedes quedarte en aguas superficiales. Pero si quieres atrapar el gran pez, tienes que ir más profundo. En las profundidades, los peces son más poderosos y más puros", dice David Lynch, meditador y autor de *Catching the Big Fish* [Atrapar al gran pez]. Ir a las profundidades también puede traernos nuestro tesoro.

¿Por qué es tan difícil desacelerar? El tiempo es una cosa engañosa que las mentes eufóricas por el drama, la acción, la adrenalina y la excitación hacen todavía más complejo. Aunque desacelerar puede ser aburrido en comparación, es la clave para encontrar inspiración duradera (no solo soluciones rápidas). Desacelerar puede ser incómodo al principio, pero finalmente descubriremos que la vida no se trata de perseguir los segundos, se trata de vivirlos plenamente. De hecho, desacelerar es un poco como despertar. Oprah explica: "Toda la idea de estar vivo es convertirte en la persona que estabas destinado a ser, crecer fuera y dentro de ti mismo una y otra vez. Creo que puedes hacerlo solo cuando te detienes el tiempo suficiente para escuchar el susurro que puedes haber sofocado, la pequeña voz que te atrae hacia tu llamado".

Cuando practicamos el arte de desacelerar, podemos ver a otros animales para obtener inspiración —ellos saben instintivamente que detenerse y desacelerar es la mejor forma de curarse a sí mismos—. El guepardo —el animal terrestre más veloz de la Tierra— pasa hasta dieciocho horas al día durmiendo, pero puede acelerar de cero a cien kilómetros por hora en solo tres segundos. "Llegan durmiendo a la cima del reino animal", dice Huffington. Einstein también dormía diez horas por la noche y se dice que miraba por su ventana los olmos del campus de Princeton durante dos horas diarias como una forma de ir más allá de la mente ocupada.

Que podamos canalizar la sabiduría del guepardo y de Einstein mientras desaceleramos; desconectar y cambiar las vidas ocupadas por vidas llenas de inspiración. Así que vamos, siéntate y únete al pescador mexicano en la zona de las hamacas: ¡el estrés tiene prohibido pasar!

PRINCIPIO # 6 – LA RISA ES LA MEDICINA
El chiste favorito de Jungle Judi:

> *El marido está acostado en la hamaca. La esposa llega y le pregunta:*
> *—¿Qué estás haciendo?*
> *—Nada —responde él.*
> *—Hiciste lo mismo ayer —dice ella.*
> *—¡Sí, y no terminé! —exclama el hombre.*

El emprendimiento salvaje es una comedia. Si no podemos reírnos de lo ridículo que es todo, nuestra inspiración ciertamente se apagará. En la selva hemos guiado tours de kayakismo y olvidado en casa los 16 remos. Hemos tenido a un huésped que se quedó encerrado inadvertidamente en un dormitorio por tanto tiempo que tuvo que desmantelar la manija de la puerta con un abridor de botellas (y mucha cerveza para darse ánimos). Hemos tenido a yoguis empapados cubiertos de lodo tratando de sacar su carro de un bache en un camino de la selva durante una tormenta. Los tejones (esos monos de la selva) se han comido todos los superalimentos orgánicos del chef, ¡y se robaron una bolsa de ropa interior sucia de la *casita* de un huésped! ¡Ups! ¿Qué puedes hacer? Los momentos embarazosos pero graciosos sin duda continuarán. Ser demasiado serio es una lata. ¿Para qué molestarse? Mantén las cosas ligeras: tenemos que reírnos para permanecer cuerdos.

La vida es graciosa, riámonos de ella juntos. La risa es una buena medicina. Las risas harán que la inspiración siga fluyendo.

PRINCIPIO # 7 – JUNTOS

El apoyo es la llave de oro de la puerta a la inspiración y el éxito. La energía que nos rodea —amigos, mentores, compañeros propietarios de negocios, comunidad, mascotas, plantas, lo que sea que te funcione— debe ser positiva. Nosotros nos rodeamos de una comunidad de emprendedores salvajes y otras almas inspiradas que creen en nosotros y en sí mismos. La esperanza, el optimismo, el amor y la positividad impulsan la rueda de la inspiración, por no mencionar que nos mantienen firmes en medio de la turbulencia del negocio salvaje. Podemos perpetuar este ciclo dando y recibiendo apoyo emocional. Tenemos una boca y dos oídos: escucha a los demás el doble de lo que hablas. El afecto y la empatía son trabajadores milagrosos. Que juntos podamos deleitarnos en la riqueza y la belleza del viaje.

Al apoyarnos unos a otros, ¿por qué no creamos sinergia también? Nuestro trabajo como individuos es exponencialmente más poderoso si nos unimos —nuestras diminutas ondas individuales crearán poderosas olas de inspiración que pueden generar un océano de cambio en nuestras comunidades—. Tenemos la oportunidad de esparcir lo bueno y el amor del negocio holístico en todo el mundo.

LA POSE
DE PODER

Date a ti mismo una inyección de apoyo en cualquier momento adoptando la pose de poder. Párate fuerte y erguido con tus brazos estirados por encima de la cabeza, como Supermán listo para volar. ¿No te sientes empoderado? La postura saludable y las poses de poder son esenciales para predicar el apoyo con el ejemplo. La forma en que nos movemos y nos comportamos durante el día afecta la energía que proyectamos, y en consecuencia nuestras interacciones con los demás. Los hombros caídos no son forma de pasar el día.

Con las distintas formas de apoyo la inspiración va a fluir y tendremos la fuerza y el valor de aceptar el cambio inevitable, la transición, y lo que sea que venga a continuación. Nos lanzaremos osadamente a la siguiente barra del trapecio de la vida.

A veces siento que mi vida es una serie de saltos de trapecio. O estoy colgando de una barra de trapecio meciéndome, o por unos momentos estoy volando en el espacio entre barras. Cada vez tengo miedo de fallar, de estrellarme en rocas inadvertidas en el vacío entre las barras. Pero lo hago de todas formas. Tengo que hacerlo. Puede ser aterrador. También puede ser iluminador. Lanzándonos al vacío debemos aprender a volar.

Danaan Parry
Autor de *Warriors of the Heart*[79]

Donde sopla el viento

En la última década, el Tailwind Jungle Lodge ha encontrado sus alas. La inspiración nos ha guiado a través de los vientos de frente del cambio y los benditos vientos de cola. A medida que seguimos trabajando alegremente en la naturaleza de la selva mis pensamientos a menudo vuelven a la mañana del cumpleaños del Tigre en Baja en 2007. Ese día escribí lo siguiente en mi diario:

> *El amanecer de Baja iluminó una misteriosa pared de niebla en el horizonte. Cuando lanzamos nuestros kayaks estábamos envueltos en nubes, un leve velo de niebla al principio, y después una neblina tan densa que nos vimos obligados a atracar en la playa más cercana, temerosos de perdernos en el mar. Con nada que hacer más que esperar, Rhett, Tigre y yo nos sumergimos en una siesta colectiva. Despertamos para descubrir que la niebla se había levantado, desvelando alrededores que nos hundieron en un asombrado silencio:* EL PARAÍSO.

Los emprendedores salvajes navegamos a través de las tormentas y la niebla, pero cuando los cielos se aclaren (y sabes que lo harán), descubriremos nuestro paraíso, un lugar donde la inspiración fluye libremente, la belleza del momento es exquisita y los sueños se vuelven realidad.

Muchos más paraísos y salvajismo nos esperan. ¿Qué hay en el horizonte para ti, compañero o compañera de este emprendedorismo salvaje? **¿Qué huellas dejarás en esta Tierra? ¿Qué negocio holístico crearás? ¿Qué sinergias buscas?**

¿Mi siguiente paso? Aquí, en la selva, mi Tarzán me está enseñando a navegar. A medida que capturamos juntos el poder natural del viento, se han ampliado las posibilidades de nuestro viaje. Aunque tener vientos tropicales de cola siempre será algo que atesoraremos, ahora estamos equipados para poner el arnés y cabalgar vientos de todas direcciones: vientos de frente, vientos cruzados y más allá. ¿Adónde nos llevará el viento a continuación?

Sonríe. Disfruta el paseo. ¡Pongámonos salvajes!

Con amor,

Tamara Jacobi,
alias "la chica de la selva"

AGRADECIMIENTOS

EMPRENDEDORES SALVAJES VOLÓ CON LA MISMA BRISA DE inspiración que creó mi negocio salvaje en la selva. Gracias infinitas a la Madre Naturaleza por enseñarme cómo fluir con la corriente y a mi familia de la selva —el Tigre (papá Jacobi), Jungle Judi (mamá Jacobi) y mi Tarzán (Walter Wright)— por levantarme, sacudirme el polvo y hacerme más fuerte, mientras nuestros labradores color arena Pancho, Paris y Coco me dieron incontables besos. Hurras para mis hermanos, Rhett y Jarrod, por retarme, empujarme y levantarme. ¡Que nuestras aventuras de vida continúen! Mi amor a mi bebé de la selva (¡que cobró vida al mismo tiempo que este libro!). La inspiración creativa y la fuerza vital fluyen por mi mente y mi cuerpo.

Las ráfagas costeras me trajeron a la comunidad tropical de San Pancho, donde el espíritu del emprendedorismo salvaje me inspira en cada esquina. A mi sistema de apoyo local —Britta Jankay, Tom Robinson, Cori Jacobs, Shannon Hughes, Javier Chávez, Mary Bolton, Shanti Tilling, Kelly Guenther, Dakota Bellicci, Natacha Radojevic, Nicole Swedlow, Toto

Flores, Gisela Marín— ¡gracias por *TODO*! Fue en San Pancho donde comenzó la tribu de emprendedores salvajes, que sigue creciendo. *Gracias* a mis entrevistados, espíritus libres, en todo el mundo por compartir su sabiduría salvaje en este libro.

Como los vientos tropicales cambian cada primavera, el hostal entra en hibernación y mi Tarzán, Paris y yo migramos al norte a nuestro hogar en las Rocallosas de Colorado donde el aire fresco, los jacintos, el pasto azul, los picos *fourteeners* y los emprendedores salvajes abundan gloriosamente. Muchas gracias a mis *amigos* de Ridgway/Telluride por animarme: Jack Sherman, Kerstin May, Ashley Slater, Casey Day y Brian Scranton. Las montañas de San Juan alimentaron mi visión de los negocios holísticos, reforzada por viajes anuales de esquí a Rossland, en las montañas Kootenay de Columbia Británica. Paul Girardi y Dannielle Hachey: sus corazones, cabina, comunidad y escondites de polvo secreto son *geniales*.

A mediados de verano, un viento del oeste nos lleva al lago George y a las montañas de Adirondack, en el estado de Nueva York, donde la familia Wright nos abre su hermoso hogar. Las águilas calvas y los somorgujos me acompañan en nados que desencadenaron incontables ideas para este libro. Mahalo Nancy, Forrest, Joel, Becca, Eaden, Elsa, Mabel Wright y la comunidad de Silver Bay, por su inquebrantable aliento.

Un céfiro me lleva de regreso a mi *alma mater*, Middlebury College, Vermont, donde el aliento de Carolyn Barnwell, Becky Cushing, Zoey Burrows, Elissa Denton, Julia McKinnon, Megan Michelson y John Kruchoski hizo toda la diferencia mientras mi plan de negocios original salía del cascarón. Gracias especiales por el apoyo de Bill McKibben, Don Mitchell y mis compañeros de clase en 350.org.

Cuando el viento se vuelve más frío, cabalgamos en las corrientes de hojas de maple rojo hacia el norte, al lago Memphremagog, Quebec, donde crecí. *Merci* a mis amigos de Cedarville (Yves, Toto, Lynne, Beattie, Safdie y las familias Anders, Montgomery, Setlakwe y Langlois) por guiar mi joven mente en una dirección libre de convencionalismos. La juerga anual del día del pavo canadiense llena nuestras barrigas y corazones antes de la larga migración de regreso a la selva cada octubre.

Mi extenso proceso de escritura tuvo la guía de la mente aguda y la experiencia de mi *coach*, Herta Feely, mientras que mi brillante amiga y naturópata, la doctora Kendall Hassemer, me mantuvo en el carril con su incansable escucha y apoyo. Y, por supuesto, un agradecimiento de gran final a Tim Burgard, Sicily Axton, Hiram Centeno y al equipo de Liderazgo de HarperCollins por dar a mi libro y a la voz de los emprendedores salvajes las alas para cabalgar con viento de cola a lo largo y a lo ancho.

Directorio de entrevistados

Alex Perazasato y Flor Felix Medina
Nectar Health @nectarhealthyfoods

Alondra Maldonado
Sabores de Nayarit, saboresdenayarit.com @ sabores_de_nayarit

Anelise y Tyler Salvo
Tahoe Sailing Charters, tahoesail.com @tahoesailingcharters

Annie Kerr
Wild Balance Jewelry, thewildbalance.com @wildbalance

Ashley Williams
Rizzarr, rizzarr.com @rizzarrinc

Carolina Daza y Francesca Lo Cascio
Yala Collective, YALAcreativelab.com @yalacollective

Carolyn Barnwell
carolynbarnwell.com @carolyn_barnwell

Casey Day

Powder Factory Skis, powderfactory.com @powderfactoryskis

Cayla Marvil

Lamplighter Brewery, lamplighterbrewing.com @lamplighterbrew

Cori Jacobs

Cori Jacobs Gallery, corijacobsgallery.com @corijacobsgallery

Dan Abrams

Flylow, flylowgear.com @flylowgear

Darrin Polischuk

Evolove Media, evolovemedia.com @evolovemedia

Derek Loudermilk

The Art of Adventure, derekloudermilk.com
@artofadventurepodcast

Donnie Rust

The Lost Executive, thelostexecutive.com @thelostexecutive

Drew Cappabianca

The Hub, thehubadk.com @thehubadk

Emily King

WheresMyOfficeNow, wheresmyofficenow.com
@wheresmyofficenow

Jaime Acosta

Punta Monterrey Resort, monterreybeach.com
@puntamonterrey

Javier Chavez

Wildmex Surf, wildmex.com @wildmexadventure

Jen Hinton
Carve Designs, carvedesigns.com @carvedesigns

Jen McCarthy
BluHouse Market & Café, bluhousecafe.com @bluhousecafe

Jordan Duvall
IgniteYourSoulBrand, jordanduvall.com @igniteyoursoulbrand

Jungle Judi
Tailwind Jungle Lodge, tailwindjunglelodge.com
@tailwindjunglelodge

Katie and Spencer Graves
Eatery 66, eatery66.com @eatery66

Katie Visco
Katievisco.com @katievisco

Karen Rinaldi
krinaldi.com @suckatsomething

Dr. Kendall Hassemer
Naturopathic Dr., drkendallhassemer.com @kendallhassemer

Liz Clark
Swell Captain, swellvoyage.com @captainlizclark

Mandy Burstein
Mandyburnstein.com @zengirlmandy

Megan Michelson
meganmichelson.com & tahoemill.com @meganmichelson

Megan Taylor Morrison
megantaylormorrison.com @megantaylormorrison

Melissa Goodwin
Girl Gotta Hike, girlgottahike.com @girlgottahike

Mike Rosenberg
Garuka Energy Bars, garukabars.com @garukabars

Mike Wood
SuSalmon, susalmonco.com @susalmonco

Natacha Radojevic
Moana Surf Adventures, moanasurflife.com @oceanismyoffice

Nick Polinko
Rumpl, rumpl.com @gorumpl

Nicolas Blevins
Acupuncture, @nicooaventuras

Nicole Swedlow
EntreAmigos, entreamigos.org.mx @entreamigos_sanpancho

Paul Girardi y Danielle Hachey
Feathers & Fur Retreats, feathersandfur.ca @feathersfur

Peter Hall
Hala SUP Boards, halagear.com @halagearsup

Rhett Jacobi
Arbor Construction, arborconstruction.com
@dirt_road_development

Rick Kahn
rdkahn.com

Sarah Love
I Stand for Love, istandforlove.com @istandforlove

Shannon Hughes
Pancho Vida & TerraMar Realty, terramarrealty.com
@shannonh1111

Shanti Tilling
SweatPlayLive, sweatplaylive.com @sweatplaylive

Shelby Stanger
Wild Ideas Worth Living, wildideasworthliving.com
@wildideasworthliving

Shep and Ian Murray
Vineyard Vines, vineyardvines.com @vineyardvines

Stephanie Gauvin
Artist, artiststephaniegauvin.com @stephaniegauvinartist

Susan Horning y Nicola Bennett
Unity Yoga, www.unityyoga.ca @unityyogateahouse

Talia Pollock
PartyInMyPlants, partyinmyplants.com @partyinmyplants

Tamara Jacobi
Tailwind Jungle Lodge, tailwindjunglelodge.com
@tailwindjunglelodge and Wildpreneurs, wildpreneurs.com
@wildpreneurs

Tara Gimmer
Tara Gimmer Headshots, taragimmerheadshots.com

Theresa Roth
SuperLoveTees, superlovetees.com @superlovetees

Toto Flores
Mexicolate, mexicolate.mx @mexicolate

Vitina Blumenthal

Wanderfulsoul, Wanderwell, Soul Compass, Creative Minds,
wanderfulsoul.com, wanderwell.life, soulcompass.life,
aligncreativeminds.com @wanderfulsoul

Wally Walsh

Cerveceria San Pancho, cerveceriaartesanalsanpancho.com
@cerverceriaartesanalsanpancho

Yael Flusberg

yaelflusberg.com @yaelflusberg

NOTAS FINALES

1. Esta frase es del capítulo 64 del *Tao Te Ching*, atribuida a Lao Tsé, filósofo chino (604-531 aC).
2. Pema Chödrön, *When Things Fall Apart: Heart Advice for Difficult Times* (Boston, MA: Shambhala Publications, 2000).
3. Justin Bariso, "Why Entrepreneurs Don't Need a College Degree", junio 24, 2015, *Inc*. Consultado en https://www.inc.com/justin-bariso/why-entrepreneurs-don-t-need-a-college-degree.html.
4. Marianne Williamson, A Return to Love: *Reflections on the Principles of A Course In Miracles* (New York: HarperCollins, 2009).
5. Tim Ferriss, The Tim Ferriss Show, episodio de *podcast* #249, "How to Make a Difference and Find Your Purpose". Consultado en https://www .stitcher.com/podcast/the-tim-ferriss-show/e/50613732.
6. Chrissie Wellington, *A Life Without Limits: A World Champion's Journey* (New York: Center Street, 2012, 2013).
7. John Mackey, *Conscious Capitalism* (Boston, MA: Harvard Business Review Press, 2014).
8. Henry David Thoreau, *Walden* (New York: George Routledge & Sons, 1904), p. 46.
9. Adam Grant, *Originals* (London: W H Allen, 2017).
10. R. A. Montgomery, *Choose Your Own Adventure* (Waitsfield, VT: Chooseco, 2005).
11. Jillian D'Onfro, "9 successful entrepreneurs share their best career advice", *Business Insider*, January 26, 2016. Consultado en: https://www.businessinsider.com/advice-and-tips-from-entrepreneurs-2016-1.

12. Brendon Burchard, *High Performance Habits: How Extraordinary People Become That Way* (Carlsbad, CA: Hay House, 2017).

13. Grant, *Originals*.

14. Burchard, *High Performance Habits*.

15. Tim Grahl, *Your First 1000 Copies: The Step-by-Step Guide to Marketing Your Book.* (Lynchburg, VA: Out:think Group, 2013).

16. Derek Loudermilk, *Superconductors: Revolutionize Your Career and Make Big Things Happen* (London: Kogan Page, Ltd., 2018), p. 117.

17. Sustainable Travel International. Consultado en http://sustainable-travel.org/.

18. Google, "Discover How to Use Google Ads to Reach Your Goals". Consultado en https://adwords.google.com/home/how-it-works/.

19. A. J. Jacobs, "How Does a Year of Following Biblical Rules Change You?" TED Radio Hour, Agosto 14, 2015, National Public Radio. Consultado en https://www.npr.org/programs/ted-radio-hour/431363633/amateur-hour.

20. https://sites.hks.harvard.edu/m-rcbg/papers/michael_michael_march_07.pdf.

21. Elisa Batista, "Thriving After Transitioning to a Third Metric Life", *The Huffington Post*. Mayo 21, 2014. Consultado en https://www.huffingtonpost.com/elisa-batista/thriving-after-transitioning-to-a-third-metric-life_b_5359269.html.

22. Ferriss, "Introduction—My Story", The Tim Ferriss Show (blog). Consultado en https://www.stitcher.com/podcast/the-tim-ferriss-show/e/50613732.

23. Greg McKeown, *Essentialism: The Disciplined Pursuit of Less* (London:Virgin Books, 2014).

24. Linda Stone, "Continuous Partial Attention," febrero 7, 2011. Consultado en https://lindastone.net/qa/continuous-partial-attention/.

25. Arianna Huffington, Thrive: *The Third Metric to Redefining Success and Creating a Life of Well-being, Wisdom, and Wonder* (New York: Baker & Taylor, 2015).

26. Liz Clark, "Staying True to You: Staying Afloat Financially". Swell Voyage. Enero 10, 2017. Consultado en https://swellvoyage.com/2017/01/staying-true-to-you-staying-afloat-financially/.

27. Janine M. Benyus, *Biomimicry* (New York: Morrow, 1998).

28. Biomimicry Institute. "DesignLens: Life's Principles". Consultado en https://biomimicry.net/the-buzz/resources/designlens-lifes-principles/.

29. Para más información acerca de Entreamigos, visita www.entreamigos.org.mx.

30. Jack C. Smith, *God and Mr. Gomez* (Santa Barbara, CA: Capra Press, 1997).

31. Mark Manson, *The Subtle Art of Not Giving a F*ck: A Counterintuitive Approach to Living a Good Life* (New York: Harper, 2016).

32. Kyle Kowalski, "'Then What?' The Story of the Tourist and the Fisherman". Sloww (blog), junio 4, 2017. Consultado en https://www.sloww.co/tourist-fisherman/. Esta historia también fue adaptada y contada por Courtney Carver en Soulful Simplicity y Timothy Ferriss en *The 4-Hour Work Week*.

33. Jack Kerouac, *On the Road*. (New York: Penguin Books, 2018).

34. Frases de Buda. BrainyQuote.com, BrainyMedia Inc, 2018. Consultado en https://www.brainyquote.com/quotes/buddha_164946.

35. Huffington, *Thrive*.

36. Frases de Oscar Wilde. BrainyQuote.com, BrainyMedia Inc, 2018. Consultado en https://www.brainyquote.com/quotes/oscar_wilde_103614.

36. Shanti Tilling, "Scar—A Love Story", Sweat Play Live, noviembre 15, 2016. Consultado en https://sweatplaylive.com/mindset/scar-a-love-story/.

38. Maria Popova, "There Is a Crack in Everything, That's How the Light Gets In: Leonard Cohen on Democracy and Its Redemptions", Brain Pickings. Diciembre 20, 2016. Consultado en https://www.brainpickings.org/2016/11/10/leonard-cohen-democracy/.

39. Joshua Rosenthal, *Integrative Nutrition: Feed Your Hunger for Health & Happiness* (New York: Institute for Integrative Nutrition, 2014).

40. Rosenthal, *Integrative Nutrition*.

41. Rosenthal, *Integrative Nutrition*.

42. Michael Pollan, *The Omnivore's Dilemma* (New York: The Penguin Press, 2007).

43. Alexandra Jamieson, *Women, Food, and Desire: Embrace Your Cravings, Make Peace with Your Food, Reclaim Your Body* (New York:Gallery Books, 2016).

44. Stuart Brown, "Play is more than just fun". TED, 2008. Consultado en https://www.ted.com/talks/stuart_brown_says_play_is_more_than_fun_it_s_vital/transcript#t-142000.

45. Frases de John C. Maxwell. BrainyQuote.com, BrainyMedia Inc, 2018. Consultado en https://www.brainyquote.com/quotes/john_c_maxwell_600892.

46. Aimee Groth, "Sheryl Sandberg: 'The Most Important Career Choice You'll Make Is Who You Marry'". *Business Insider Australia*. Diciembre 1, 2011. Consultado en https://www.businessinsider.com.au/sheryl-sandberg-career-advice-to-women-2011-12.

47. Edgar Rice Burroughs, *Tarzan of the Apes* (Chicago, IL: A.C. Mc-Clurg, 1912).

48. *Dear Sugar Radio* es un podcast de "columna de consejos" conducido por Cheryl Strayed y Steve Almond en National Public Radio. Consultado en https://www.npr.org/podcasts/469249288/dear-sugar-radio.

49. *Tapatío*: un mexicano de Guadalajara. *Chilango*, un mexicano de la Ciudad de México.

50. Los pararrescatistas del Comando de Operaciones Especiales de la Fuerza Aérea, conocidos también como PJs, pertenecen a una fuerza de élite entrenada y equipada para realizar operaciones de rescate convencionales y no convencionales.

51. Marianne Williamson, *A Return to Love: Reflections on the Principles of A Course In Miracles* (New York: HarperOne, 1996).

52. Esther Perel, "*The secret to desire in a long-term relationship*," TED, febrero 2013. Consultado en https://www.ted.com/talks/esther_perel_the_secret_to_desire_in_a_long_term_relationship?source=email.

53. Gary Chapman, *The 5 Love Languages: The Secret to Love that Lasts* (Chicago, IL: Moody Publishers, 2014).

54. Jay Goltz, "How to Be an Entrepreneur, and Stay Married", *The New York Times*, octubre 1, 2014. Consultado en https://boss.blogs.nytimes.com/2014/10/01/how-to-be-an-entrepreneur-and-stay-married/.

55. Tara Giacobbo, comunicación personal desde Rossland, Columbia Británica.

56. Bill George, "The Power of Mindful Leadership", *The Huffington Post*, julio 27, 2016. Consultado en https://www.huffingtonpost.com/bill-george/the-power-of-mindful-lead_b_7878482.html.

57. Thích Nhât Hanh, *No Mud, No Lotus: The Art of Transforming Suffering* (Berkeley, CA: Parallax Press, 2014).

58. Chödrön, *When Things Fall Apart*.

59. Huffington, *Thrive*.

60. XPT, "Performance Breathing®". Consultado en https://www.xptlife.com/performance-breathing/.

61. Dan Harris, *10% Happier: How I Tamed the Voice in My Head, Reduced Stress without Losing My Edge, and Found Self-Help That Actually Works: A True Story* (London: Yellow Kite, 2017).

62. Curby Rule (2001), "The Deeper Meaning of Aloha," Aloha International. Consultado en https://www.huna.org/html/deeper.html.

63. Gary Chapman, *The 5 Love Languages: How to Express Heartfelt Commitment to Your Mate* (Bhopal, India: Manjul Publishing, 2010).

64. Esta frase suele aparecer como "No dejaré que nadie camine en mi mente con sus pies sucios" y a menudo se atribuye a Mahatma Gandhi. Para más información, visita https://ask.metafilter.com/157716/Help-on-Gandhi-aphorism.

65. Janna Delgado, "Heart Opening through Metta Meditation". Kripalu Center for Yoga and Health. Consultado en https://kripalu.org/resources/heart-opening-through-metta-meditation.

66. Vicki Corona: "La vida no se mide por las respiraciones que damos, sino por los momentos que nos quitan el aliento". Quote Investigator. Consultado en https://quoteinvestigator.com/2013/12/17/breaths/.

67. Pico Iyer, "Where Is Home?" TED. Consultado en https://www.ted.com/talks/pico_iyer_where_is_home/transcript. La idea es de Marcel Proust, novelista francés: "La sensación de ver algo por primera vez, incluso si lo has presenciado de hecho muchas veces antes".

68. Arianna Huffington, "The Third Metric to Success", Edición 17: julio de 2014, revista *Foundr*. Consultado en https://foundr.com/magazine/arianna-huffington-issue-17-july-2014-2/.

69. Clark, "Staying True to You: Staying Afloat Financially".

70. Wellington, *A Life Without Limits*.

71. Karen Rinaldi, "(It's Great to) Suck at Something". *The New York Times*, abril 29, 2017. Consultado en https://www.nytimes.com/2017/04/28/opinion/its-great-to-suck-at-surfing.html.

72. Mark Manson, "The Most Important Question of Your Life," noviembre 6, 2013. Consultado en https://markmanson.net/question.

73. Alexandra Jamieson, "The Power of Play", *Sacred Play* podcast.

74. Brown, "Play is more than just fun", TED, 2008.

75. Rinaldi, "(It's Great to) Suck at Something".

76. Courtney Carver, Soulful Simplicity: *How Living with Less Can Lead to So Much More* (New York: Tarcherperigee, 2017).

77. "Wise Old Sayings". Curiosity Sayings and Curiosity Quotes. Consultado en http://www.wiseoldsayings.com/slow-down-quotes/.

78. Guy Raz (conductor), "Slowing Down", TED Radio Hour, agosto 26, 2016, NPR. Consultado en https://www.npr.org/programs/ted-radio-hour/490624293/slowing-down.

79. Danaan Parry, *Warriors of the Heart* (Kalaheo, HI: Earthstewards Network, 2012).

ÍNDICE ANALÍTICO

Y

Z

PENSAMIENTOS FINALES: VUÉLVETE SALVAJE Y VIVE LA BUENA VIDA

Shep e Ian Murray
hermanos y cofundadores de Vineyard Vines

Estábamos atorados detrás de escritorios en trabajos que no nos gustaban... y nos sentíamos miserables. Así que renunciamos. Cambiamos nuestros trajes de negocios por trajes de baño, nos sacamos las muelas del juicio mientras todavía teníamos seguro, y solicitamos todas las tarjetas de crédito que pudimos. En un solo día, con diez minutos de diferencia uno del otro, nos fuimos de nuestros empleos, tomamos un trago y comenzamos a perseguir nuestros sueños. Muchas puertas se nos cerraron en las narices, pero es como dicen: cuando una puerta se cierra, entra por la ventana.

Consejo

Si tienes un sueño sólido en la industria en la que quieras embarcarte, persíguelo con todo el corazón. Nosotros teníamos carreras en industrias que no necesariamente reflejaban lo que Vineyard Vines es hoy en día, pero vimos una necesidad y no nos detuvimos ante nada para crear un gran producto para grandes personas. Después de veinte años, aunque algunas cosas han cambiado, todavía seguimos siendo los mismos en el fondo —divirtiéndonos y compartiendo el regalo del viñedo con todas las personas que podemos.

La buena vida

Casi un año antes de crear Vineyard Vines estábamos de vacaciones cuando descubrimos que la clave de la vida era disfrutarla con las personas que amas. Queríamos adoptar y compartir esta filosofía y este estilo de vida. Una noche, durante la cena, le contamos a un amigo que queríamos encontrar una forma en que la gente trajera la "buena vida" con ellos cada día al trabajo, y lo haríamos a través de extravagantes corbatas que representaran las mejores cosas y lugares de la vida.